本书获 "台州市哲学社会科学规划后期资助"

旅游城市与景区资源匹配性研究

LÜYOU CHENGSHI YU JINGQU ZIYUAN PIPEIXING YANJIU

李跃军 著

北京·旅游教育出版社

前　言

我国旅游业经过30多年的发展,已成为国民经济的一个重要产业,正在实现由世界旅游大国向世界旅游强国的历史性跨越,呈现出产业融合性、业态多元性和功能多样性的新特点,旅游产业功能从经济功能向多种功能转变,旅游景观功能从观光功能向注重生活质量功能转变,旅游空间发展从关注景区开发向全域化、城乡旅游一体化和区域旅游一体化发展。

城市与景区是区域旅游发展中两个重要的空间节点。城市发源于古代的城与市,目前我国有655座城市,已有339座城市被评为优秀旅游城市。城市由于基础设施和服务设施完善、人口集中且规模较大、消费能力强、流动人口多、知名度较高、历史相对悠久、文化内涵丰富、文物古迹众多等原因,在区域旅游发展定位和客源输出与中转等方面,具有十分重要的地位。而旅游景区是区域旅游吸引力的重要载体,旅游景区从风景名胜区、森林公园、地质公园、水利风景区、湿地公园、主题公园、人文景点等类型中划定出来,是区域旅游产生和发展的基石。城市与景区的关系,虽然它们各自遵循自己的发展规律而发展,但它们之间却存在着十分紧密的关系。如,杭州西湖、武汉东湖、云南丽江、湖南洞庭湖等景区,与各自城市发展的关系十分密切。随着城市的发展,工业化对城市环境的影响加剧,城市环境的优化成为城市治理的一项重要内容。旅游景区建设以其强大的综合功能成为提升城市品质的重要手段。

本研究以区域旅游发展中城市与景区发展的关系为研究对象,考察它们之间的空间匹配性关系,寻求区域旅游中景区与城市之间双向的优化发展规律。全书通过实地考察、文献查找、数据统计等方法,对景区与城市发展关系进行了研究。从景区与城市之间的行政管理配置、空间距离配置、城市等级与景区等级配置等空间关系和共生关系进行分析,研究了城市与景区的空间匹配模式及特征,构建了旅游景区区位评价模型、景区与城市空间配置评价模型,分析了城/景空间匹配形态变化与旅游同城化的相互关系。认为:旅游资源的效用水平与城/景的匹配性关系十分密切,城市与景区的行政管理配置关系、空间距离配置关系、等级配置关系、数量匹配关系等,都将对区域旅游发展产生影响;城市与景区匹配关系具有从简单向复杂的演化过程,应根据不同区域特征和资源基础,创造特色城市与景区协调发展的路径,实现空间匹配关系调控,促进区域旅游的可持续发展。本书研究为景区寻找合理的依托城镇,采取适当的区域旅游阶段性发展措施和空间发展战略,分析城市地域空间扩展规律,为求得旅游景区综合功能最大化,提高景区与城市协调发展能力提供理论参考。本书针对城市与景区匹配性关系进行研究,为区域旅游资源赋存状况与旅游经济发展相关性,以及旅游经济与区域经济发展相关性评价提供理论参考,有利于更加科学地评价某区域旅游资源诅咒存在性。同时针对浙江省景区与城市空间关系开展实证研究,为我国其它区域"城／景"发展关系研究提供一定的借鉴意义。

  本书借助了许多前人的研究成果,尽管向前迈出了一小步,但仍然存在着不少问题,如,景区与城市空间关系的匹配性及景区区位的评价模型和指标选取,仅以八大主要品牌类型景区来探讨区域旅游的景区与城市配置情况,忽略了省级和其它类型旅游景区,较少论述景区与城市空间关系的历史发展等,都值得进一步探讨。

目　　录

前　言 ……………………………………………………………………… 1

第一章　绪论 ……………………………………………………………… 1
　　第一节　旅游城市与景区资源匹配性研究的背景与意义 ………… 1
　　　　一、研究背景 ……………………………………………………… 1
　　　　二、研究意义 ……………………………………………………… 2
　　　　三、研究思路 ……………………………………………………… 4
　　第二节　旅游城市与景区资源匹配性研究的理论基础与研究进展 …… 5
　　　　一、理论基础 ……………………………………………………… 5
　　　　二、研究现状与进展 ……………………………………………… 9

第二章　旅游城市与景区的匹配类型及组合形态 ……………………… 14
　　第一节　旅游区域的城市体系与景区体系 ………………………… 14
　　　　一、旅游中心城市体系及空间结构 ……………………………… 14
　　　　二、区域旅游景区系统空间结构及演化 ………………………… 19
　　第二节　区域旅游的城市和景区相互作用 ………………………… 27
　　　　一、旅游景区的区域效应 ………………………………………… 27
　　　　二、城市发展与景区生存态势 …………………………………… 34
　　　　三、基于城市体系的区域旅游空间组织 ………………………… 41
　　　　四、旅游城市与景区的匹配性关系 ……………………………… 46
　　第三节　旅游城市与景区的匹配类型 ……………………………… 47
　　　　一、数量匹配关系 ………………………………………………… 49

二、距离匹配关系 ··· 51
　　三、等级匹配关系 ··· 56
　　四、地理匹配关系 ··· 56
　　五、管理匹配关系 ··· 57
第四节　旅游城市与景区空间匹配组合形态 ······························· 57
　　一、城市与景区匹配的空间层次 ·· 57
　　二、城市与景区匹配形态的类型 ·· 58
第五节　城/景匹配与区域旅游发展 ··· 60
　　一、城/景匹配与旅游空间结构 ··· 60
　　二、城/景匹配与旅游发展战略 ··· 60
　　三、城/景匹配与旅游城镇化 ·· 62
　　四、城/景匹配与城市旅游职能 ··· 64
　　五、城/景匹配与旅游依托城镇 ··· 64
本章小结 ·· 65

第三章　旅游城市与景区匹配性评价 ································· 66
第一节　旅游城市与景区匹配性评价的内涵与意义 ··················· 66
　　一、区域旅游评价的基本内容 ·· 66
　　二、旅游城市与景区匹配性评价的内涵 ································ 68
　　三、旅游城市与景区匹配性评价的意义 ································ 68
第二节　旅游城市与景区个体匹配的评价及应用 ······················· 69
　　一、地理空间相互作用的基本模型 ·· 70
　　二、城/景相互作用评价模型的构建 ······································· 71
　　三、评价指标要素的探讨 ·· 72
　　四、旅游区域的景区区位优势评价 ·· 77
　　五、旅游区域的景区依托城市选择 ·· 89
第三节　景区资源有效性与城/景匹配度评价 ····························· 94
　　一、城市旅游圈的景区配置有效性评价 ································ 94
　　二、旅游区域的城市与景区匹配度评价 ································ 96
第四节　浙江省地级市景区资源匹配性评价 ······························· 98
　　一、浙江省旅游景区发展环境 ·· 98

二、浙江省旅游景区分布及旅游发展要素情况 …………………… 99
　　三、浙江省地级市城市/景区匹配有效性评价 …………………… 100
　　四、浙江省地级城市与景区匹配度评价 …………………………… 102
　本章小结 ………………………………………………………………… 109

第四章　旅游城市与景区匹配形态的演变 …………………………… 110
　第一节　城市与景区匹配形态的演变背景 …………………………… 110
　　一、旅游一体化的发展趋势 ………………………………………… 110
　　二、城市旅游圈的空间关系 ………………………………………… 111
　　三、旅游空间结构变化的特征 ……………………………………… 114
　　四、旅游一体化与城/景匹配的变化 ………………………………… 115
　第二节　城/景匹配演变的阶段与趋势 ………………………………… 116
　　一、城市与景区匹配要素的变化 …………………………………… 116
　　二、城/景匹配形态的演变阶段 ……………………………………… 117
　　三、城/景匹配形态的演变趋势 ……………………………………… 121
　第三节　城/景匹配形态的演变模式与动力 …………………………… 123
　　一、城/景匹配形态的演变模式 ……………………………………… 123
　　二、城/景匹配形态的演变动力 ……………………………………… 126
　　三、城/景匹配形态的演变机制 ……………………………………… 130
　　四、杭州市城/景匹配形态演变的实证分析 ………………………… 132
　第四节　基于资源共享的旅游同城化分析 …………………………… 135
　　一、旅游一体化评价的指标要素 …………………………………… 136
　　二、旅游同城化的机理与评价 ……………………………………… 137
　　三、沪、宁、杭旅游资源同城效应的实证研究 …………………… 140
　本章小结 ………………………………………………………………… 145

第五章　旅游城市与景区匹配关系优化的路径 ……………………… 146
　第一节　旅游城市与景区的互动发展思路 …………………………… 146
　　一、一对一城景匹配关系优化思路 ………………………………… 146
　　二、一对多城景匹配关系优化思路 ………………………………… 148
　　三、多对一城景匹配关系优化思路 ………………………………… 149

四、多对多城景匹配关系优化思路 … 150
　第二节　景区资源驱动的旅游城镇化 … 150
　　一、景区资源驱动型旅游城镇化的概念 … 150
　　二、景区资源驱动型旅游城镇化的类型 … 151
　　三、景区资源驱动的阶段性与差异性 … 158
　　四、景区资源驱动的旅游城镇化措施 … 160
　第三节　城市休闲需求与景区的转型发展 … 161
　　一、城市游憩活动空间与旅游圈的形成 … 162
　　二、不同休闲项目对城市休闲适宜性的影响 … 166
　　三、旅游景区与城市休闲的适宜性 … 169
　　四、景区建设与城市休闲圈的融合发展 … 172
　第四节　区域生态建设与景区发展的融合 … 174
　　一、景区生态功能与生态安全的关系 … 174
　　二、景区生态旅游的特点 … 174
　　三、旅游景区建设与区域生态化建设融合的措施 … 175
　第五节　城市旅游职能与"飞地型"景区建设 … 176
　　一、"飞地型"旅游的形成与概念 … 177
　　二、"飞地型"景区的发展路径 … 178
　　三、案例分析 … 178
　　本章小结 … 180

第六章　浙江省景区与城市匹配关系优化研究 … 181
　第一节　浙江省旅游景区发展现状 … 181
　　一、浙江省主要旅游景区分布 … 181
　　二、浙江省旅游景区发展特征 … 196
　第二节　浙江省旅游景区发展态势 … 197
　　一、水体旅游景区星罗棋布 … 197
　　二、古镇旅游景区备受青睐 … 202
　　三、农家乐发展如火如荼 … 205
　　四、滨海带景区深度发展 … 207
　第三节　区域性旅游中心城市的选择与提升（以浙东南为例） … 211

一、构建旅游中心城市的理论基础和条件 …………………… 212
　　二、浙东南旅游中心城市的发展现状 ………………………… 213
　　三、浙东南旅游中心城市的选择分析 ………………………… 215
　　四、加快浙东南旅游中心城市建设的建议 …………………… 217
第四节　浙江省城市与景区关系优化的典型区分析 …………… 219
　　一、千岛湖镇景城融合型协调发展研究 ……………………… 219
　　二、雁荡山景区城镇化研究 …………………………………… 221
　　三、"城景相依"型发展路径实证研究（以临海市为例）…… 222
第五节　浙江省景区与城市空间关系优化的思路 ……………… 225
　　一、城市与景区协调发展的原则 ……………………………… 225
　　二、推进全省全域化旅游建设 ………………………………… 226
　　三、加快旅游景区转型升级 …………………………………… 227
　　四、完善旅游中心城市体系 …………………………………… 230
　　五、强化中心城市的旅游职能 ………………………………… 233
　　本章小结 ………………………………………………………… 236

主要参考文献 ………………………………………………………… 237

第一章 绪 论

第一节 旅游城市与景区资源匹配性研究的背景与意义

一、研究背景

随着国民生活质量的不断提升,旅游活动已经进入大众化时代。我国国内旅游市场需求井喷式发展,城市近郊景区和高等级景区在节假日已经出现人满为患的现象。为此,各地政府看到了旅游业发展欣欣向荣的一面,依托现有旅游资源,或再造旅游资源,不断加大景区建设。1982年国务院审定公布了第一批44个国家重点风景名胜区,至2012年,陆续公布了八批国家重点风景名胜区,数量达225处,还有自然保护区、国家级森林公园、国家地质公园、国家级重点文物保护单位等类别的旅游景区。至目前,我国旅游景区早已超过两万家,景区如雨后春笋,数量猛增,类型越来越多样。但是随着景区数量的不断增多,旅游产品开发、市场开拓等诸多方面形成了同质、同构的区域旅游,以致旅游淡季时就出现恶性竞争的局面。尤其是低等级景区在区域旅游竞争中就难以分到满意的羹。据调查,由于景区自身条件及运营水平的差异,全国各地景区运营效率差距十分明显,而且许多地区景区处于规模效益递减的阶段。这不仅不能有效地促进旅游地的发展,而且造成了大量的资源浪费和环境破坏,使旅游地管理者或旅游开发商遭受大量的投资损失。因此,如何发挥已经投资建设的旅游景区的最大效用,城市与景区的合理配置问题及高等级景区和低等级景区资源利用率差异的矛盾需要我们重视和规避。

旅游景区发展中的另一个重要问题,就是城乡一体化过程中,城市对周边景区的空间挤压、景区环境影响等越来越深刻,尤其是城市型景区与城郊型景区的空间挤压现象较为突出。我国正处于城市化与城乡一体化加速发展阶段,城乡一体化是突破城乡二元格局、促进经济社会和谐发展的一次重大而深刻的社会变革。城乡一体化促进了城乡交通建设,缩短了乡村景区与城市的距离,改变了景区区位条件。然而,城乡一体化也给乡村景区带来了许多负面影响,用地规模不断扩大,建设用地不断侵蚀景区的周边空间,景区内或景区周边建筑物大量出现,导致景区城市化,增大了城市对景区的环境冲击和空间挤压。这一方面快速改变了景区周边的风貌,景区空间面积逐步萎缩,具有生态价值与历史文化价值的景区逐渐演变为区域发展中稀疏的孤岛,导致景区与周边社区环境所传递的历史文化信息被中断,使得人们越发感受到具有地方特质景区的孤立,呈现出与周边环境、社区相割裂、隔离的"景观孤岛"、"文化孤岛"、"经济孤岛"、"功能孤岛"和"管理孤岛"等形态特征,被称为"景区孤岛问题"。

从城市旅游目的地发展看,城市旅游主要有两种状况:一种,是比较知名的传统旅游目的地城市(如,北京、西安、杭州等)和经济比较发达的新兴旅游目的地城市(如,青岛、大连、深圳等),其城市旅游发展较快,已经成为中国重要的旅游目的地城市。另一种,是一些非传统旅游目的地城市,且处于经济落后区域的城市,其城市旅游在区域内某些知名景区的带动下获得了发展,但仍未成为旅游热点城市(如,郑州、长沙等)。大多数地级、县级优秀旅游城市属于后一类,没有发展成为有特色的旅游目的地城市。它们空有优秀旅游城市荣誉称号,却始终没有太大的旅游吸引力。其中,主要原因是城市旅游发展方向的目标错位,不顾自身的旅游资源、旅游环境等条件,大肆创造人造旅游资源,建造主题公园,忽视景区与城市的空间匹配关系,夸大景区资源价值,盲目投资酒店、娱乐中心,是对城市旅游发展模式的盲目模仿。因此,城市旅游目的地的景区和旅游设施的合理配置,应该值得学者与政府部门关注。

二、研究意义

景区与城市空间关系是影响区域旅游竞争力、区域旅游发展模式的重要因素,客观上二者具有互相影响、互相对应、互动发展的共生关系。深刻认识景区与城市的合理配置关系,充分利用景区与城市的互动发展规律,有利于实现区域旅游经济效益、社会效益和环境效益的最大化,有助于政府、旅游管理部门、旅游规划人员把握区域旅游整体情况,为当地旅游业可持续发展、宏观调控提供参考依据,对当地旅游规划和经营决策具有重要的理论意义和实践意义。

(一)理论意义

旅游空间结构研究既是区域科学研究的主要内容,也是旅游地理学和旅游规划研究的核心问题之一。目前国内学者从宏观上对旅游资源空间结构、旅游业发展空间结构、旅游城市体系空间结构等进行研究,从中观上对区域旅游系统进行了研究,从微观上对旅游景区内的结构进行了研究。但这些研究大多注重从中心城市、客源市场、旅游资源等某一旅游要素开展空间结构特征的研究,而把景区与城市综合起来进行旅游空间结构剖析的综合研究相对较少。景区与城市是旅游空间结构的支撑节点,也是旅游者进行游览活动的物质载体。分析景区与城市空间配置模式,构架出景区与城市配置水平评价体系,探讨景区与城市空间的演变规律,提出景区与城市空间关系的优化路径,是对区域旅游空间结构理论研究的一次充实,可丰富和充实旅游地理学的研究范畴。另外,区域资源配置与组合特征是区域发展的基础条件。区域资源配置与组合是区域发展研究的核心内容之一,城市与景区资源配置研究对于明确区域旅游发展定位与发展方向具有重要的指导意义。

(二)现实意义

随着旅游业的不断发展,区域旅游一体化成为我国旅游发展的趋势之一,理顺旅游区域的城市与旅游景区的空间关系,是促进区域化旅游可持续发展的关键。正确认识城市和景区的空间关系是促进区域旅游网络化良性发展的关键,也是形成区域旅游有序发展系统的重要条件。分析景区与城市之间的空间匹配关系,将有利于协调景区与城市之间关系及采取有效的空间发展战略。

1. 景区与城市发展关系优化有利于提升景区与城市的竞争力

旅游景区可以实现自身转型升级,但依靠景区资源优势单枪匹马开拓市场的发展策略已经不能满足新时期旅游景区景点发展的需求。旅游发展需要一个更为强大的背景支持,才能较好地满足游客吃、住、行、游、购、娱六要素的要求。这就要求旅游景区必须与依托城市高级空间系统链接,寻找合理的依托城镇,分享城市基础设施的便利及由此带来的更多客源,借助城市系统中接待设施、城市旅游资源、商业吸引等形成一种合力,在城市旅游系统中与城市旅游紧密互动,才能防止孤立和封闭,实现健康发展。城市借助景区的功能,具有突出旅游功能的旅游城市,才能提升城市品位。

2. 景区与城市发展关系优化有利于城市环境优化和景区转型升级

随着城市的发展和扩张,城市的大气污染、噪声、疾病传播、夏季热岛效应等环境问题更加突出,城市居民对良好生态环境的需求越来越强烈。城市内部的绿地成为优化城市生态环境、调节城市小气候的主要场所。而城市地域地价较高,用地紧张,城市内部的绿地面积都较小,从而使城市周边的景区成为城市绿地用地和居民休闲的首选地。可见,随着区域旅游业的发展和城市化进程,邻近城市的景区往往在城市地域中承担着居民的休闲地功能和区域生态服务功能等。高等级景区人满为患,低等级景区资源利用率较低,景区转型升级成为重要的现实问题。景区与城市空间优化值得重视。

3. 景区与城市发展关系优化有利于促进新型城镇化建设

随着我国城镇化步伐的加快,土地资源十分紧张,对整个区域环境的影响力度随之增加,环境恶化趋势更加明显,区域发展中的资源、环境代价较大,发展不平衡、不协调的矛盾更加突出。为此,各个区域采取相应的措施建立区域环境和生态保护体系,而旅游景区在区域生态保护体系中具有十分突出的地位,景区的环境保护功能需要重视,综合功能不容忽视,城乡一体化背景下的旅游景区成为美丽乡村的特色与亮点,同时以旅游小镇为引领,助推城镇化建设成为区域发展的重要手段。

三、研究思路

本研究以旅游地域体系、区域旅游空间结构理论为基础,遵循"提出研究问题→分析两者关系→揭示作用机制→设计评价模型与实证分析→研究发展对策"的研究思路和逻辑框架(如图1-1所示)。

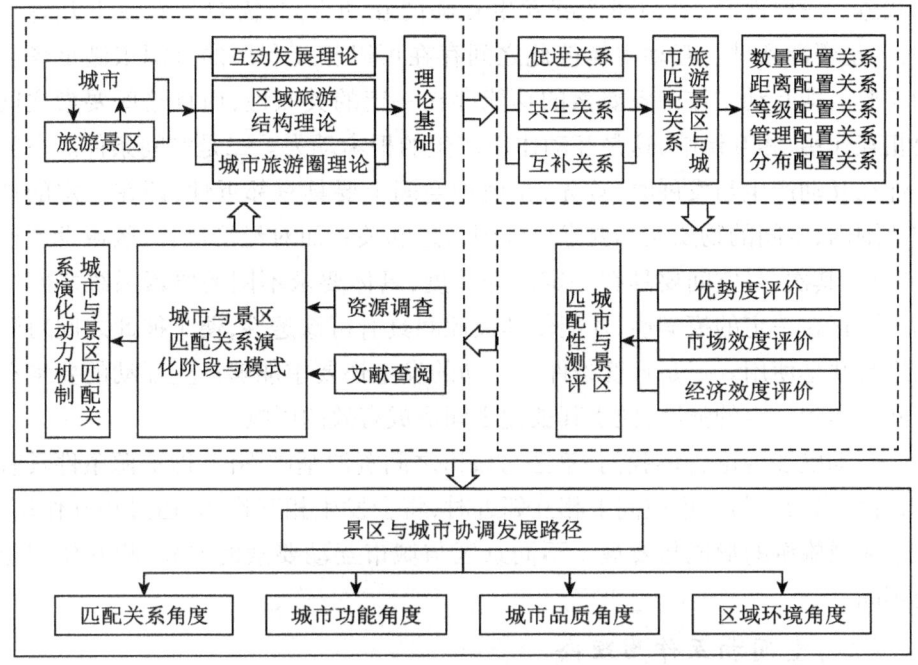

图 1-1 区域旅游的城市与景区的匹配性研究思路

第二节 旅游城市与景区资源匹配性研究的理论基础与研究进展

一、理论基础

(一)互动发展理论

在社会科学领域中,社会学在19世纪即开始应用互动的概念来解释社会现象,并形成了具有理论内容十分丰富的"社会互动论"学说。社会学中的"互动"概念是:个人与个人、个人与群体、群体与群体彼此之间为了满足某种需要而进行的相互作用、相互影响的活动。基于互动是一种行为活动的理解。其产生需要一定的空间载体。因此,我们常把能够容纳或促成互动主体之间相互作用、相互影响等活动的空间场所定义为互动空间,它是发生互动的重要承载体。一般而言,要构建能够发生互动的互动空间,需要具有以下几种条件：一是资源条件。互动主体彼此之间存在可以相互利用的资源来满足各自的需要。即互动主体中各要素的功能存在一定的关联性,而且这些要素之间要相互作用、相互影响,这是互动作用产生的根本动力。二是空间条件。空间条件在互动产生与发展时,首先,在地理空间上要具有邻近性,即在一定的地域范围内,空间的物质实体要素可以因为近邻关系而对经济增长、区域发展产生影响;其次,是空间要具有一定的开放度,具体要求不同的要素系统之间空间界限存在一定的模糊性,才能使其彼此间具有可渗透性,便于彼此之间对资源进行共享使用。三是强度条件。互动的发生还要求能够产生互动的要素在空间上达到一定的强度,便于其彼此之间形成有效的影响。

互动发展理论告诉我们,景区与城市之间资源基础不同,即资源条件具有互补性,当景区与城市空间上相互邻近时,将会发生相互作用,通过相互作用,促进区域旅游的形成与发展。不同景区与城市互动要素的差异,相互作用也会不同。

（二）空间相互作用理论

空间相互作用是由厄尔曼创立的,用以表示两个地理区域间相互依赖关系的术语。指某一社会经济实体与外围区域的其它实体发生空间相互作用,从而产生对区域经济、社会、环境等方面积极和消极的影响,即不同地点(或区域)在空间上的相互联系相互影响,表现为人口、物资、资金、信息在地域之间、城乡之间的流动。空间相互作用理论认为：两个地理区域间通过货物、人口、货币和信息等流动,相互依赖、相互作用[1]。空间相互作用解决了资源地理分布不平衡的客观差异,使区域之间互补互助;互补性、移动性和中介机会共同影响空间相互作用。空间相互作用有三个基本点：一是两地间具有互补性,即当某一区域有剩余的某物质恰为另一区域所需要时,则两区域是互补的,互补性的前提是区域间人文资源和自然资源的差异性;二是两地相互作用的要素具有移动性,即物质要素在两地之间的运动,要素必须具有可移动的性质,才能在两地间运动;三是中介干扰机会,即若 X 和 Y 之间具有互补性和移动性,则它们之间有一定程度的相互关联,然而如果出现了 Z,Z 和 Y 之间也有互补性和移动性,则 Z 就介入了 X、Y 之间的关联,而且由于 Z、Y 接近,大大限制了 X、Y 之间的要素流动。类似 Z 这样的点的存在,被称之为中介干扰的机会,简称中介机会。

旅游景区作为现代人类活动的重要场所之一,具有对外围区域的旅游吸引力、生态服务功能和社会服务价值。旅游景区空间作用包括与周边旅游景区的竞合作用,以及与周边的城市、社区和其它空间单元之间的相互影响关系。

(三)核心——边缘理论

该理论由美国区域规划专家弗里德曼提出。"核心区域",一般是指城市或城市集聚区;"边缘区域"是指经济较为落后的区域,核心与边缘之间存在着极化与扩散的基本关系,共同组成了一个完整的空间系统。在区域经济增长过程中,核心区居于主导地位,边缘区在发展上依赖于核心区。把核心——边缘理论应用到区域旅游发展中,旅游地区空间结构由"核心"和"边缘"构成。"核心",指具有旅游业先发优势的地域,往往是具有旅游资源优势和区位优势的旅游热点地区;"边缘",则指发展条件较差的地域,或是没有优势旅游资源,或虽有优势旅游资源但区位优势欠缺的地区。"核心"对旅游地区起主导作用,"边缘"对"核心"存在明显的依赖性,旅游发展是"核心"带动"边缘"协同发展的过程。旅游核心区与边缘区之间存在不平等的发展。旅游核心区往往优先得到发展。旅游规划者应该引导某一旅游目的地通过发展核心带动边缘,来实现核心区与边缘区优势互补、合作共赢的协同发展,最终达到促进旅游增长的规划目标[2]。

V. 史密斯(V. Smith)有关旅游区域的研究成果中也体现了核心——边缘理论的思想,认为旅游区域是一个用来提供旅行者服务、可交易的目的地,同时该目的地又有相关的支持带环绕。城市在区域发展中具有生产功能、服务功能、管理功能、协调功能、集散功能、创新功能等主要功能,具有综合性、整体性的特征,城市的各种功能相互联系、相互作用。因此,在一个旅游区域吸引系统中,城市与周边景区组成了核心——边缘的发展关系。城市包括旅游吸引物和为旅行者提供的基础设施,往往成为核心区,是区域旅游业的管理中心、旅游交通中心、旅游服务中心和旅游景点集中分布区。而周边景区则为区域旅游吸引体系提供支撑,与城市一起构成区域旅游发展的主体骨架,对城市的旅游产品体系进行丰富和补充,共同完善区域旅游产业结构层次和产品的梯次结构。从区域旅游发展来看,城市与周边景区形成一种平等竞争、优势互补、合作共赢的核心——边缘空间关系。

(四) 圈层结构理论

由德国农业经济学家冯·杜能(J. H. Thunen)于1826的农业区位论中提出。杜能认为：城市郊区的农业布局呈圈层分布，以城市为中心，由里向外依次为自由式农业、林业、轮作式农业、谷草式农作、三圃式农作和畜牧业这样的同心圆结构。这种圈层空间结构模式被誉为"杜能环"。1925年，美国芝加哥大学城市地理学家、社会学教授伯吉斯(E. W. Burgess)以芝加哥为蓝本，在对城市用地功能布局研究后，发现自市中心从内向外呈同心圈有序分布着5个功能区，分别是中心商业区、过渡性地区、工人阶层住宅区、中产阶层住宅区、高级或通勤人士住宅区。从内到外可分为内圈层、中圈层和外圈层等。内圈层，是中心城区，是地区经济的最核心部分；中圈层，是城市的边缘区，是中心城市与乡村的过渡地带，呈半城市、半乡村状态；外圈层，是城市的影响区，农业经济活动占明显优势，与城市景观有显著区别。圈层结构理论已广泛用于城市经济区和综合经济区的研究、卫星城镇的规划和建设。圈层结构理论在区域旅游研究中得到较多的应用。吴必虎(2001)提出了环城游憩带(ReBAM)理论，把大城市郊区，主要为城市居民光顾的游憩设施、场所和公共空间，特定情况下还包括位于城郊的外来旅游者经常光顾的各级旅游目的地，一起形成环大都市游憩活动频发地带，简称环城游憩带，并以上海为例对环城游憩带进行了研究。也有学者把旅游圈范围场模型用于空间范围的界定，如，李璐等进行了都市圈空间界定；吴扬等划分了城市腹地；张莉等用场模型研究了城市影响范围的发展趋势；王丽则借用改进场模型分析了中国中部地区城市影响范围的动态演变。还有生态旅游目的地中的核心区、缓冲区、试验区等功能区的划分，也是圈层结构理论的应用。

(五) 集聚与扩散作用

在景区与城市的空间相互作用中，集聚与扩散机制是最基本的动力机制。集聚，是指经济活动在地理空间上的集中趋向过程；扩散，则是资源要素和部分经济活动主体在地理空间上的分散趋向过程。产业集聚能够产生集聚效益，而旅游景区只有人造景区具有区位选择性，大多数景区则具有不可移动性。因此，旅游景区不同于其它经济活动的集聚和扩散机制。区域旅游发展中景区与城市的集聚机制表现为两个方面：一是表现为主题公园式的人造景区向城市或市郊集中；二是城市周边景区建设的数量不断增多，周边景区密度不断增大,而景区与城市的扩散机制则表现为城市对周边景区影响距离的不断扩大。

在促进城区与景区互动中,集聚与扩散在区域旅游发展的不同阶段起主导作用。通常来说,受区位优势影响,距离城市较近的景区优先于距离较远的景区开发,集聚起主导作用在时间上先于扩散。随着区域经济的发展和城乡交通便捷性程度的提高,区域旅游开发也并非仅仅局限在城市及郊区,而是不断向远离城市的景区扩散,实现区域旅游竞争力的整体提升。事实上,在城市附近景区优先开发呈现集聚机制的同时,在城区与景区的互动中也存在着扩散,一些远离城市而等级较高的景区也可能在区域旅游开发较早阶段得到开发。因此,可以说集聚与扩散贯穿着城区与景区互动的始终,成为推动城区与景区互动的最基本力量。但在城市发展的不同阶段,集聚和扩散各自所处的地位不同,在区域旅游发展的初期阶段,集聚机制起主导作用;在区域旅游发展的成熟阶段,景区扩散机制起主导作用。

二、研究现状与进展

景区与城市关系是旅游空间结构研究的内容之一。其主要研究集中在城市周边旅游景区结构、城市居民旅游行为空间、景区与城市的空间协调发展模式等方面。

(一)城市周边旅游景区结构及优化研究

旅游空间结构,一直以来是旅游地理学的研究热点。旅游空间结构是旅游活动诸多要素在经过空间相互作用而形成的空间聚散程度。旅游空间结构体现了旅游活动在空间上的相互关系。国外对旅游空间结构的研究较早,Christaller(1964)较早将区位论用于旅游空间结构研究;Miossec(1976)从空间结构的角度对旅游目的地的演变过程进行了研究;普列奥布拉曾斯基(1982)建立了地域游憩系统的概念,对旅游空间结构模式进行描述;除野信道(1985)在《观光社会经济学》中对旅游空间结构进行了探讨;Pearce(1995)在进行旅游规划时,按尺度将旅游空间层次划分为全国水平、区域水平和地方水平;Dredge(1999)将旅游目的地的空间结构模式分为:单节点目的地、多节点目的地和链状节点目的地。国内对于旅游空间结构的研究较多,包括旅游客源空间结构、旅游产业空间结构、旅游经济空间结构及旅游景区系统空间结构等方面[3]。

城市周边旅游景区结构研究,是旅游空间结构研究的一个方面。它是指不同等级、不同类型旅游景区在空间中相互作用所形成的空间聚集程度及聚集状态。它体现了区域旅游资源的空间属性和相互关系。国外学者对旅游空间结构评价研究较早,主要是从城市地理学中引入了不少理论和方法,并通过改良后对旅游景区景点的聚集度等进行研究,先后提出并归纳了多种空间结构描述的数学模型和地理方法,应用的理论模型主要有区位论、核心—边缘理论模型等。我国学者也作了许多探索:郭来喜(1985)将我国划分为9大旅游带、29个旅游省、149个基本旅游区[4];濮静娟等(1987)以舒适度指数和风效指数为指标,对中国内地地区旅游资源进行划分;阎守邕(1989)对中国旅游资源区域特征和旅游环境差异性进行定性和定量分析;孙大文、吴必虎(1990)提出了一个划分为10大旅游区的综合性中国旅游区划方案;吴必虎等(2003)运用空间分析手段对首批国家AAAA级景区的空间分布规律进行研究,揭示了AAAA级景区的空间结构特征及其与客源市场之间的关系[5]。吴晋峰等(2002)指出,旅游系统空间结构是以目的地和客源地为节点,以旅游线路为连接所形成的占据一定空间范围的网络,并运用a指数、β指数等对旅游网络结构进行拓扑分析[6];王恒等(2010)运用最近距离模式和基尼系数对大连市旅游景区的空间结构进行分析,指出旅游空间结构存在景区之间空间距离较大等问题,并提供了合理的优化对策[7];李旭等(2011)运用最近邻指数和基尼系数对郑州市和开封市的旅游景区进行空间结构分析,结果表明旅游景区呈集聚形态,并提出促进旅游景区一体化发展的策略[8];崔大树等(2011)运用分形理论对湖州市旅游景区的空间结构进行研究,结果表明景区的空间分布聚集性较强,具有多分形的特征,并据此提出了空间结构优化的对策[9]。张永平等(2011)运用地理集中指数、分布椭圆、最近邻指数等方法对海西经济区的旅游景区空间结构进行分析,指出自然地貌、历史文化、城市经济发展水平等影响着旅游景区的空间结构,并提出优化空间结构的措施[10]。毛小岗等(2011)对北京市的A级景区进行研究,发现A级景区的分布呈现城区和远郊区密集、近郊区稀疏的空间结构,这种结构的形成主要受资源和市场的共同驱动[11]。章锦河等运用6种技术对皖南地区的旅游资源空间结构进行了全面分析。葛立成(2006)、卞显红(2007)、于慰杰(2010)分别以长江三角洲和山东半岛旅游圈为研究对象,对城市旅游增极、点轴空间结构及空间集聚区的形成机制进行研究,构建了城市旅游空间结构体系,提出相应的合作发展战略[12][13];卞显红

(2003)对城市旅游空间结构的六大基本要素进行分析,最后提出城市旅游空间结构有单节点、多节点及链状节点三种模式[14]。黄金火等(2005)在对国内外区域旅游空间结构研究的基础上,构建了由六要素构成的旅游系统空间结构,并分析不同阶段的空间结构演变,最后以西安为例进行实证研究[15]。

(二)城市居民对周边景区的旅游行为空间研究

较多学者关注城市居民对周边景区旅游的行为规律的研究。牛亚菲以大城市为中心着重分析不同地域旅游的供需关系,提出了旅游供给与需求的空间模型[16]。吴必虎通过对上海城市游憩者的调查,利用曲线分析法得出上海城市游憩者空间流动规律,发现大中城市周边地区200公里以内是城市居民周末休闲度假的高频出游地区[17]。吴必虎等(2004)对不同规模城市周边的乡村旅游进行研究,结果表明乡村旅游的空间格局与城市之间的距离密切相关[18]。陆林(2012)则以黄山、九华山、齐云山为实例,研究了山岳风景旅游区旅游者的空间行为[19]。杨新军(2004)对国内外关于旅游行为空间的模式进行了总结与评价,并在此基础上提出了以城市为空间节点的区域旅游空间结构,认为旅游行为的空间模式是研究旅游空间结构的基础,旅游者在空间上的活动行为决定了旅游空间的组织与管理措施[20]。张捷等(1999)以九寨沟为例,运用距离衰减曲线对旅游景区客源市场的空间结构进行研究,结果表明旅游客源市场随经济距离或时间距离而衰减。丁正山(2004)对旅游流客源市场的空间结构进行研究,构建了区域旅游流的空间分布,最后以南京、苏州、徐州等地的旅游为例进行实证研究。戴学军等(2011)运用 GIS 手段对惠州龙门县的客源市场进行研究,发现交通条件是客源市场变化的重要因素,导致客源空间结构不断向外扩展[21]。陈健昌、保继刚(1988)运用行为科学理论分析了旅游者在大、中、小三种空间尺度下的不同空间行为规律,并分析了决策行为的影响因素[22]。马晓龙等(2004)运用系数对西安入境旅游流的流动规律和空间结构进行了研究,结果表明旅游流空间结构不均衡,游客更热衷于东线旅游产品,分析了该状况的形成机理,并提出了应对策略。谢红彬等(2011)对福建省沿海地区旅游客源市场进行分析,发现客源市场随空间距离的增加而递减,但区域经济发展水平对客源市场空间结构也存在一定的影响[23]。

(三)景区与城市的空间匹配性发展关系与模式研究

景区与城市空间发展关系较早被学者关注。王舒展(2003)探讨了近代历史景区与城市的关系,并通过实际案例分析归纳了不同城市近代历史景区的发展现状、经验和缺陷,提出景区的整体空间结构是受城市的历史格局影响的,近代历史景区的改造对城市历史空间的梳理是可以产生积极影响的[24]。李跃军(2006)对区域旅游中景区与城市空间匹配关系及其优化措施进行了探讨,认为景区与城市之间存在着多种空间匹配关系,并且在不同的旅游区域和旅游发展阶段,匹配关系是不同的,所采取的相应优化措施也不相同[25]。谢志华(2007)以 AAAA 级景区中的资源型景区为样本,利用地理数学方法的空间分析手段和 GIS 空间分析工具,分析了资源型景区与城市的空间分布关系,结果表明,绝大多数资源型景区分布于距市中心 300 公里以内,并且集中分布于距市中心 50 公里以内的市区和距市中心 50～100 公里的市郊地带;并且规模越大的城市,其周边分布的资源型景区越多[26]。贾建中等(2007)从城市风景区与城市关系角度入手,研究风景区与城市互动发展的历程及城景关系,并根据城景关系及其特点对城市风景区进行分类[27]。邓武功等(2008)针对当前城市风景区与城市之间存在的诸多矛盾,以城景协调发展的理念,分别从城市视角、城市风景区视角及两者历史关系相互关联的视角,提出了解决城景矛盾、促进城景发展的主要途径[28]。何燕从游客感知的角度,研究了城市与景区的相互关系,认为城市对周边景区具有形象扩散效应并影响游客对未来路线的选择安排,景区形象对城市和区域形象的外溢效应明显大于城市形象对景区形象的外溢,城市与景区的相互作用确定了游客对目的地的最终印象[29]。吴国清从"景区—城市"二维视角,通过基尼系数、地理集中指数、区位熵、累积频率曲线等测度方法,对安徽省省域旅游空间差异进行研究,解析省域旅游发展空间总体差异特征及年际变化趋势[30]。

景区与城市作为区域旅游发展的两个基本旅游节点,受城市影响的景区发展模式研究是被学者较早关注的问题之一,包括城市景区空间功能、景区开发与城乡一体化、城市区域旅游空间组织措施、城市旅游空间规划布局影响因素、环城游憩带等方面开展了较多的研究。许多学者认为,大城市郊区旅游业发展的主要条件与优势在于景观资源优势和区位优势,提出了多种发展模式。符全胜(1998)提出了城乡交错带(城郊)旅游开发的模式。他将城乡交错带(城郊)分为近城区、近郊区和远郊区,不同的地域旅游开发的形式不同[31]。邹积林(1990)提出的旅游区域空间形态中,包括了城市周围的环状区形态。李九全(1999)观察到了西安环城风景区的旅游开发模式。许春晓(1996)在欠发达地区城市郊县也发现了周末度假村建设现象。陈德昌、蔡希浩等(1995)对中心城市郊区风景区规划提出了研究思路。肖胜和从空间角度提出郊野公园、户外活动区、休闲度假区、农业旅游区的郊野旅游开发层次，并提出旅游杜能圈的概念[32]。吴国清(2008)在对都市旅游目的地空间的构成要素、演进过程及机制进行分析的基础上，以上海为例进行空间结构的优化，指出网络化是构建及优化都市旅游目的地空间结构的最有效方法之一[33]。汪德根等(2011)进行了旅游业促进城镇化建设的研究，从"板块旅游"空间结构模式、旅游产业集群、旅游产品开发与城市公共服务设施建设一体化三个战略层面，分析了旅游业提升园区城市化质量的路径[34]。刘巍分析了旅游圈构建与城市圈建设的互动关系，探讨了城市圈发展对旅游圈在资金、市场、交通、服务方面的积极影响及其对旅游资源开发不平衡、区域旅游同质性加剧、旅游整合策略不和谐等方面产生的不利影响[35][36]。叶岱夫注意到城郊旅游开发存在着风景旅游区城市化、山水公园化、自然景区建筑化等一系列旅游与城市化发展相互作用而产生的矛盾[37]。王旭科分析了城市景区陷入孤立式发展，呈现出与周边环境、城市社区相割裂、隔离的"景观孤岛"、"文化孤岛"、"经济孤岛"、"功能孤岛"和"管理孤岛"等形态特征[38]。刘少湃(2012)分析了近郊风景旅游区与城市空间扩展之间的内在互动机制，认为区位级差地租的变化是其空间演变的内在驱动力，提出了大城市近郊风景旅游区的空间演变模型[39]。

上述研究采用了曲线分析方法、系统论、旅游空间结构理论等理论与方法，从全国、省级到区域层面，从定性到定量，从理论到实证，已经多角度地研究了城市旅游空间结构、城市居民出游市场、城市游憩空间分布等方面，强调了旅游景区在旅游地空间系统演化的作用，以 A 级旅游景区系统空间结构反映旅游地发展水平。景区与城市发展关系已经受到关注，但仍然存在几个方面的不足：(1)从发展历史和空间形态上看，定性探讨城市与景区的关系较多，但缺少系统性分析；(2)景区的旅游资源等级评价研究成果较多，但从资源配置角度对二者的匹配性评价较少；(3)从静态的空间视角研究二者关系较多，而从时空结合的角度探讨二者之间的优化路径成果较少。因此，中观层面城市与景区空间关系的多要素、多视角的研究具有一定的探索价值。

第二章 旅游城市与景区的匹配类型及组合形态

地球表面上的一切地理现象、地理事件、地理过程,都要以地理空间为发生背景,各种地理要素的空间形态构成了地理的空间结构。旅游空间结构是影响区域旅游发展的重要因素,而景区与城市是旅游空间结构的重要节点。它们之间在空间上相对独立,在功能上表现出各自的特点,但又相互联系、相互影响。因而,城市与景区之间存在着空间的匹配性关系,通过二者的相互作用促进区域旅游空间结构的不断演化。

第一节 旅游区域的城市体系与景区体系

旅游区域,是指旅游要素联系较为紧密的区域,通常是指以一个城市或城市体系为核心,对周边景区开展旅游活动的区域。旅游区域可能由一个城市旅游目的地形成,也可能是由城市体系中多个城市旅游目的地共同组成。而区域旅游就是以区域的城市为旅游集散中心,游客对周边景区实现旅游活动的现象。

一、旅游中心城市体系及空间结构

(一)城市与旅游城市

1. 城市与中心城市

城市,是个"城"与"市"的组合词,是指人口密集、工商业发达的地方,通常是周围地区政治、经济、文化的中心。一定地域范围内,在政治、经济、文化、信息等方面居于领导地位,经济总量、人口规模、城市建设规模等比区域内其它地方具有比较优势的城市,称为中心城市。它常常是一个区域产业布局的中心,是政治、经济、文化、信息向外辐射的基点。按照国家城市划分标准,可以将特大城市和大城市称为一级中心城市,如,北京、上海、成都等。一级中心城市周边分布着若干中等城市。它们可以称作次一级的中心城市,如,浙江省比省会城市低一层次的绍兴、台州、金华、温州等。次一级的中心城市周边分布着一些在其局部区域内发挥着中心作用的中心城镇。

2. 旅游城市

从城市设计角度来看,旅游城市是以城市规划、城市建设为基础,以满足旅游者的旅游需要为主要职能,以旅游经济、旅游资源的可持续发展为核心,以城市的经济与社会全面发展和进步为目标,按照系统原理、旅游业功能、经济学原则来规划、建设和管理的现代化城市[40]。从经济学角度来看,所谓旅游城市,是指在经济中要素投入(如,劳动力、资金等)不断向旅游部门集中且旅游部门的产出在经济中占有较大比例的城市。这类城市中,旅游产业是其经济的重要支柱,对城市发展具有主导作用。其催化、波及效应不仅带动了相关产业的发展,而且影响甚至决定了城市的发展方向和城市的功能定位。从生态学角度来看,旅游城市是以自然生态的良性循环和可承载能力为基础,以提供风景游览条件为主要职能,以可持续发展为核心,以人与自然和谐共存为目标建设与管理的城市[41]。可见,旅游城市是把城市的旅游功能作为主要职能之一的城市,但是,并不是每一个具有旅游职能的城市就一定要发展成为旅游城市。能否定位为旅游城市,取决于旅游业在一个城市产业体系中的相对地位和城市发展所追求的目标[42]。

(二)旅游中心城市

区域旅游发展中往往存在多个城市。它们在区域旅游功能中承担着不同的功能与作用。由于旅游业发展与区域经济发展及城镇空间结构模式存在相互作用与紧密依存关系,这些集散中心大多是区域内各种类型的城镇,即传统定义上的区域中心。同时由于旅游者集散、住宿接待服务、旅游管理、旅游信息服务等与旅游相关的对外服务功能日益增加,使这些区域中心城镇逐步转化为旅游中心。其中一些城镇的旅游服务功能上升为城镇的主要功能,旅游中心的特点更为显著。并且随着区域旅游业的进一步发展,这些旅游服务中心城镇在区域内会形成规模、职能、空间上的分化与分工,在组织旅游活动、形成区域空间结构上起着举足轻重的作用,便形成了旅游区域产业布局的中心,即旅游中心城市。旅游中心城市,是指那些在区域空间上与景区密切相关,有着良好区位条件和旅游资源条件,具有承担旅游区管理和服务功能的,能成为客源流动枢纽的城市。旅游中心城市不仅富含具有一定吸引力的旅游资源,同时还扮演着区域的经济中心、交通中心、商务中心等职责。

旅游中心城市与区域中心城市是既有联系,又相区别的两个概念。如,区域中心城市是就政治、经济、文化和信息集散而言的;而旅游中心城市,则是就旅游产业和区域旅游功能而言的。旅游中心城市本身富含具有较高价值的旅游资源,旅游产品配套丰富,客源市场潜力较大,旅游经济发达(相对于其周边城市和地区),是其所在区域或向外辐射区域旅游产业布局的中心。旅游中心城市与区域中心城市不一定重合。

1. 旅游中心城市体系

"城市体系"作为城市地理学、城市规划学的一个概念,按其现代意义来说,是指一个国家或一个地域范围内由一系列规模不等、职能各异的城市所组成,并具有一定时空地域结构、相互联系的城市网络的有机整体。城市等级体系是一个包含了城市中心地区和广大乡村地区及多产业体系的区域经济系统,如,规模等级体系、行政等级体系等。规模等级体系是城市体系的主要结构之一。规模结构可以反映出城市在不同规模等级中的分布状况及城市人口集中或分散的程度,如大城市、中等城市与小城市,不同地区、不同城市化水平下的城市体系具有不同的城市等级规模分布特征。行政等级包括省级、地市级、县级等。

由于旅游活动的多层次、多空间尺度,又需要不同层次的旅游中心地与不同尺度的旅游活动相协调,这样不同等级的旅游中心地便形成了旅游中心城市体系。旅游中心城市体系,是指在一定的旅游地域内聚集着不同规模的旅游城市,它们之间彼此有稳定的联系并按一定层次形成一个有机的整体。旅游城市体系的构成可划分为三个等级:中心旅游城市、旅游城市、特色旅游镇或旅游景区。其中中心旅游城市是一定区域旅游业的旅游交通中心、旅游接待和组织的中转中心,也是旅游景点集中分布区。需要特别强调的是,旅游交通职能是中心旅游城市职能的重要表现。这是由旅游业的产业特性决定的。同中心旅游城市相比,旅游城市是次一级区域的旅游中心,旅游交通职能及整体城市旅游功能低于中心旅游城市;而特色旅游镇或旅游景区则主要依托其所在地域的中心旅游城市或旅游城市作为旅游组织的中转中心来接收客源,从而发展旅游业。同一空间地域中,旅游中心城市体系的旅游城市等级与区域中心城市的城市等级可能重合,也可能发生错位。

2. 旅游中心城市体系的空间结构

空间结构,指空间结构要素在空间范围内的分布和联结状态。1977年英国著名地理学家哈格特(P. Haggett)描述地理空间结构模式与秩序时提出6个识别要素[43]:①运动模式。表示事物的空间移动特点;②路径。表示事物运动的路线;③节点。表示运动路径的交点;④节点层次。表示各个节点的重要程度;⑤域面。即空间在平面上的投影;⑥扩散。即域面的动态演化过程。区域旅游空间结构,是指区域旅游要素在空间关系上的联系状态。结构要素包括:不同级别的旅游节点、旅游景区、旅游中心地、旅游通道及旅游线路等,这些要素分布于区域的各个地区,包括城市区和环城游憩带等。

冈恩(Gunn)从微观层次对旅游地域系统结构进行了研究,提出了旅游目的地地带的概念。认为它由吸引物组团、服务社区、中转通道和区内连接四个要素组成。这些要素相互作用,形成了一个完整的旅游地域系统。吴晋峰根据此模式用这六个要素建立的旅游系统空间结构模式是以旅游目的地、客源地为节点,以交通线路为连接而占据一定地面处于扩散过程中的网络,可称之为旅游系统的网络空间结构模式。中心节点表示目的地,其它节点为该目的地吸引的全部客源地。黄金火在分析哈格特空间结构模型和冈恩的目的地地带模型基础上,重新构建了由旅游目的地区域、旅游区、节点、区内路径、入口通道和客源地市场等六个要素构成的区域旅游系统空间结构模型。陆玉麒认为,哈格特的六个要素可以归结为以下三种类型:①城市范围内,旅游活动内聚力极化而成的中心或称之为节点;②由城市交通、通信等线状基础设施组成的路径或通道;③受节点(中心)吸引或辐射影响的腹地,或称之为域面,是城市旅游各种活动的地域依托。简言之,城市旅游空间结构实为节点(junction point)、通道(path)和域面(domain)的要素集合。

根据空间结构的要素差异,旅游空间结构包括旅游中心城市结构、景区空间结构、旅游规模结构和旅游市场规模结构等方面。

(1)旅游中心城市的空间结构层次:

①旅游中心地与其直接服务的旅游吸引物,通过区域内的以旅游中心地为中心辐射到各个旅游吸引物的旅游交通线路整合为一体,形成旅游功能区

内的空间结构;

②通过区域间的旅游交通网络,将不同职能、不同规模的旅游中心地与其各自服务的区域整合为一体,形成不同等级旅游圈内的空间结构。

(2)不同层次中心城市的空间结构组合形态。景区与城市的空间结构形态,包括带状结构、辐射状结构、环状结构和混合结构等几种。

①带状结构(点轴空间结构)。有些中心城市与周边次一级城市空间分布呈现带状分布的特点。这些带状结构往往以中心城市为起点,沿一条骨干线路(轴线)呈串珠状分布。骨干线路(轴线)的形成必须具备三个条件:一是区域交通的主干道,交通便捷顺畅;二是轴线上各个次级城市组织周边景区形成相应等级的旅游地。三是在中心城市到各个旅游城市之间的轴线上或轴线周围,要有可被辐射或扩散的能被开发成旅游产品的旅游资源。

②辐射状结构。由中心城市向外呈放射状形成旅游空间网络。如,陕西省已形成以西安为中心,东西南北4条旅游线路为基础呈放射状的旅游网络[44](如图2-1所示)。

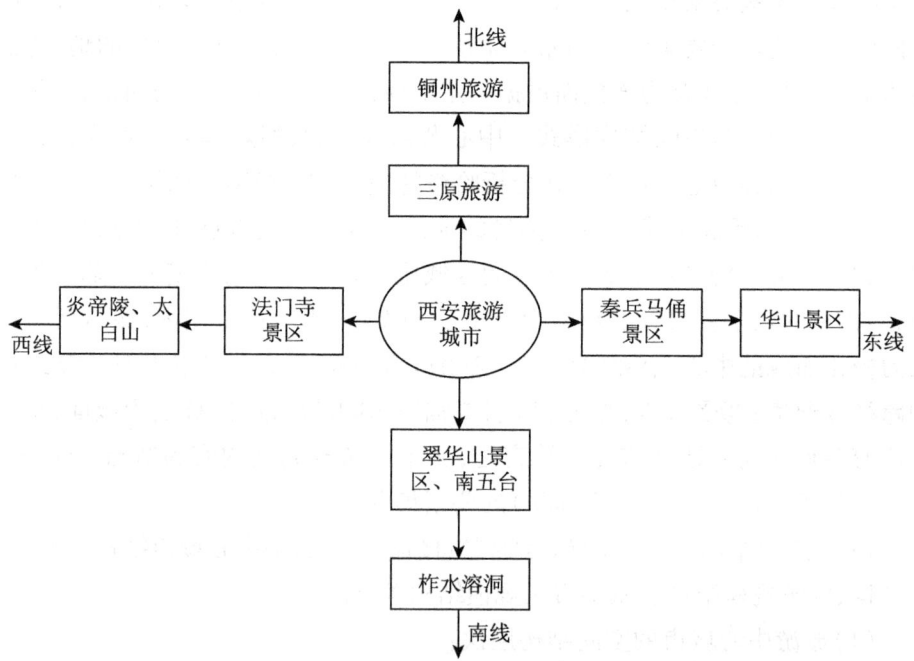

图 2-1 西安周边旅游线路放射状网络图

③环状结构。由于中心城市周边地理位置和交通条件的影响,这些环状或不规则的环状结构有时会产生变体。如,上海市位于长江三角洲近海部分,呈半岛状,陆地主要位于长江口以西,因此上海市周边旅游地分布的空间结构呈以上海市中心为圆心,以50公里、140公里、300公里为半径的三层圆弧状分布(如图2-2所示)。

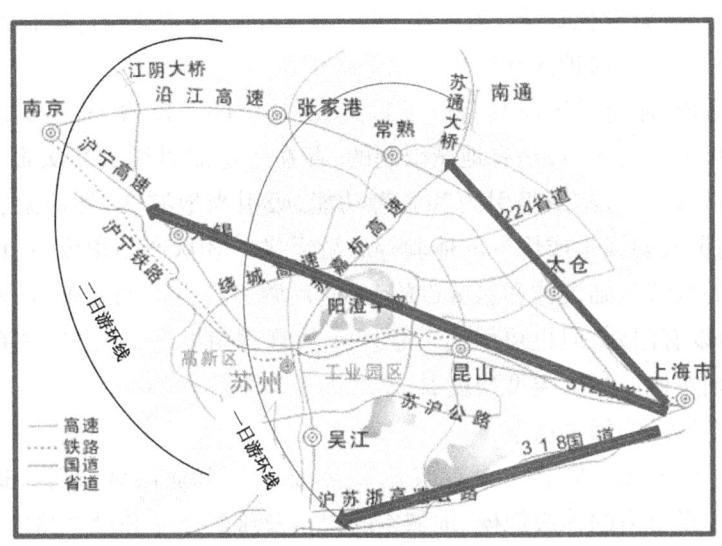

图2-2 上海市周边旅游地空间结构分布图

④混合结构。更多的旅游空间结构属于上述三种结构组合在一起的混合结构。混合结构的总体框架,是以中心城市为旅游轴线的起点,中心城市与1~3个旅游中心地联结成轴线,以旅游轴线为骨干线路形成若干组团式或环状结构的区域旅游亚区或旅游次中心。

二、区域旅游景区系统空间结构及演化

(一)旅游景区及相关概念

1. 旅游景区的内涵

旅游景区(Tourist Attraction),是旅游业发展中的核心要素,但没有统一的定义,通常是指具有吸引国内外游客前往游览的明确的区域场所,能够满足游客游览观光、消遣娱乐、康体健身、求知等旅游需求,具备相应的旅游服务设施

并提供相应旅游服务的独立管理区。该管理区应有统一的经营管理机构和明确的地域范围。景区作为一个宽泛的概念,其所含的类型与种类繁多。按景区的旅游活动内容,旅游景区包括:风景区、文博院馆、寺庙观堂、旅游度假区、自然保护区、主题公园、森林公园、地质公园、游乐园、动物园、植物园等类型。邹统钎(2003)将我国景区基本上分为两类:一类,以经济开发为主要目的,包括主题公园、旅游度假区等;另一类,以资源保护为主要目的,包括风景名胜区、森林公园、自然保护区和历史文化保护单位等。

可以看出,旅游景区应具备以下特点:①从空间角度看,旅游景区是一个具有旅游吸引力的场所,是有地域限制的,存在一定的界线。②从旅游资源角度看,旅游景区具有旅游吸引力和旅游功能,吸引当地游客、外地游客或潜在旅游者,满足人们娱乐或愉悦的体验等旅游需求。③从产品角度看,旅游景区应有相应的旅游基础设施和服务设施,要满足游客各方面的要求,通常有经营者参与,可以有门票,但也可没有门票。④从管理角度看,旅游景区存在相应的经营管理实体。⑤从类型角度看,景区的类型是多样的。

2. 旅游景区的相关概念

旅游景区的相关概念主要有旅游景点、旅游区和旅游区域等。这些概念主要从旅游吸引力的等级规模、地域空间大小及旅游产品和设施角度来区别。

(1)旅游景点。是指最小的旅游空间组成单元,只要是具备一个旅游资源单体的地域,都有可能形成旅游景点,只有多个旅游景点相对集中在一定的地域上,才有可能形成旅游区。因此,旅游景点是形成旅游景区、旅游区、旅游区域、旅游带空间构成的基本单元。

(2)旅游区。是指一定的地理空间上集中一定数量的旅游资源,配合相关的旅游基础设施和服务设施,为旅游者提供游览活动的目的地。《旅游规划通则》指出,所谓旅游区是以旅游及其相关活动为主要功能或主要功能之一的空间或地域。国家旅游局《旅游区(点)质量等级的划分与评定》中将旅游区定义为:经行政管理部门批准成立,有统一管理机构,范围明确,由若干个旅游点组成的旅游地域。国家质量技术监督局2003年公布的《旅游区(点)质量等级的划分与评定》中将旅游区定义为:经县级以上(含县级)行政管理部门批准成立,有统一管理机构,范围明确,具有参观、游览、度假、康乐、求知等功能,并提供相应服务设施的独立单位。国家目前颁布了AAAAA、AAAA等级别的A级旅游区,实际上就与旅游景区相当。从这个角度上讲,旅游区与旅游景区具有相同的含义。

但是,旅游区概念在人们习惯使用时,并没有把旅游景区与旅游区看成相同的概念。其空间范围最为模糊,一个省、一个县可能被称作一个旅游区,但也有可能小到一个景区的范围,如,海南南山文化旅游区、南京雨花台旅游区等,实际上就是旅游景区或风景名胜区。从空间范围上看,旅游区是介于旅游区域和旅游景点之间的一种旅游地域类型,其与依托城市共同组成区域旅游网络的基本节点,空间规模较大、面积也较大,可以位于一个行政区之内,也可跨越行政区划的限制,且往往缺乏有形的边界。而旅游景区的面积较旅游区相对要小,并且旅游景区大多具有有形的边界标志,其空间范围具有可感知的特点。通常来说,旅游区范围可能包含了周边多个旅游景区及附近社区或其它要素。旅游区的概念较旅游景区要抽象和宽泛。从规划的空间尺度上来看,景区规划属于中小尺度规划,而旅游区规划则往往属于大尺度规划。如,旅游景区规划通常在概念设计的基础上将更多的精力集中于场所尺度、空间尺度及细部尺度,注重局部结构优化、功能完善及细节工程设计。旅游区规划则深入到社区尺度和邻里尺度,较为注重区域主导功能的确立、主题形象设计及区域产业发展战略等问题。实际上,旅游景区只是旅游区开展旅游活动的核心构成,但旅游区与旅游景区却经常被混为一谈。因此,旅游景区与风景旅游区、风景区在概念的内涵和外延上虽然有一定的差异性,而人们在使用中,往往就不那么严格区分了。

(3)风景区。又称风景旅游区,是在旅游开发中经常提到的一种旅游景区类型,是指以自然赋存或历史遗存的景观为主要载体,向旅游者提供旅游活动的指向物,包括向旅游者开放、开展旅游活动的风景名胜区、历史文化遗址、森林公园、自然保护区等,而主题公园、游乐场、室内博物馆和美术馆等人工吸引物,原则上不属于风景旅游区。

3. 旅游景区和旅游区域、旅游地、旅游地域系统

(1)旅游区域。区域,是具有某些共同特征的地域,在地理上毗邻的若干地区,在经济等物质因素及社会历史等人文因素上具有共同或互补的特征,并在此基础上通过各种物质和非物质的流动,形成了相互间紧密联系和具有一定层次特征的空间结构,从而与其它地区相互间区别开来。旅游区域,则是指以旅游资源为特征,由组织旅游活动的相关机构和若干旅游设施、旅游区等因素组合而成的一个整体的地域范围,如,长三角旅游带、珠三角旅游带等。旅

游区域是区域旅游在空间上的投影。

(2)旅游地。旅游地即旅游目的地,是指包括旅游设施、旅游服务及旅游资源在内的旅游供给综合体,或指具有一定结构和形态的旅游对象的地域组合。通常来说,旅游地是由若干景区或景点旅游资源及相关旅游基础设施和其它相关条件所组成,是比旅游景区具有更高层次的地域系统。旅游地的特点是,在该地域内分布着已被开发利用的旅游资源,而且在经济结构上有多层次的旅游业,以城镇为依托,拥有综合性的旅游供给设施和服务。按空间范围大小,旅游地可分为旅游区域(旅游带)、旅游区(旅游景区)等空间层次,旅游景区与旅游区、旅游区域都属于旅游目的地的一种。

(3)旅游地域系统。旅游地域系统作为地理空间上的一个实体单元,是由构成旅游活动的旅游资源、旅游交通及接待基础设施、旅游服务管理系统等要素共同构成的一个地域综合体。从地域结构来看,旅游地域系统是由旅游地、旅游通道和旅游腹地三大要素构成的[45]。旅游地域系统常常存在一个或多个中心旅游地。中心旅游地表现为各级旅游中心城市。各中心旅游地对邻近各旅游地的作用呈现为逐级传递特征,而这种逐级传递又是由多种旅游通道来实现的。这些纵横交错的旅游通道的整体,即构成旅游网络。在一定地域范围内,多个旅游地联结成纵横交错、经纬交织的完整线网,从而构成旅游腹地。旅游腹地的范围是中心旅游地各种旅游经济活动共同作用所能达到的最大地域范围。因此,不同中心旅游地的旅游地域系统的空间范围大小将不同。

综上所述,旅游区域通常是由许多个县市级行政区组成的省域及以上的地域,旅游景点的旅游功能却是较为单薄的,而旅游区、旅游景区和风景区在区域旅游网络中具有特定的旅游功能,是区域旅游业运作的基本"器官"单元。从旅游开发的角度看,旅游区、旅游景区和风景区往往成为县市级政府重视的基本旅游地域。旅游区域强调为发展旅游业而形成的地域范围,强调区域中旅游地合作和旅游线路的网络化。旅游地域系统是从系统角度描述城市与旅游地组成的结构关系,强调要素的构成。旅游圈,通常指围绕大城市而形成的旅游圈。

(二)旅游景区空间结构

旅游景区内具有不同的功能区。按照景区内空间功能的差异,旅游景区空间结构存在以下布局模式[46]:

1. 环自然风景点或娱乐中心布局

在自然风景魅力突出的旅游区,通过此布局模式可进一步提高自然风景点的吸引力,布局重点是娱乐,其次是住宿。

2. 环旅馆布局

缺乏明显的核心自然景点的旅游区,通过此布局模式使豪华(或特色)旅馆成为核心,布局的重点,是旅馆的建筑风格和综合服务设施体系。

3. 野营地式布局

适用于景点分散,当地条件又不宜建大型旅馆的旅游区。这种模式是以对整个旅游区恰当的亚区划分为基础,兼顾亚区之间的功能互补性,重点对亚区的旅游服务设施进行布局。

4. 社区—旅游吸引物综合体

这种布局方式是1965年由冈恩(Gunn)首先提出的,是在旅游区中心,布局一个社区服务中心,外围分散形成一批旅游吸引物综合体,在服务中心与吸引物综合体之间有交通连接(如图2-3所示)。

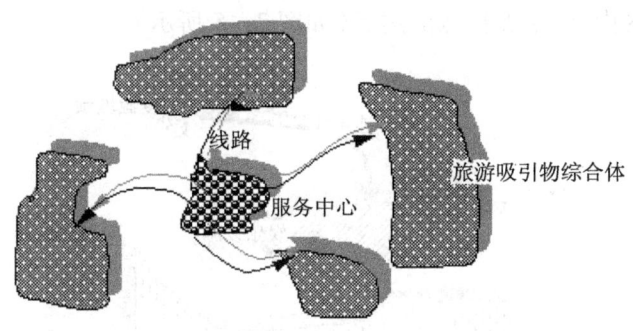

图2-3 社区—旅游吸引物综合体空间布局示意图

5. 三区结构布局模式

弗斯特(Forster)曾提出一个旅游区空间开发的"三区结构模式",核心是受到严密保护的自然区,限制乃至禁止游客进入。围绕它的便是娱乐区,在规划娱乐区时配置了野营、划船、越野、景点观览等服务设施。最外层是服务区,为游客提供各种服务,有饭店、餐厅、商店或高密度的娱乐设施(如图2-4所示)。

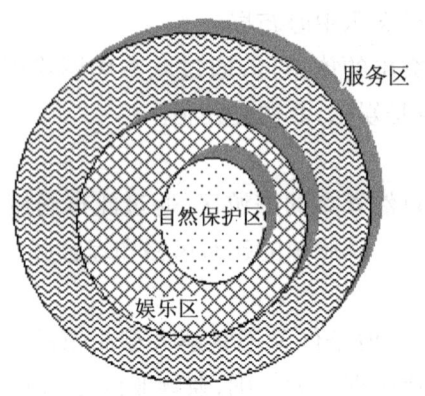

图 2-4 三区式空间布局示意图

6. 双核布局(Twinning Principle)

该布局模式由特拉维斯(Travis)于 1974 年提出。该布局方法为游客需求与自然保护区之间提供了一种商业纽带,通过精心设计,将服务功能集中在一个辅助型社区内,处于保护区的边缘(如图 2-5 所示)。

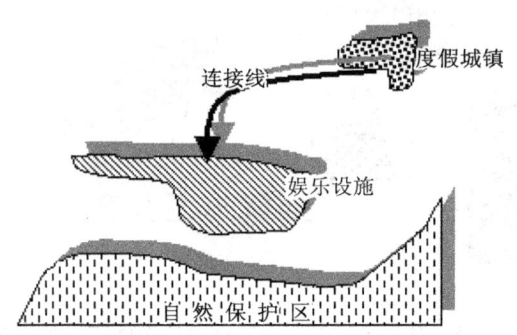

图 2-5 双核式空间布局示意图

(三)区域旅游景区系统空间结构

区域旅游景区系统,是指以城市中心的周边旅游景区所组成的景区网络体系,是区域旅游网络的重要节点。区域旅游景区系统空间结构,表示区域内众多景区数量和分布的集聚情况,是景区与城市空间关系优化的基础性条件,不仅为构建高效的旅游空间组织系统提供科学依据,而且影响区域旅游景区与城市形成的空间形态及旅游中心城市区位选择和城市旅游竞争力。旅游景区空间结构分析提供了景区密度与旅游供需的平衡状况,为区域旅游规划及制定区域旅游发展战略提供可靠的依据。其空间结构及组合规律对区域旅游业发展布局具有重要影响。

旅游景区空间结构以旅游景区(景点)空间聚集指标来衡量,包括景区最临近指数、通达度指数、平均径路长、紧密度指数等方面进行比较。景区空间结构的连通性、空间均衡性决定于交通网络密度和通达状况。

1. 空间分布集聚性

旅游景区的集聚效应,反映旅游景区空间分布的集中与离散程度,有集聚型、随机型和均匀型三种分布态势,可用最邻近距离和最邻近点指数进行判别。最邻近距离是表示点状事物在地理空间中相互邻近程度的地理指标,最邻近点指数定义为实际最邻近距离与理论最邻近距离之比。在均匀分布、随机分布和凝聚分布三种点状分布类型中,均匀分布的最邻近距离最大,随机分布次之,凝聚分布最小。

2. 景区分布集中程度

地理集中指数,是衡量研究对象集中程度的重要指标,其公式为:

$$G = 100 \times \sqrt{\sum_{i=1}^{n}\left(\frac{x_i}{T}\right)^2}$$

式中,G 为景区的地理集中指数,x_i 为第 i 个省区的景区数量,T 为景区总数,n 为省区总数。G 取值在 $0 \sim 100$ 之间,G 值越大,景区分布越集中;G 值越小,则景区分布越分散。

3. 景区区域分布均衡程度(旅游景区均匀度分析)

基尼系数(Gini)是地理学中研究离散区域空间分布的重要方法,用于不同研究对象区域分布差异的对比和同一区域历史时期空间分布的变化,进而找出其地域分布和时间的变化规律。理论上,基尼系数介于 0 和 1 之间,基尼系数越大,表明集中程度越高,分布越不均匀。基尼系数的计算公式如下:

$$H = -\sum_{i=1}^{N} P_i \ln P_i \quad H_m = \ln N$$

$$Gini = H/H_m \quad C = 1 - Gini$$

式中,P_i 为第 i 个区域内资源型景区数占研究区域总数的比重,N 为区域数量,C 为分布均匀度。

4. 旅游景区连接度分析

α 指数。α 指数为网络中节点的平均连线数目,是对网络连接性的度量。

对于多节点的旅游区而言,连接不同旅游景区节点之间的交通线越多、等级越高,其连接性也越高。旅游者往来于各旅游景区点之间就越方便。α 的取值一般处于 0~3 之间,在这个范围内,α 值越大,表明网络的联通度越好。

β 指数。β 指数分析是一种类似于 α 指数分析的空间分析方法,它也可用以反映一个区域网络中的连通发达程度。具体方法是,度量网络内各节点之间连线的观察数和连线的最大限度数目的比率。

(四)区域景区系统空间结构演化

随着区域旅游的发展,区域旅游空间结构在不断变化之中,经历离散状态、聚集状态、扩散状态和网络状态 4 种演变状态[7][47][48]。区域景区系统空间结构是区域旅游空间结构的组成部分。景区系统空间结构演化,是指景区在发展演化中,由于其各自所处阶段的交替转变,致使区域旅游景区的聚集性、竞争态势、市场结构和旅游经济等方面空间结构随时间和空间的变化而发生的渐进或演化过程,是一个逐渐由简单向复杂、由低级向高级不断发展的过程。空间结构演化不仅是旅游景区系统内部要素的增加和空间范围的拓展,更重要的是系统内部结构和功能的优化升级。由于旅游资源禀赋、经济社会发展水平、交通可达性及旅游发展政策等影响因素的空间差异性,区域旅游景区系统空间结构在不同发展阶段和不同空间尺度上具有不同的发展模式。其空间结构具有等级性、层次性、多样性、复杂性。

结合区域旅游空间结构的演化状况,区域旅游景区系统空间结构的演化过程分为四种模式,包括:点状发展模式、集聚发展模式、多中心发展模式和一体化发展模式[49]。点状发展模式,是区域旅游景区系统空间结构发展的起步阶段,以景区点状壮大为主要特征,旅游景区空间分布较为分散,旅游景区相互作用较弱。集聚发展模式,指旅游景区空间分布呈集聚态格局,具有优势的旅游景区逐渐演化为一定空间尺度旅游景区的集聚中心,低级别景区大多依附于优势旅游景区的发展,形成相互依存、相互促进的旅游景区系统。多中心发展模式中,旅游景区空间分布呈多中心格局,在空间上形成并立或依存的局面,旅游景区系统具有较强的市场竞争力和空间影响力,旅游景区在特色、市场定位及旅游形象等方面尚未得到整合。一体化发展模式,是区域旅游景区系统空间结构发展的成熟阶段,旅游景区空间分布呈均匀态格局,旅游景区之间空间作用强。

第二节 区域旅游的城市和景区相互作用

在地理空间中,城市的旅游职能、行政职能、经济职能等使其在区域各类经济活动及对资源的利用和控制中处于主导地位,成为地域实体间相互作用的主要表现;另一方面,旅游景区对区域具有不同程度的环境效应和社会效应,是区域旅游发展的直接承担者和载体,其发展水平、规模、潜力和知名度及总体布局对该旅游区域的产业结构、产品结构及对客源市场的整体吸引度具有重要作用,从而实现了旅游景区对城市的空间作用。旅游景区系统与城市体系共同构成旅游地域综合体,它们之间具有双向互动机制(如图 2-6 所示)。

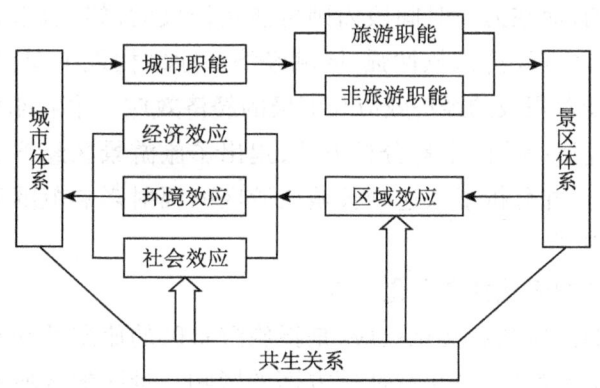

图 2-6 景区系统与城市体系相互作用机理

一、旅游景区的区域效应

旅游景区是旅游资源的载体,是旅游发展的必然产物,在旅游发展过程中发挥着举足轻重的作用,日益受到人类社会的关注。旅游景区作为旅游业的核心要素,其开发与运营状况对旅游业的可持续发展至关重要。

(一)旅游景区区域效应的内容结构

区域效应,是指特定产业在某一区域的生产经营活动对区域的经济、社会文化、环境等方面带来的影响。旅游景区区域效应是指旅游景区建设后而引起的经济效应、环境效应和社会文化效应。

1. 旅游景区的区域经济效应

旅游景区是旅游供给的物质载体,是旅游业赖以发展的重要依托,而高等级旅游景区更会影响区域旅游业的发展速度及平衡性。因此,旅游景区一旦建成,景区对区域旅游业的带动效应往往会作为政府和企业追求的重要目标。旅游景区的区域经济效应,是指旅游景区的旅游活动对区域经济产生的影响,如,促进经济发展,产生收入效应、创汇效应、就业效应、产业关联和产业波及效应等。近几年,景区的产业集聚效应也较为明显,景区附近吸引相关企业集聚,形成了以景区为核心的产业集聚区,如,黄山、雁荡山等景区都明显产生了产业集聚效应。但是,不合理的景区建设也会出现经济漏损。所谓经济漏损,是指旅游直接或间接收入中没有进入当地经济的下一轮流通的税金收入、储蓄或流出目的地的资金。对于同一国家(区域)来说,某种经济效应在某些时间段内是积极的,而在另一时间段内则可能是消极的,如,引起旅游目的地物价和地价上涨、区域经济依赖性强、区域经济产业结构发生变化等。所以,旅游业经济效应包含积极的经济效应和消极的经济效应。牛亚菲提出了旅游景区对周边地区经济影响的定量分析方法,提出了旅游景区经济影响域的概念和关键指标界定,并分析了八达岭长城旅游区的辐射影响范围和旅游经济影响域的空间结构[50]。

2. 旅游景区的区域社会文化效应

旅游景区的区域社会文化效应,是指旅游景区的旅游活动对区域社会结构、价值观念、生活习俗、文化特征等方面的影响。景区的区域社会文化效应典型表现为古镇旅游与景区依托型社区的发展。关于旅游景区与其所在社区的关系,国内外学者已进行了广泛的探讨。一方面,我国旅游景区,特别是自然旅游景区大多数位于偏远的农村或山区,交通不便、与外界的联系较少,在一定程度上制约了社区社会、经济与文化的发展。而旅游景区的建立与发展,改善了当地的交通条件,加强了与外界的沟通,提高了当地社区的知名度,扩大了社区的影响,推动了社区社会经济的发展;另一方面,景区的建设与发展需要当地社区的支持和帮助。

3. 旅游景区的区域环境效应

区域环境效应,是指旅游景区的生产经营活动对区域环境的影响。这种效应既有积极效应,也有消极效应;既有即时效应,也有滞后效应;既有显性效应,也有隐性效应。风景名胜区、国家森林公园、国家地质公园等类型的旅游地,本身就具有较大的环境服务价值。区域通过这些类别的管理方式,一方面,达到了环境保护功能;另一方面,通过发展旅游,实现旅游地的空间功能多样化。而且为了造就和维持良好的旅游环境,吸引游客,旅游地都重视环境保护工作。保护区域优美洁净的自然风光和珍稀动植物资源,改善地区景观、扩大绿化、增建公园、维持公共卫生、控制污染。同时,旅游开发还有助于调整和支持对自然景观、野生动植物、历史遗迹及建筑的保护费用。主要采用下面几种方法进行评价:

（1）直接市场评价法。当环境质量的变化直接导致生产成本和生产率的变化,进而导致投入与产出水平的变化时,这种变化可以被观察和度量,因而可以用货币价格加以测算。这种直接运用货币价格对可观察和度量的环境质量进行测算的方法,就是直接市场评价法。直接市场评价法又细分为市场价值评价法、人力资本评价法、防护费用评价法、重置成本评价法和影子项目评价法。采用直接市场评价法进行评价比较客观、争议少,但由于环境因子介入经济活动的过程和表现具有复杂性,有些环境因子的介入没有相应的市场价格,而且不是消费者的支付意愿或受偿意愿,因而难以充分衡量环境的经济价值。

（2）替代市场评价法。在现实生活中,因为存在着虽然可以观察和度量,也可以用货币价格加以测算,但其价格只是部分间接地反映人们对环境价值变动评价的商品和劳务,因此只能使用替代物的市场价格来测度这种没有完全市场价格的环境物品的价值,这就叫替代市场评价法。它主要包括后果阻止评价法、资产价值评价法、工资差额评价法和旅游费用评价法。替代市场评价法虽然能够利用直接市场评价法所无法利用的信息,但这些信息往往是反映了多种因素产生的综合性后果,依此得出的结果可信度不会很强,而且也不是消费者相应的支付意愿或受偿意愿,因而也不能充分衡量环境的经济价值。

（3）意愿调查评价法。如果难以找到环境质量变动导致的可以观察和度量的结果,则可通过调查人们对环境质量变动的支付意愿或受偿意愿,来评价环境的经济价值。该评价法又分为两种:一种,是直接询问调查对象的支付意愿或受偿意愿;另一种,是询问调查对象对某些商品和劳务的需求量,从而推断出调查对象的支付意愿或受偿意愿。其中第二种又细分为无费用选择评价法和优先评价法。采用意愿调查评价法时,由于调查者和被调查者所掌握的信息是非对称的,加上意愿调查评价法所评价的是调查对象本人宣称的意愿,因而具有很大的主观性,难以避免出现较大的偏差。

(二)城市发展中旅游景区的功能

1. 旅游景区增强城市旅游职能

城市的职能,是指一个城市在全国或某一地区的政治、经济、文化等领域所担负的主要任务和作用。城市的主要职能体现了城市深层次的、本质的属性,决定着城市未来发展的基本方向。随着旅游需求规模的不断扩大,在城市的各个职能中,城市的旅游职能越来越突出,但不同城市的旅游职能大小是不同的,有些城市的旅游职能成为其主要职能,以致使城市成为旅游城市。旅游景区是大多数城市旅游发展的基础要素,景区建设驱动了城市旅游业的发展,因而促进城市旅游功能的转变和提升,我国绝大多数的优秀旅游城市都拥有高等级的旅游景区。还有些工业型城市或新兴城市,也因为新建旅游景区,重塑城镇形象,提升城镇环境建设,促进城市转型,从而,加强了城市的旅游职能。如,深圳建设了华侨城,城市旅游功能得到提升,从新兴工业城市向旅游功能突出的综合性城市发展。

2. 旅游景区建设提升城市休闲性水平

休闲适宜性、居住区适宜性、生态环境适宜性、交通便捷性等要素,是衡量城市人居环境质量高低的重要内容。许多地区已经把休闲设施和休闲地建设等城市环境要素作为衡量城市人居环境适宜性评价的新指标。提升城市休闲性水平,可以通过多种途径来实现。旅游景区通过旅游功能,满足城市居民徒步、康体活动、晨练等休闲活动,提高城市休闲性水平。考察中国各大城市,如果拥有旅游景区、自然保护区、海滨浴场、森林公园、植物园、特色街区、较多的大型城市公园,则多数人认为这个城市休闲适宜性较强。这说明不同休闲项目对城市休闲适宜性的贡献是有差异的,而且旅游景区、城市街道、城市公园应该作为考察城市休闲适宜性强弱的主要因素。

3. 旅游景区提升城市文化和品牌

许多城市文化型景区是城市文化传承的见证区域。城市文化与景区的确定密切相关,二者具有更多的同质性,对城市形象宣传起重要作用。如,西安古城、贵阳的黔灵公园景区、西湖等为西安、贵阳、杭州提升了城市品位,旅游景区也成了城市的名片和品牌。综观我国优秀旅游城市的建设,旅游景区与优秀旅游城市空间分布具有较大的相关性。从第一批中国优秀旅游城市13个县级城市中相应的景区,如,峨眉山市——峨眉山AAAAA级景区,都江堰市——都江堰AAAAA级景区,亳州市——明清商业街区、花戏楼AAAA级景区,敦煌市——莫高窟AAAAA级景区,曲阜市——三孔AAAAA级旅游区,武夷山市——武夷山AAAAA级旅游区,吐鲁番市——葡萄沟AAAAA级景区,韶山市——滴水洞AAAA级景区,库尔勒市——博斯腾湖AAAAA级景区,景洪市——西双版纳傣族园AAAA级风景区,井冈山市——井冈山AAAAA级景区,大理市——崇圣寺三塔文化AAAAA级旅游区,瑞丽市——莫里热带雨林AAAA级景区中可见,旅游景区对于评定中国优秀旅游城市至关重要。

4. 旅游景区优化城市绿色生态空间

随着城市的发展,一方面,城乡工商业更加发达,人口密度增加,并相对更加集中,城市土地利用强度不断加大,各项建设对土地的需求增加,向乡村土地延伸的压力越来越突出,绿色生态空间被不断侵蚀,面临着不断缩小的趋势;另一方面,人们越来越体会到,生活质量的高低仅仅用经济收入的多少来衡量是远远不够的,还必须学习、工作、生产、生活在良好的生态环境中。森林保持水土、调节气候、净化空气、降低噪声、美化环境的功能越来越为人们所广泛认知,崇尚绿色、融入自然、打造宜居环境正在成为全国人民的共识。人们主观上对居住环境的生态承载能力也提出了更高的要求。因此,为了维持区域生态协调,国家以森林公园、地质公园、风景名胜区等不同的形式,划定了生态保护地。这些保护地也成为当前重要的旅游景区。因而,旅游景区承担了区域绿色生态空间发展的主阵地角色。旅游景区成为我国许多区域绿色生态空间的环境资源保护区域。

(三) 旅游景区的区域效应影响因素

旅游景区对周边区域效应的大小,受到景区资源质量特征、区位因素和区域因素的影响。

1. 旅游景区的特征

旅游资源和设施的吸引力离不开资源质量和规模,无论是自然旅游资源还是人文旅游资源,其资源价值越高,就越可能吸引更多的旅游企业对其进行开发和利用,从而改善资源的基础设施环境,突出资源特色,以吸引大批旅游者的到来。旅游景区的规模度、景点密度及结构景区的可利用程度与其发展潜力相关,如,黄山、华山、西湖等区域效应较大的风景区,不仅具有较多高质量的旅游资源,而且具备较大的规模度和景点数量。景区的环境要素与生态系统的恢复能力影响景区开发容量,文化特性与区域文化影响相关。景区类型不同,如,自然保护区、森林公园、国家地质公园、旅游度假区等旅游景区类型,开发和规划时对景区经济、环境和社会开发目标就不同,产生的区域效应也不同。另外,旅游景区从业人员也会影响景区的区域效应。企业雇用本地人员越多,则景区开发的漏损越小,当地居民得到景区的经济利益越多,旅游收入在目的地的经济体内循环。反之,则会造成资金的外流,从而减弱旅游经济效应。

2. 旅游景区区位因素

旅游景区的区域效应与周边景区的竞合情况、周边城市的相对位置及旅游地交通位置和产业区位条件都有关联。如,人口稠密地区与相对稀少地区的景区产生的区域效应不同。如,西部的黄果树、九寨沟、张家界景区与东部的黄山、普陀山景区相比,虽然都属于AAAAA景区,资源等级都具有极高的价值,但产生的区域效应却不同。

3. 区域要素

区域经济水平高低影响着其满足旅游者的旅游消费能力,影响区域的基础设施,如,能源、交通、通信、生活等设施有差异。经济水平较高的地区可以承担因旅游业发展需要而投入的大量基础设施建设费用,为旅游者的游览和出行带来很大方便。这种良好的环境会吸引很多旅游者前来,从而加强旅游对经济的影响。经济水平高,意味着商品种类齐全、劳务服务多样、居民的商业意识较强,这也会大大满足旅游者对商品和服务的需求,增加目的地的吸引力。区域发展战略与区域规划、区域人口都与景区的区域效应有较大的影响。另外,政府及区域发展政策因素,政府对景区的宣传、环境的导向及文化特性的重视程度影响景区的区域效应,如果政府片面追求地区的经济发展,大力支持旅游业,为旅游企业的开发行为大开方便之门,而无视旅游对环境的破坏,其结果必然是地区的生态系统遭到严重破坏,甚至使人类因环境的恶劣而被迫迁移。

(四)旅游景区区域效应特点

1. 随着距离而衰减

一般来说,一个旅游区域通常是由几大类型的地域实体所构成:旅游地、城市及社区地域、工业活动地域、农业活动地域及其它。旅游景区区域效应对周边空间实体发生的作用及影响与距离有关。旅游景区对周边区域的影响呈现出圈层结构,从景区向外的影响性逐渐降低。景区边缘主要是依托景区,其经济、就业效应较为明显;而对远离景区的地区,其旅游休闲价值和环境保护价值则呈现递减趋势。牛亚菲等对八达岭长城景区进行了研究,把该景区的区域影响划定为旅游经济影响域、旅游经济影响间接区和旅游经济影响外围区[50]。旅游经济影响域这一区域与综合旅游区距离最近,旅游经济联系密切,受综合旅游区的辐射影响最为强烈。从旅游就业、旅游收入和旅游经济发展对当地居民的感知要素来看,这些区域均为旅游景区的经济影响腹地,表现为旅游业为当地的支柱产业,直接的旅游经济联系是它们的共同特征。八达岭长城景区的旅游经济影响域包括距离景区直线距离1.7公里以内的岔道村。旅游经济影响间接区:这一圈层的区域与旅游景区中心距离较近,经济联系也比较密切,常表现为该区域有较高的旅游就业率、旅游收入和旅游感知程度,往往是间接通过旅游经济影响域的影响而与景区发生旅游就业、旅游收入等经济联系。旅游经济影响外围区:这一圈层的区域与景区的旅游经济联系并不紧密,经济结构以第一或第二产业为主导,因为经济独立性强或者经济规模偏小,又或者文化、地理上的较大差异,与景区的旅游经济联系受到限制且总量较小。

2. 旅游景区区域效应评价与旅游景区性质相关

不同属性旅游景区的旅游效应表现出不同的特征。旅游景区属性不同,区域对景区所要求的空间功能也不同,如,城市周边的景区休闲功能、景区依托型的旅游新农村建设推进功能、观光度假经济功能、区域绿色生态空间环境保护功能等。又如,国家自然保护区更看重环境效应,主题公园追求旅游业带动效应,风景名胜区追求综合效应。旅游景区区域效应从经济、社会和环境三个维度上去考察,把这三个维度看成长方体的三个边(如图2-7所示),边长由a、b、c表示,长方体的体积就可以看成景区的区域综合效应大小。从图中可以看出,延长任何一个边,都可以实现长方体体积的增加。因此,如果从旅游景区的综合效应来看,只有经济、社会和环境三大效应达到最大值,才能使旅游景区综合效应最大化。如果只追求某一个效应的最大化,那么景区的综合功能就得不到最大限度的发挥。

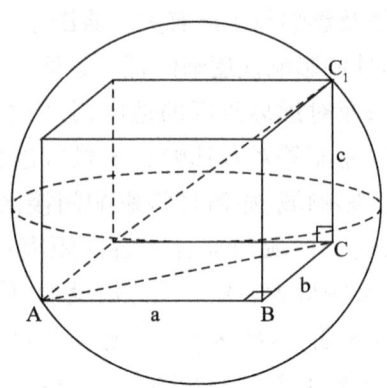

图 2-7 旅游景区区域效应模型

3. 景区区域效应与周边空间相互作用的主体和方式有关

一个旅游景区以经济、社会、环境功能与周边不同性质的空间实体发生作用,其空间作用力的大小与方式也存在差别。如,旅游景区与周边旅游景区之间,因其景区资源的相似性与差异性,发生了替代性和互补性的空间竞争关系。旅游景区与周边社区之间,因其经济关系、就业关系,形成了互相融合发展的关系。旅游景区与周边城市由于提供了资源互补、形象共享、信息互送的共生关系,形成了城市对景区依托、景区为城市提供资源载体的作用关系。

二、城市发展与景区生存态势

城市发展空间的变化主要以城市化和城乡一体化两种形式来表现。城市化导致城市地域的景区与城市的城界消失,城乡一体化加快了景区城镇化进程。

(一)城市对景区发展的促进功能

城市是区域经济的增长中心,通常也是交通干线的枢纽或节点,对区域内旅游景区具有多方面的促进功能。

1. 城市对区域内旅游景区的依托作用

城市是区域经济的增长中心,通常也是交通干线的枢纽或节点。城市与其所在区域内其它景区(点)相比,其区位、交通、知名度、住宿、餐饮、娱乐、会务、商贸、购物、签证和其它基础设施、服务设施更为完善配套,由此使它成为附近风景区游客的中转站(如图2-8所示),各景区成为中心城市游客的疏散地和市民的休闲活动空间。如,杭州市是杭嘉湖平原上的一个旅游中心城市,不仅城市内部景区较为发达,而且也带动了周边如千岛湖、天目山、江南诸多古镇等旅游景区的快速发展。交通的易进入性、信息交流的便捷性、旅游的安全性和舒适性、资源及旅游时间的低成本性也是城市成为一级旅游目的地的重要原因。实际上,很多旅游中心城市在区域旅游定位中都提出了建设旅游口岸城市或游客中转站的目标。旅游中心城市常常是区域线路组合的起点和终点,游客对旅游地的第一印象和最后印象位于旅游中心城市。

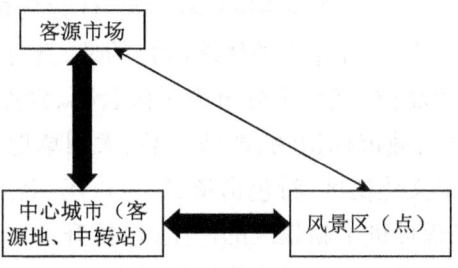

图 2-8 景区与城市之间的关系

(注:图中箭头所指为客流方向,箭头粗细表示客源流量)

城市内的商(政、会)务旅游游客常常并不满足于中心城市市区或市郊提供的旅游产品,而趋于向城市周边景区(点)流动。城市不仅是城市旅游活动的载体、现代旅游的支撑点,为城市旅游的开展提供旅游吸引要素和旅游活动场所,而且提供区域旅游依托服务。区域旅游活动的开展和旅游网络线路的构成通常以城市为中心,对区域旅游提供住宿、餐饮等服务。城市在区域旅游中处于一个区位中心的位置,在区域旅游产业布局、经济区划、旅游功能区划、目的地形象设计和建设、旅游城市设置、产品和服务网点设计、区域或城市区位优势发挥等方面均处于中心位置,与整个旅游区域的区位条件具有十分密切的关系。

2. 城市提供了旅游景区庞大的客源市场

城市客源明显成为国内旅游市场的主体人群。城市在其整体空间的扩大中,不断地扩充着城市人口的总量。这实际上就是在不断地扩大着旅游客源总量。纵观世界旅游可知:城市是旅游客源市场的首要培育地;城市居民群体是现代旅游的客源主体,并且是其中最活跃、最能领潮兴风的客源板块。由于城市经济水平、生活品位较高等原因,城市居民客源市场自然地成为各地旅游发展中首先锁定的目标市场。与农村居民相比较,城市居民由于收入水平较高、闲暇时间具有规律性、交通便捷、居住环境社区化、分布集中且组织化程度高、旅游信息接收渠道宽且敏感性强、工作流动性大、整体文化水平高等原因,对旅游产品需求的种类、质量、数量、时间、价格水平、忠诚度等都有其显著的特点。

3. 城市建设催生城市新景区

城市是区域经济的中心,地理位置优越、交通方便、通信发达、商业繁荣、人才集中,拥有大型展览中心、娱乐中心、科学宫、体育场馆、博物馆、美术馆和剧院等,具有综合服务功能,并作为整体旅游目的地,具有较强的旅游吸引力。同时,为了提高城市的品位,城市十分重视市区公园、景点(区)和城郊结合部公园、景点(区)的开发,城市标识物、雕塑小品、大型草地、绿化带、中心广场,甚至是特型建筑、历史文化街区、特色街道、特色市场、名人旧居、主题公园、市区水域景观等建设工程促进了新景区的产生,也提升了城市的整体旅游价值。杭州、宁波、温州等大型城市公园景观群发展得更为成熟,呈现出系列化、板块化、特色化的特点。

4. 城市形象对提升景区形象和吸引度具有重要作用

城市作为区域内的一个重要旅游目的地,有其独特的主题形象定位,如,西安的古都形象、昆明的四季如春形象、上海的国际化都市形象,向客源市场传递的是其独特的资源特征、文化内涵和产品组合。其形象价值、推广的范围、受感知的细分客源市场和客源市场对这个形象认知的程度,对该城市的客源范围、客源种类、客流量具有重要影响,并以该中心城市为桥梁,对其所在的旅游区域产生重要影响。另外,城市的地理位置、经济实力、城市形象、投资环境、好客度、基础设施和服务设施状况等因素,也直接影响该城市在客源市场上的形象和游客周转量,进而影响其所在旅游区域的旅游形象和客流量。因此,城市的旅游主题形象对其周边景区形象的推广和市场宣传起到了很大的作用。

(二)城市空间扩展模式对旅游景区发展的影响

城市空间,主要通过波状扩展模式、辐射扩展模式和跃迁扩展模式对旅游景区的发展产生影响[51]。

1. 波状扩展模式对旅游景区发展的影响

波状扩展模式是城市同心圆结构思想在实践中的体现和运用。该理论说明在土地价格的驱动下,由城市中心向外不同的城市功能圈呈现出环状分布特征。该模型揭示了城市空间在土地价格推动下的动态演变机制,为城市地域结构研究提供了基本的思路和方法。在波状扩展模式下,城市空间以圈层式向近域推进,在同一圈层中的人口构成、经济水平、资源禀赋及生产要素的流动性等方面,具有较高的均质性。受城市波状扩展影响,一方面,促进近城市的景区进入城市地域,形成旅游城镇化的地域扩张空间构成,与城市关系更加密切;另一方面,城市各个行业土地利用效益具有差异性,用地竞争完全由价格杠杆驱动。从经济角度考虑,景区用地经济效益不高,造成在竞争中处于弱势地位的旅游景区、绿地等环境空间受到强大冲击,于是当景区与其它用地类型冲突时,城市化地域的景区空间被挤压、侵占就成为相当普遍的现象。

2. 辐射扩展模式对旅游景区发展的影响

辐射扩展模式是扇面理论在城市空间布局中的应用。该理论在同心圆理论的基础上说明了道路运输系统对城市空间扩展的影响。辐射扩展模式说明了城市用地扩展是在不等质的空间背景下进行,沿交通干线、河流两岸、谷地走向和海岸方向扩展迅速。时间距离短更为经济,城市的基本设施建设大都与交通线路平行,这种不均衡的辐射扩展,使城市空间形态呈星状分布。

在辐射扩展模式下,城市用地具有交通指向性特点,近郊风景旅游区能否避开城市化的吞噬,取决于近郊风景旅游区与城市交通线路的空间位置关系,远离城市交通干线,就可能避免城市化的冲击;紧靠城市交通干线,城市化的影响将不可避免。现实中,由于风景旅游区旅游业发展的一个先决条件——较好的可达性,风景旅游区与城市中心区之间的交通条件往往十分便利。而且,城市空间辐射扩展之后,随之而来的内向"填充",见缝插针地建设公寓、住宅、小型工厂等,即便交通状况不佳的风景旅游区,也难以抗衡城市空间的侵扰。因此,风景旅游区并不能摆脱城市空间辐射状扩展的影响。

3. 跃迁扩展模式对旅游景区发展的影响

跃迁扩展模式以多核理论为基础,当波状扩展、辐射扩展受到地理环境、土地价格、征地难度等空间阻力时,城市空间以飞地形式跳过阻力,在乡村区域实现跃迁扩展。跃迁扩展同样具有交通指向性,首先考虑在交通干线上着点,通过交通线与城市中心区保持紧密联系,当聚集到一定规模时便形成了卫星城镇。

在城市空间的跃迁扩展模式下,风景旅游区等休憩空间在城市的土地利用中占有一席之地,这种地位主要不是通过付租能力或市场机制获得,而是通过社会对城市游憩职能、市民休闲生活需要的重视来确立。政府通过制定规划来引导、调节经济活动的空间区位,使得大旅游景区避开城市空间蔓延的侵蚀成为可能,城市用地跳过风景旅游区到域外扩展。

(三)城市化对城郊型景区空间的影响

城郊型景区本身就是一个复合的生态系统,同时又是城市区域系统的子系统。旅游景区系统的成长、演变与城市息息相关,作为一个不完整的生态系统,需要不断地与城市空间进行人流、物流、信息流和能流的交换。城市化进程的推进、区域旅游目的地空间结构各要素的布局均以城市为依托而生成,空间结构的演变与城市化进程密切相关。城市发展带动交通基础设施的建设,使得旅游线路的数量得以增加,以致线状布局得以改变,因此使得区域旅游目的地的空间结构变得更为复杂。另一方面,旅游景区在城市空间快速扩张的趋势下,面临着越来越大的城市化压力,城市土地供不应求,土地利用收益的差异性决定了城市各产业空间竞争力的强弱。旅游景区对城市空间拓展存在两种作用力:一种,是对城市空间拓展的排斥力,主要是由于景区保护的要求体现出来的;另一种,是景区对城市空间的引力,这是由于景区资源的独特性、稀缺性使得其优美的环境成为利益群体竞争的目标所致。城市的主要拓展方向应考虑景区的空间关系,在城市的不同发展阶段,景区与城市相背离还是相向发展,应根据实际情况而定,进行合理的产业重组与布局,但要确保景区与城市的可持续发展。

城市化主要对市区市郊型景区产生影响。旅游景区受城市化影响,景区空间经历原生空间阶段、空间挤压阶段、空间竞争阶段、空间恢复和整治阶段、空间优化共生阶段等过程[50]。

在原生空间阶段,旅游景区开发初期,由于刚进入市场,区域带动效应并不是很大,旅游景区处于孤立自由状态,自然度较高,生态环境质量较好。在空间挤压阶段,景区开发的成熟度提高,景区周边环境改善,景区作为拉动周边土地开发的重要手段被反复使用。景区空间被宾馆建设、娱乐开发项目等占用,成为当前许多景区的普遍现象,空间扩展进程的加速,城市人口增加和城市地域规模的扩大,导致城市的空间扩展挤压旅游地空间,表现为工业、交通业、商业直接对风景旅游区空间割占,直接破坏了景区环境和资源。在空间竞争阶段,随着景区的旅游、游憩和生态等功能逐渐被人们所认识,成为现代城市功能的重要组成部分,旅游景区作为公共资源不能被少数人占用,旅游业被各地政府和民众所重视。在空间恢复和整治阶段,旅游、游憩和生态等功能进一步被重视,在政府有效的宏观调控下,景区外部环境得到改善和整治,如杭州西湖、南京玄武湖就是典型的例子。在空间优化共生阶段,景区在区域旅游结构中得到应有的生态位,实现了游客流在区域旅游、游憩空间范围内的合理分配,综合效益趋向最大化。

上述五个阶段,并不是所有景区都会经历完整的各个阶段。由于受到级差地租的影响,不同区位的景区、不同地域环境的景区及景区周边用地特征情况,景区的空间生命周期将不同。例如,偏远型景区级差地租较低,土地用地功能的冲突较小,旅游功能即为景区用地的最佳选择,景区空间挤压和竞争可能性较小。而城市周边景区,土地功能多样化,当景区土地其它功能的级差地租高于景区用地级差地租时,如果没有政府的政策保证,景区用地空间就会有可能受到挤压和竞争。

(四)城乡一体化对乡村景区发展的影响

城乡一体化是指城市和乡村之间通过资源和生产要素的自由流动,相互协作、优势互补,以城带乡、以乡促城,实现城乡经济、社会、文化持续协调发展的过程,主要包括城乡职能一体化和空间一体化等内容。城乡一体化,旨在通过体制改革和政策调整,促进城乡在规划建设、产业发展、市场信息、政策措施、生态环境保护、社会事业发展的一体化。城乡一体化的推进,推动了城乡交通建设,促进了城乡联系程度,改变了农民的传统观念,提高了农民素质和市场意识,增加了农民收入,推动了农村产业结构的优化,因而对乡村型景区的发展产生多方面的影响:

1. 城乡一体化促进乡村型景区市场的扩大

城乡一体化的目的是改变长期形成的城乡二元经济结构,促进城乡经济协调发展。城乡一体化更加关注农村,力求增强城乡间的经济联系,注重提高农村人口素质,改善公共卫生和基础设施,提高农民收入。而这些发展目标为农村旅游业提供了较多的客源和较好的发展空间,也促进了旅游景区的快速发展。

2. 城乡一体化改善乡村型景区的发展环境

城乡一体化发展涵盖城乡经济社会发展各个方面,在城乡一体化建设的进程中,城乡人民生活水平、消费水平不断提高,工作和生活环境逐渐改善,城市居民对景区休闲的需求量不断增大。城乡一体化对促进农村经济发展、基础设施建设、生态环境保护、整体规划、人才服务系统建设等起到了最好的支撑作用。

3. 城乡一体化促进乡村型景区发挥比较优势

城市和乡村是一个区域内两个不同的地域组成，拥有不同的人文文化与自然环境背景，孕育了不同的旅游资源。城市主要是以现代风貌、风光、风物、风情吸引游客。而乡村地区则拥有恬静的田园风光、自然的生活方式、质朴的民风民情、热烈的劳动场面，这些组成了乡村的旅游景观。城市与乡村旅游资源类型具有差异性，城乡旅游景观形成互补优势。城乡旅游之间景观互补和客源互补，使得城乡之间的旅游通道是共用互补的，即城市居民到乡村旅游的通道系统同时也是乡村居民到城市旅游目的地的通道系统。城乡旅游通道系统的共用互补关系有效地避免了交通运输在客流、物流等运载方面的"返空"现象，节约了能源与人力。

4. 城乡一体化促进乡村型景区功能的提升

在工业化、城市化不断推进的宏观背景下，城乡一体化越来越深入，城乡之间交通、信息、劳动力互动越来越突出，城市对乡村的带动作用不断加强。但对于乡村来说，在逐步渗入现代文明元素的同时，更要通过生态修复、改良和保护等措施，全面营造农村"天蓝、山清、水绿、地净"的优美环境，彰显乡村美丽的田园风光，体现天人合一，达到人与自然和谐相处的境界。

5. 城乡一体化促进城乡旅游的一体化

城乡旅游一体化指在一定区域内城市与乡村互为旅游目的地和客源地，同时又能以一个整体系统成为区域外的旅游目的地和客源地。在该区域内打破体制束缚与制度障碍，旅游经济各要素能合理、有序、通畅地流通，实现城市型旅游产业与乡村型旅游产业的链接，从而使城市与乡村旅游经济和谐、共荣发展。在一体化过程中，城市在区域旅游中具有交通枢纽、客源集散中心和提升形象品牌效应等作用，城市为区域旅游提供服务功能和依托作用，城市的发达程度和规模大小影响区域旅游业的发展状况。

（五）城市发展影响景区功能的主要问题

1. 城缘型景区的空间挤压问题

城市与景区发展空间上的冲突。随着我国城市化的高速发展，城市用地规模不断扩大，处于"三明治夹心层"的城市边缘区内耕地大量流失，城市建设用地对城市旅游景区周边空间不断侵蚀使得景区空间面积逐步缩小,甚至不断地向城缘风景区内部推进,占用景区土地。城市化进程所带来的各种污染,如垃圾、噪声、水体和大气污染以及高层建筑对环境的干扰,都给城市旅游景区的自然环境造成很大威胁,旅游景区出现了景观破碎化、开发过度化、空间饱和化、功能公园化、管理复杂化的空间发展现状[52]。反过来,也可能因为景区影响了城市空间的完整性,影响了城市空间布局。

2. 景区受城市规划布局干扰和不协调问题

城市与景区追求土地利用效益最大化的冲突,使得景区建设不仅要划定一定的空间范围,而且需要资金、人力的投入,需要得到相应的回报。根据区位级差地租理论,由于集聚效应的存在,使城市区域内所有的活动都具有了中心区指向性的特点,从而产生了土地利用收益的空间差异。区位级差地租的差异性,决定了各产业在城市中的位置关系。土地利用收益的差异性决定了不同产业空间竞争力的强弱。土地利用收益不仅仅是单纯的经济效益,还包括社会效益和环境效益,在不同的历史阶段,它们在土地利用收益中的比重有所不同。城市与景区在区域旅游发展中追求土地利用的最大效益往往不一致,结果就会出现它们之间的冲突。

3. 城市发展与景区在土地功能定位上的冲突

旅游景区是以旅游吸引为主要功能,随着城市化和城乡一体化的深入,景区的功能公园化越来越严重,而公园是供公众游憩、观赏、娱乐的园林。因此,旅游景区以保护为主,以有效地满足旅游者需要为目的,而公园则以开发为主,以最大限度地满足当地居民的游憩需要为宗旨。城市旅游景区同时面向外地游客和本地居民,担负着旅游和游憩的双重功能,导致空间严重超载、环境遭到破坏。从景观的本底特色来讲,城市旅游景区作为公园来使用,有欠妥当。由于区位的特殊性,我国许多城市旅游景区存在着十分普遍的公园化现象。

三、基于城市体系的区域旅游空间组织

区域旅游空间系统,以城市体系和景区体系为基本要素,是一个动态开放的地域旅游城市网络系统。其空间组织,是系统要素与节点的空间组合,即以各类节点为载体,以城市体系、旅游景区、客源地和交通路径为地理空间要素,以城市体系中城市之间相互作用为纽带,各种空间要素系统内部之间的空间

关系和各系统之间相互作用而形成的多重网络空间组织。

(一) 城市体系在旅游地域系统中的空间组织功能

城市既是目的地又是客源地,同时具有旅游发展的良好交通出入条件和相对优越的服务设施,成为一定区域的旅游接待和组织中转中心。可见,就单个城市来讲,它同时扮演着旅游客体、主体、媒介等多种角色;而由多个城市通过交通线和经济网建构的区域城市体系(构成区域的空间框架)而言,则在很大程度上与旅游地域系统(区域经济地域系统背景下演化出的次生地域系统)存在着要素、结构及功能上的统一,这种统一耦合的产物便是地域旅游城市的网络体系。因而,要完善旅游地域系统的旅游地域结构和经济结构,提高旅游地域系统的整体功能和经济效益,依托区域城市体系探讨地域旅游城市网络体系的空间结构无疑是最佳的选择。基于城市体系的旅游地域系统实际上是一个动态开放的地域旅游城市网络系统。城市体系构成区域的空间框架,其空间结构主导着区域旅游城市体系的等级结构及整合方向。

(二) 区域旅游空间组织层次

区域旅游系统与区域城市体系在资源子系统、经济子系统、交通子系统及时间、空间上的整合,形成了动态发展的地域旅游城市网络等级体系,具有层次性的特征。根据城市网络的差异性,旅游空间结构组织包括三个层次:

1. 区域旅游组织层次

以旅游中心城市体系为框架,以城市空间作用为纽带,以景区与城市配置子系统为基本单元,以旅游交通为连接,以城市、景区、出入口通道为节点,旅游流在节点中运动而实现。通常是多个城市,通过区域间的旅游交通网络,不同职能、不同规模的旅游中心地与其各自服务的区域整合为一体,以追求更大的区域旅游竞争力为目标,形成旅游中心城市等级体系的空间结构,是区域旅游空间合作的结果。当前的区域旅游一体化、旅游同城化发展趋势,都属于区域层面上的组织层次。

2. 城市旅游圈组织层次

城市旅游圈,是指以城市为中心,以各级旅游城镇、旅游接待中心、景区景点等为节点,由各种交通道路、旅游线路等线状要素组合而成的区域总体空间结构形态。城市旅游圈空间组织,则是指以区域旅游中多个旅游景区的空间分布为基础,以旅游中心地及其直接服务的旅游吸引物为节点,通过将区域内以旅游中心地为中心辐射到各个旅游吸引物的旅游交通线路整合为一体,形成区域旅游空间。它是以单一城市与周边景区组成地域内部要素为视点,反映该城市与区域内各旅游发展要素之间的相互作用关系。

3. 景区层面组织层次

指旅游景区内接待区、观光区、服务区等景区功能区的组成结构情况。

区域旅游空间组织是随着旅游业的发展不断深化的。按照游客的行为规律,虽然游客的旅游活动是在单一城市与单一景区之间进行的小尺度旅游,但随着旅游业的不断发展成熟及市场竞争的加剧,旅游景区与城市发展关系必须放在更高层次的区域旅游系统中来考察,而旅游景区系统与城市等级体系是区域旅游系统的核心构成。单一的城市旅游板块凭借传统的旅游资源,或依据人工景区,围绕一个中心吸引物或吸引物聚集体做文章,旅游产品选择范围小,游客只能在狭小的空间范围内活动,仅适用于城市旅游的开发阶段。随着城市旅游的继续发展,城市旅游空间结构模式必须逐步往多级板块模式演变,以突破单一旅游核心的限制,形成更高级别的区域旅游活动。

(三) 旅游地域体系的城市旅游空间竞争与合作

旅游地域体系是由不同级别旅游城市及相应景区所组成,通常由一个最大的城市,以及多个次级城市和更多个再次一级城市所组成,呈现出复杂性和层次性的特点。按照我国行政区城市的特点,可把省会级城市及其以下地市级城市组成的旅游地域体系作为最高级旅游地域体系,而地市级城市所组成的旅游地域体系就是次一级。根据空间相互作用原理,多个旅游地空间相互关系表现为竞争与合作两种关系,其相互作用机理表现为差异性和相似性[53]。

1. 竞争

当多个旅游地出现时,各自的辐射区域边界往往会出现此消彼长或同步增长的动态变化和区域旅游市场组织结构的再组织过程。这种空间的变化实质上就是竞争的过程。旅游地的空间竞争是由于多个旅游地在同一地域内出现而引起的。其各自的吸引力往往会出现此长彼缩或同步增长的动态变化和地域旅游市场结构的再组织。在一定区域内部同种类型的旅游地空间集聚,往往会引起旅游地间更加强烈的竞争。

竞争的本质原因是景区之间存在的相似性和替代性特征。旅游地的替代性,是指多个旅游地同时出现在一定的地域空间,对这个范围内的其它同类型旅游地形成替代性竞争,引起对相同目标客源市场的争夺问题。特别是同一区域内,旅游资源类型和特点相似,游客的旅游行为往往只选择其中同类型的高等级景区进行旅游,形成了高等级景区对低等级景区的替代现象,使得区域开发只能开发景观价值最大、知名度最高的资源。

2. 合作

一个地区的自然旅游资源具有不可替代性,从另一个角度来看也就是具有一定的缺陷。弥补缺陷的唯一途径就是在较大区域范围内提供更多的选择,通过资源优势互补,加强区域旅游开发合作,实现互补增强效应。因此,区域之间的旅游开发存在激烈竞争的同时又有着紧密的合作。

旅游地合作建立在景区之间差异性和互补性特征的基础之上。相邻两个旅游景区间风景资源结构及旅游功能的差异性,又可视作这两个旅游景区具有互补性的特点。所谓互补性即区域内各种旅游资源及其组合在地区间的差异性。这种旅游资源在时空分布上的不均匀性,造成各旅游地域都具有自身独特的功能和优势,成为吸引人们旅游的基本动力。而相邻两旅游景区间风景资源结构及旅游功能的差异性,是旅游地间形成空间相互作用互补增强效应的物质基础。因此,旅游景区间风景资源结构的空间互补性,是旅游地域系统内部产生功能分异、促进旅游地间紧密联系的重要条件。

旅游地间的空间互补性,是产生旅游地空间相互作用,导致游客移动和旅游区域联合的前提条件。然而,仅仅存在旅游地的空间互补性还不能使旅游地间发生交往和联系,旅游地间的游客移动及旅游区域联合还必须借助于交通运输手段。旅游地间的距离及交通运输工具的便利性和通达性,常常会制约着旅游地间联系的紧密程度。所谓通达性,是指一定地域范围内各种联系的方便程度,是距离和费用的函数。距离越长,旅游地间联系所需的时间和环节就增多,费用也增多,产生旅游地间相互作用的阻力也就增大。如果两旅游地间距离越长,即使它们之间存在互补性,也不会发生相互作用。因此,两旅游地也就不会形成一个旅游地域系统。

(四)城市等级与区域旅游空间组织

不同级别的城市在地域空间所承担的功能不同,城市旅游的内容和性质也不尽相同,相应的目标市场在消费水平、关税、汇率等方面对城市旅游竞争力产生实质性影响。因此,不同规模等级的城市在综合旅游竞争力方面一般没有比较的基础。大城市应与同等级别的城市开展竞争,高级别城市对低级别城市的旅游依托具有覆盖作用。

1. 省会城市的旅游竞争是城市功能的高层次竞争

省会城市在国家城市体系中有着举足轻重的地位和功能,使城市之间的旅游竞争表现为某些与旅游密切相关又超越旅游本身的城市功能之间的高层次竞争。特大的城市规模级别及其连带效应为其带来了庞大的旅游客流。省会城市游客量的主要影响因素,不是城市及其周边的旅游资源等级,而是城市本身。如,城市是否能成为国家级的旅游中心,是否能成为高级别的会展和会议城市,是否能成为国家级乃至国际级的经济文化或产业中心,是否能成为高级别的交通枢纽等等。北京2008年奥运会、2010年上海世博会、广州第16届夏季亚运会及每年两季商品博览会的举办,都在我国新一轮的大都市旅游竞争中成为吸引游客的重要方式,为旅游发展创造了良好的机遇。如,北京、上海、广州和深圳等我国旅游业发达的城市均为入境口岸城市,有3个已成为与旅游业密切相关的全国性民航航空枢纽。这是其它缺乏这种城市功能的城市所无法竞争的优势。事实上,这对我国城市旅游竞争力等级的建构具有重大影响。

2. 中小城市的旅游竞争与景区旅游资源优势相关

受到游客行为规律的影响,省会城市不可能对全省性景区都实现一日游。因此,城市体系中对旅游景区的依托主要以中小城市为主。城市具有旅游管理、接待、集散和辐射中心的功能,是现代旅游的支撑点,是区域内政治、经济和文化的中心。城市旅游业所具有的交通、集散、整合等旅游功能,影响一定范围的纵深腹地,区域旅游中心职能特征起着主导作用。相关资料表明,旅游景区资源优势的依托城市在旅游竞争中的优势较为明显,旅游中心比省会具有更大的相关性。说明这类城市的旅游竞争主要表现在城市之间的旅游业功能和特色要素上。

(五)区域旅游空间组织的特点

1. 旅游地域体系构建是城市地域体系建设的组成部分

城市地域体系规划与建设的最终目的,是要实现地域各种资源的最佳配置,追求的是资源整体价值的最大化,而不是发挥每一种资源的最大价值。而区域旅游城市体系空间组织模式的根本出发点,是为区域旅游发展服务,根本任务是协调中心旅游城市、旅游城市、特色旅游城镇或旅游景区三者之间的关系。地域旅游资源的开发和协作是其重要内容之一。从这个角度看,可以将旅游地域体系的构建视为城市地域体系建设的一部分。

2. 城市等级体系与旅游城市等级体系具有相对独立性

区域城市体系等级评价,通常以行政等级、经济等级、人口规模、文化职能等进行城市等级进行评价,如,省级、市级、县级的不同行政等级城市系列,特大城市、大城市、中等城市和小城市的人口等级系列。旅游城市等级体系则按照区域旅游资源状况、城市规模和区域服务能力等指标要素来衡量,一般省域旅游城市体系,可分为省域旅游中心城市、区域性旅游中心城市、地方性旅游中心城镇、专业化旅游城镇四个等级。区域城市等级体系与区域旅游中心城市体系既可能是一致的,也可能是相互独立的。

3. 旅游地域系统空间组织具有层次性

不同的旅游城市具有不尽相同的旅游中心性,可以划分出旅游中心地的等级,如,中心旅游城市,次一级中心旅游城市,旅游中心地中心性的大小,可以用旅游中心职能分析法和旅游中心性指数法来评价[54]。高等级的旅游中心地能够为更大区域内的旅游吸引物与更多的旅游者提供旅游服务功能。高等级的旅游中心地为区域内低等级的旅游中心地提供服务功能,形成等级网络的旅游中心地体系。旅游地域系统空间组织的根本任务,是协调中心旅游城市、旅游城市、特色旅游城镇或旅游景区三者之间的关系;反过来,以各级旅游城市为节点,以便捷的交通为纽带,便可构建成等级鲜明、功能协调、资源互补、地域开放的旅游城市网络体系。

4. 旅游景区与城市的空间作用是旅游地域系统组织的重要条件

景区资源在数量上的多少、等级的高低及其在空间上的分布格局,很大程度上决定着旅游业的地域发展战略。但是,资源系统与社会经济系统必须相协调、景区与城市相联动,才能促成旅游资源系统与旅游流、经济流的统一,才能体现资源"可利用性"的根本属性。反过来,城市需要景区联动,才能突显旅游城市的特性。

四、旅游城市与景区的匹配性关系

资源配置,是指资源要素与环境要素的匹配现状。资源配置是对相对稀缺资源在各种不同用途上加以比较而做出的选择。资源,是指社会经济活动中人力、物力和财力的总和,是社会经济发展的基本物质条件。在社会经济发展的一定阶段上,相对于人们的需求而言,资源总是表现出相对的稀缺性,从而要求人们对有限的、相对稀缺的资源进行合理配置,以便用最少的资源耗费,生产出最适用的商品和劳务,获取最佳的效益。资源配置合理与否,对一个国家经济发展的成败有着极其重要的影响。所谓旅游资源配置,是指旅游资源在不同的时间阶段、空间区域和用途之间的分配[55]。

资源配置作为一种市场调节手段,主要是用来解决市场需求的无限性和资源的短缺性之间的矛盾。从城市旅游资源配置的角度看,就是要协调好以城市为旅游目的地的旅游者需求增长的无限性和具有吸引力的城市旅游资源短缺性之间的矛盾,包括人的主动行为对资源环境的主动性表现。进行资源配置前,需要对资源匹配情况进行评估。城市与景区的匹配关系就是从等级规模、地理空间、行政区管理、数量多少等方面,探讨二者之间的匹配情况,形成空间数量匹配、空间等级匹配、空间距离匹配、几何分布匹配、空间管理匹配等多种关系。

第三节　旅游城市与景区的匹配类型

区域旅游发展离不开区域经济发展水平、区域人口、旅游资源、可进入性等有关因素,但最根本的是区域的城市及景区两个因素,而且,与城市和景区两个因素的组合情况最为相关。旅游景区与城市发展关系包含了多种内容,主要体现在空间分布、产业关联、社会关联、文化关联等方面。空间分布特征是外部的、可见的;而产业关联、社会关联、文化关联则是内在的、复杂的。从区域的角度观察,景区与城市在空间上各自表现为相对独立的若干个节点,因而从空间表现形式上看,景区与城市之间也存在若干多种空间分布类型。旅游区域中若干城市与若干景区之间的这种相互影响、相互对应、互动发展的关系,称为景区与城市的空间匹配关系。根据匹配要素的不同,城市与景区的匹配关系包括空间数量匹配、空间等级匹配、空间距离匹配、几何分布匹配、空间管理匹配等多种关系。景区与城市各种类型空间匹配关系的主要特征,见表2-1。

表 2-1 城市与景区空间匹配类型的比较

类型		主要标志	主要特征
数量匹配	一对一匹配	形成了旅游区的雏形	区域旅游发展初期,旅游区内部结构简单
	一对多匹配	旅游集散中心、旅游中心城市、旅游极核的形成	城乡旅游空间一体化,形成以城市为中心的旅游圈和旅游地域体系
	多对一匹配	景区被行政分割	多个城市服务于一个景区
	多对多匹配	旅游带,区域旅游一体化的形成	区域旅游网络化程度高、多中心网络化,区域旅游合作较为紧密
等级匹配	正位匹配	城市等级高,而景区等级相对较低	城市对景区依托作用强
	错位匹配	城市等级低,而景区等级较高	城市对景区依托作用弱
距离匹配	城区城郊型匹配	景区位于城区或城郊	景区成为市民休闲地
	一日游型匹配	景区与城市间一日游距离	旅游城乡一体化的重点发展轴
	离散型匹配	景区位于区域的边陲、交通末端节点	旅游地城镇化
地理分布匹配	点轴匹配	景区与城市线状分布	线状地理事物作为景区与城市连接线
	面状匹配	景区与城市散点状分布	区域旅游网络化程度高、区域旅游合作较为紧密
管理匹配	同位匹配	景区与城市受同一县市级行政区管理	管理关系上相对一致
	异位匹配	景区与城市不受同一县市级行政区管理	管理关系上不一致,阻碍景区发展

一、数量匹配关系

城市与景区之间在不同旅游区域或不同发展阶段上可能出现数量上的空间匹配关系,主要有一对一、一对多、多对一、多对多四种类型(如图2-9所示)。

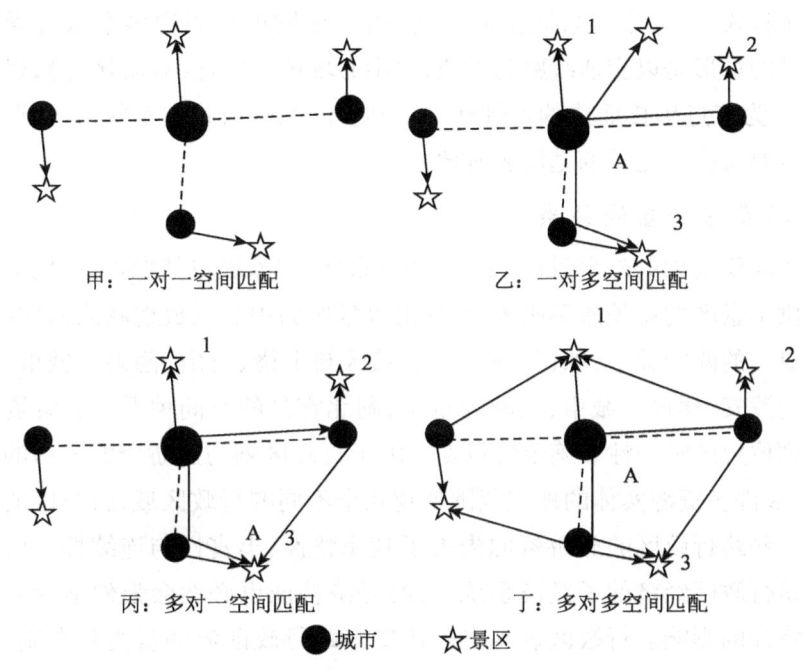

图2-9 城市与景区数量空间匹配关系

(一)一对一空间关系

在一个旅游区域中,一般有多个城市与多个景区,但在区域的旅游发展初期,可能出现城市仅仅与单一景区形成空间匹配,城市周边其它旅游景区发展仍然很不成熟,城市旅游发展空间范围小,对周边城市匹配景区的依托作用非常弱小,旅游区结构简单,旅游区之间关系相对较为松散的情况,因此,城市和景区之间就构成了一对一的匹配关系。在当前区域旅游业十分重视的环境中,一对一空间关系的情形较少存在。任何一个县级城市都已经有较多的景区与之相对应,形成多元的旅游产品和服务功能。

(二)一对多空间关系

随着旅游区的发展,由于区位条件、旅游资源和城市辐射功能等因素的影响,可能出现区域中某一城市为周边多个景区提供相关的旅游服务,呈现出以城市为中心的放射状旅游网络,如,在浙东南旅游区中,以临海为区域旅游集散中心,周边有雁荡山、天台山、江南长城、神仙居、楠溪江、长屿硐天等多个高等级景区,则景区与城市之间就形成了一对多的匹配关系。一对多匹配关系形成了单核式城市/旅游景区空间结构,由一个城市与周边多个旅游景区组成。常见的情形是以交通线路为轴线,以中心城镇为依托(旅游接待),以若干景区(点)为节点串接而成的点轴状、不规则环状、辐射状的空间结构,形成了旅游基本要素已经完善的基层旅游地。

(三)多对一空间关系

一些面积较大的旅游景区,如,山岳型景区、国家级自然保护区,周边多个城市提供了景区的相关旅游服务,呈现出以景区为中心的放射状旅游网络,形成了多对一的匹配关系,如,江西三清山景区与上饶、玉山、德兴三城市,千岛湖景区与淳安、建德二城市,三峡与重庆、湖北宜昌的空间关系。旅游资源一般有地理位置的唯一性和确定性特点。由于行政区划与旅游资源分布的非整合性,造成许多资源实体的地理范围超越几个不同的行政区域,行政区的地域分割使一些跨行政区的旅游资源失去了其完整性、丰富性与连续性。由于旅游经济是行政区经济的子经济系统,旅游经济特征也必然会强烈地受到行政区经济特征的影响。行政区表现出生产要素跨行政区流动量受到限制、条块分割严重的经济特性。在旅游业发展中主要表现为政府行为明显、政府主导模式比较普遍、行政区域之间的旅游合作有障碍等问题。可见,多对一景区与城市空间匹配关系往往出现旅游景区的行政分割,形成旅游景区管理与利益上的冲突。

(四)多对多空间关系

随着区域旅游一体化和城市旅游圈发展的深入,一些经济发达的城市群地区,如,长三角、珠三角区域交通非常发达,各个城市的旅游服务设施都相对比较完善,城市区域旅游合作不断加强,形成了多个城市可为区域多个景区提供相关的旅游服务,景区与城市之间形成了复杂的网络状,则景区与城市之间形成了多对多的匹配关系,如图2-9(丁)中,景区与城市之间形成了网络状。由多个城市与多个景区共同构成区域旅游结构的节点。各个城市形成等级体系,如,省会城市—地级市—县域城市—城镇。经济的快速发展和高速的城市化促进了大都市区、多中心城市区域等空间地域形态不断出现,并呈现网络化趋势。如,我国城市化发育最快的地区,长三角已初步形成了由多城市区连绵而成的多核心城市密集地域系统。在全球经济一体化和国际、国内区域性合作不断增强的大背景下,长三角区域旅游形成区域内城市优势互补、联动发展的态势,而地区经济的快速发展亦使得区域内的旅游经济中心趋于分散化。

二、距离匹配关系

距离,是影响旅游者行为和区域旅游线路组织的重要因素。城市对景区影响的差异性程度与二者之间的距离有较大的关系。景区与城市的距离远近,表示景区所处城市影响区域中的区位条件的好差。景区与城市的距离匹配关系就是景区与城市的空间区位匹配关系。

区域城乡空间结构通常划分为城市与乡村两部分。随着我国城市化水平不断提高,城市范围不断扩大,人口流动也更加频繁和广泛。我国"城市—乡村"的二元结构正在逐步演变为"城市—城市边缘区—乡村"的三元结构[56](如图2-10所示)。

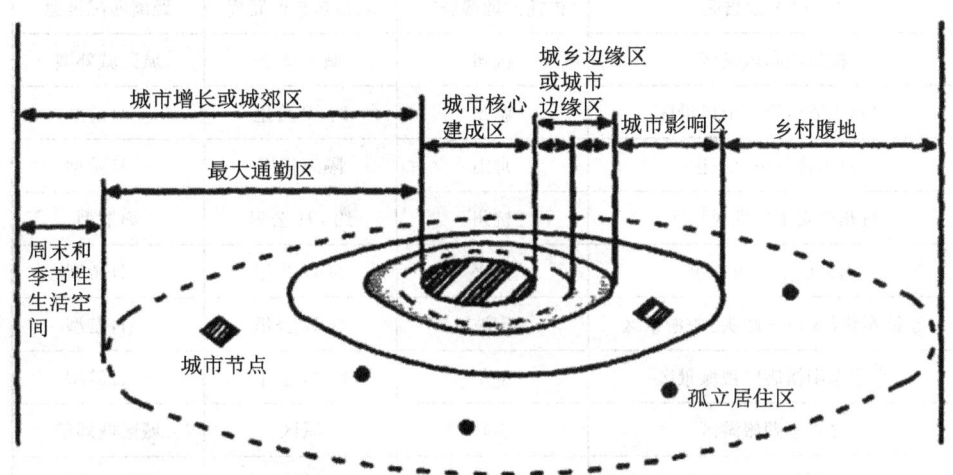

图2-10 洛斯乌姆区域城市结构

(图片来源:顾朝林等著.中国大城市边缘区研究)

从区域交通设施和城市活动强度看,与乡村区域相比,城市区域与城市边缘区往往是城市公交数量较多,交通可达性好。因此,按照旅游景区与城市之间交通、交流的便捷程度及人流、物流、信息流的综合便利程度,景区与城市的区位关系可以分为:城区城郊型景区区位关系和城市周边型景区(或称乡村型景区)区位关系。

(一)距离匹配关系类型

我国乡村区域范围的大小,具有较大的差异性。西部地区乡村区域较大,东部区域乡村区域相对较小,城市对所属的乡村区域景区的依托服务功能也有较大的差异。所以,同属于乡村型景区的旅游活动组织方式也是有差异的。按照游客心理规律,是否具备一日游距离,对游客的旅游行为会产生较大的影响。当处于偏远地区的乡村型景区,不能以依托城市为暂住地实现公交车方式的一日游活动时,游客通常会以景区作为暂住地。因此,应把城市周边型景区按一日游距离为参考点,把城市和景区匹配性关系区别开来。这样,城市和景区之间距离匹配,可分为城区城郊型、一日游型、离散型三个尺度的匹配关系。如,浙江省AAAAA级景区与所依托的地级城市距离匹配情况(见表2-2)。

表2-2 浙江省AAAAA级景区与所依托的地级城市距离匹配情况表

AAAAA级景区	依托的地级城市	城市与景区距离	距离匹配类型
杭州西湖风景区	杭州	城区城郊	城区城郊型
温州乐清市雁荡山风景区	温州	约80公里	一日游型
舟山普陀山风景区	舟山	隔海相望	一日游型
杭州淳安千岛湖风景区	杭州	约191公里	离散型
嘉兴桐乡乌镇古镇	嘉兴	约43公里	一日游型
宁波奉化(溪口—滕头)旅游景区	宁波	约27公里	一日游型
金华东阳横店影视城景区	金华	约90公里	一日游型
嘉兴南湖旅游区	嘉兴	城区	城区城郊型
杭州西溪湿地旅游区	杭州	城区	城区城郊型
绍兴市鲁迅故里—沈园风景区	绍兴	城区	城区城郊型

城区城郊型尺度,是指景区位于城市或城郊内,居民实现景区旅游活动的随意性强,景区与城市之间通过城市公交车进行交通连接,能够满足城市常住

居民或暂住居民每日闲暇时间休闲场所的距离。位于城区城郊型尺度的景区又称为"城市型景区",往往成为城市旅游资源的重要组成部分。城市或郊区的旅游资源在区域旅游吸引要素构成中地位突出,如,北京的香山、上海的佘山、武汉的东湖、沈阳的昭陵、杭州的西湖、南京的钟山、厦门的鼓浪屿、广州的白云山和哈尔滨的太阳岛、浙江的绍兴等。如果城市成为区域内的重要旅游目的地,那么这个城市本身就成为大家公认的旅游城市。

一日游型尺度,是指景区位于城市周边地区,使用通常的旅游交通(如旅游包车)能够实现景区与城市之间一日时间内完成全程旅游的距离。位于一日游距离内的景区,能够满足城市常住居民或暂住居民双休日旅游,并不需要在旅游地过夜,具有较大的方便性。当实现城市到旅游目的地之间一日游,城市便成为旅游地的依托城市。如果城市周边地区旅游地较多,而城市内部或郊区几乎没有较强的旅游吸引要素时,城市就成为区域旅游的集散地。

离散型尺度,是指旅游景区位于交通末端节点、位置偏远的地区,使用通常的旅游交通(如旅游包车)也较难实现景区与城市之间一日游的距离。由于城市与离散型尺度景区之间互动关系较为松散,中心城市对旅游地的依托作用较差,那么旅游地的旅游开发较为困难。当离散型景区具有高等级旅游资源,景区旅游发展势头强劲与潜力较大时,景区往往就朝着旅游地城镇化方向发展,或就近与相对低等级城镇联系,提供相关旅游服务功能,满足游客需要的吃、住、行、游、购、娱六要素。如20世纪90年代前的雁荡山景区,由于交通条件差,温州与雁荡山之间就构成了离散型的空间匹配,故雁荡山景区就地旅游城镇化水平较高。

(二)不同地理区位景区的发展特点

1. 城区城郊型景区的发展特点

城区城郊型景区的区位优势与挑战并存。城区城郊型景区以城市为依托,区位优势明显,基础设施条件较好,旅游功能较完善,旅游景区的资源优势容易转化为商品优势和经济优势。同时,景区较有可能划定为城市地域,作为城市绿地用地和居民休闲首选地,从而使得城市邻近的景区成为城市地域的一个部分,如,浙江的天台;杭州等许多城市也都有这种现象,景区以发展旅游经济为主转变为城市地域功能。城市区位在为风景旅游区发展注入活力的同时,也带来了环境压力,城市城郊型景区容易受到处于强势地位城市生活的冲击,民族风情变味、古风古韵无存、生活传统蜕化、商业气息变浓。同时在城市区域的扩大、城市人口的集中和增加等一系列变迁过程中,城市对近郊风景旅游区的渗透作用日益加强。尤其我国目前的城市化基本上还处在一个地域外延型发展阶段,在景观形态上表现为城市建成区逐渐向外推进和延伸,使城市地域范围不断向外延展,近郊首当其冲。如,杭州西湖风景名胜区的西湖景区位于杭州市中心地带,环湖四周已是高楼林立。随着杭州城市发展战略由环西湖转向沿钱塘江,风景区西、南部景区今后可能被城市包围,周边土地将由城市边缘区变为城市建成区。

城景长期互动发展,互为依托关系。城区城郊型景区大多经过百年以上的互动发展,有些已经与城市融合发展,成为城市景观的组成部分;有些借相邻城市的优势,成为现代城市居民休闲游憩的重要场所。如,承德、秦皇岛、吉林、苏州、无锡、扬州、镇江、泉州、福州、南昌、泰安、青岛等城市,与景区相得益彰,成为国家历史文化名城。又如,桂林古城就是选在生产、生活条件最好,兼有水陆交通和防御优势且山环水抱的平坦地带。这些地区也多是风景最好的区位。甚至有些风景区的存在早于与其相关的城市,如,承德的诞生,得益于康熙皇帝营建避暑山庄,正是为了适应皇帝每年避暑需要,朝廷大臣都争相在承德修建府邸,承德也因此由一个小村落发展成商贸繁荣的城市,并成为清王朝的夏都、全国第二政治中心。云台山风景名胜区与连云港的城市发展方向平行,花果山、孔望山、宿城、海滨四个景区都与连云港的城市建成区相邻,城景相交地带可看作是连云港城市边缘区的一部分。

人文景观资源丰富,文化气息浓厚。旅游景区自古受到我国山水文化、寺观文化、封禅祭祀文化、宗教文化和隐逸思想的影响,是人类根据自己的游憩、审美、文化需要对自然改造的结果。相比于一般风景区,城区城郊型景区在发展过程中受人类活动影响更大,人文景观资源极其丰富,风景区内文化气息更加浓厚。如,杭州西湖,历代文人墨客到此旅游作诗赞美,增加了西湖的人文内涵。又如,蜀冈—瘦西湖风景名胜区内许多景区、景点的设计,都充分运用了城市公园的空间布局形式和我国古典园林的造景手法,显示出人类文化气息。

2. 城市周边型景区(乡村型景区)发展特征

旅游景区类型丰富性。一般来说,旅游资源组分是旅游景区中的核心载体,对于旅游景区类型和质量起到极其重要的作用,而旅游设施及其它类型辅助设施在旅游景区构成中居于次要作用。根据主体旅游资源组分的差异性,可将旅游景区分为自然旅游景区、人文旅游景区和综合旅游景区三种类型,同时可进一步细分为多种类型:如,地质地貌景区、峡谷景区、水体景区等自然旅游景观;民风民俗、神话传说、特色建筑等人文旅游景区类型。

空间作用的层次性。旅游景区是旅游区域空间中特殊的斑块,通过交通线、河流等廊道与城市和社区发生作用。旅游景观与外围景观之间呈现出犬牙交错的作用现象,有些方向作用较强,而另一些方向可能作用较弱。通常来说,旅游景观斑块是满足游客美感价值和旅游活动最集中的场所,向外围出现一个过渡地带,称引景空间;从引景空间继续向外,进入景区依托中心的服务区。因此,旅游景观对外空间的作用从内向外,可分为核心区——引景空间区——景区依托中心服务区三级层次空间。

旅游功能时空差异性。旅游景区是以旅游及其相关活动为主要功能的空间或地域的组合体,同时也是区域旅游业发展的重要标志。旅游功能呈现出多样化特征,表现为绿色生态空间的环境优化功能及经济发展功能与社会功能等。由于受经济利益驱动,许多景区在开发初期主要是以经济功能来开发。但是随着景区竞争程度加剧及当前区域环境功能和休闲功能要求的提高,旅游景区越来越追求环境功能和社会休闲功能。可见,在区域空间的不同发展阶段,旅游景区功能也有不同的要求。不同空间位置具有不同的功能特征,旅游景区处于区域中什么位置及周边相邻经济实体和社会实体不同,旅游景区在区域中的主要功能可能也不同。如,杭州西湖景区对于城市的各种功能都起到了重要作用,促进了杭州城市品位的提升。如果在经济产业区附近,旅游景区又对经济产业区在旅游形象及休闲功能等方面的提升起到促进作用。旅游景区与社区的互动功能也是大家所认同的,如,雁荡山景区与响岭头、天目山景区与白沙村等,充分体现了景区与社区互动发展的势头。

结构形态多样性。旅游景区空间分布以分散状分布为主,以集聚状分布为辅。从区域来看,旅游景区所具有的资源优势属于稀缺性资源,并不是广泛分布于区域各个空间。即使是旅游景区相对集中的地区,从整个区域来说,也是占有较少的空间。因此,旅游景区在旅游区域中呈现岛屿状分布,与周边其它景观进行着能量和物质交换。从旅游景区总体分布看,空间分布上表现为随机型。

景区发展导向的生态性和乡村性。随着旅游市场竞争的加剧,景区环境越来越被游客所重视。另一方面,美丽乡村、生态文明建设作为我国各地政府现阶段工作的重心之一,旅游景区被作为经济发展与美丽乡村、生态文明建设的结合点和主阵地日益受到重视。景区环境建设总体上呈现出良好的发展态势,旅游景区的规划与管理等方面呈现出生态化趋势。

三、等级匹配关系

旅游景区的等级对于区域旅游发展具有重要意义。高等级景区知名度高,旅游功能突出,被大尺度游客在该区域实现旅游活动时选择可能性大,城市通常以高等级景区为节点,组织区域旅游线路,满足大尺度游客的旅游活动。旅游景区有不同等级之分,如 AAAAA 级景区、AAAA 级景区、AAA 级景区、AA 级景区、A 级景区。按照城市规模或行政级别,城市具有等级大小,如,行政级别有省会城市、地市级城市、县市级城市;规模等级有特大城市、大城市、中小城市、建制镇。行政级别越高,公务人员越多,高等级酒店通常也越多。规模等级越大,居民人口越多,客源市场越大。城市等级的差异,其旅游辐射能力和提供的旅游服务能力也不同。所以,不同景区等级需要相应等级或以上的城市与之相匹配,高等级旅游景区需要高等级城市与之匹配,如果匹配的城市达不到景区等级的要求,那么城市对景区的依托作用就会较小,从而影响旅游区的整体发展。也就是说景区与城市之间存在等级匹配。当城市服务等级能够满足景区服务要求时称为正位匹配;反之则称为错位匹配。正位匹配中的景区受到城市综合带动作用,区域旅游提升速度较快,以城市为核心的城市旅游圈带动周边景区发展,形成了当前我国旅游空间格局的主体结构。根据等级匹配的匹配关系,城市与景区匹配类型有:高等级城市与高等级景区形成的高/高型匹配、高等级城市与低等级景区形成的高/低型匹配、低等级城市与高等级景区形成的低/高型匹配、低等级城市与低等级景区形成的低/低型匹配。

四、地理匹配关系

根据景区与城市发生匹配关系的几何空间表现形式,景区与城市匹配关系可分为点轴匹配和面状匹配两种。点轴匹配,是指旅游区域中一系列景区与城市沿交通线、河流、海岸线等线状地理事物延伸并向两侧辐射发生匹配关系,如,浙东海滨旅游线中的诸多景区与城市的关系。面状匹配,是指旅游区域中景区与城市数量较多,呈面状分布。它们之间发生紧密联系和互相影响的对应关系,如,长三角旅游区中包含的 25 个中国优秀旅游城市,国家级

AAAAA级景区22个,国家级AAAA级旅游区(点)上百个,实现了紧密的区域旅游合作,城市与诸多景区交通便捷性好,形成网络状的区域旅游空间结构。它们之间的空间关系为面状匹配关系。一般来说,旅游区域发展的初期阶段,景区与城市往往沿交通线发生相互联系,产生点轴匹配;随着区域旅游的发展,景区数量不断增多,景区与城市的匹配关系不断复杂起来,就会呈现出面状匹配关系。

五、管理匹配关系

由于"行政区经济"是我国区域经济发展中的特有现象,各级政府行为对旅游业发展影响明显。目前我国旅游景区的开发管理大多以县市级行政单位的影响最为直接。从旅游景区行政管理看,当景区与城市位于同一县市级行政区管理时,旅游景区开发和各方面的关系较容易处理,也有利于景区与城市之间的互相促进发展。景区与城市之间的这种管理关系称为同位管理匹配;当景区与城市不在同一县市级行政区管理时则称为异位管理匹配。由于我国行政区对景区发展的干扰作用较大,如果景区的依托城市之间存在异位管理时,则不利于区域旅游的发展。如,雁荡山风景区从依托城市来看,应该选择台州市,但它却是归温州市行政区管辖,因此雁荡山风景区的客源市场一直发展缓慢。

第四节 旅游城市与景区空间匹配组合形态

一、城市与景区匹配的空间层次

由于景区与城市空间关系受到城市发展因素、景区及空间结构、旅游政策等多因素的影响,区域旅游发展中,景区与城市之间形成多种空间匹配关系的组合。旅游区域中景区与城市匹配关系的组合,可从城市与景区群体及个体之间的关系两个角度考察(如图2-11所示)。上述匹配关系中,数量匹配和分布匹配是从城市与周边景区群体形成的匹配关系,如,杭州与周边众多景区形成的数量与分布的空间关系;而距离匹配、等级匹配、管理匹配则是从景区与城市个体角度形成的匹配关系,如,杭州城市与西湖景区包含了距离匹配、管理匹配、等级匹配等匹配关系。

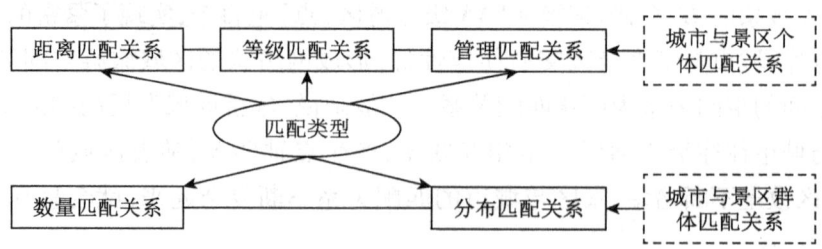

图 2-11　城市与景区空间匹配组合层次图

二、城市与景区匹配形态的类型

根据上述多种匹配关系和组合层次分析,可构建城市与景区匹配形态(称城/景匹配形态)。按照城市与景区之间是否单一匹配,城/景匹配形态可分为城市与景区个体空间匹配组合模型(如图 2-12 所示)及城市与景区群体空间匹配组合模型两个层次(如图 2-13 所示)。

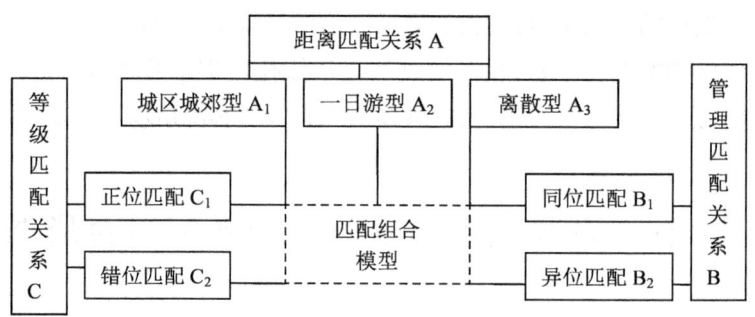

图 2-12　城市与景区个体空间匹配组合形态图

在城市与景区个体组合图中,分别在 A、B、C 类匹配关系中任选一个匹配类型进行组合,共可组合出 12 种空间组合形态,如,$A_1B_1C_1$、$A_2B_2C_1$、$A_1B_2C_2$ 等类型。但是,现实中异位管理匹配和城区城郊型匹配不可能组合在一起,即一个景区既位于一个城市的城区城郊,又属不同的行政区管理的现象是不存在的。因此,城市与景区个体空间匹配关系的空间组合形态只能有 8 种类型。

在城市与景区群体组合图中,分别在 D 和 E 类匹配关系中任选一个匹配类型,进行组合,共可组合出 8 种空间组合形态,如,D_1E_1、D_2E_2 等类型。但在现实中,一对一匹配不可能将点轴状与面状匹配组合在一起。因此,城市与景

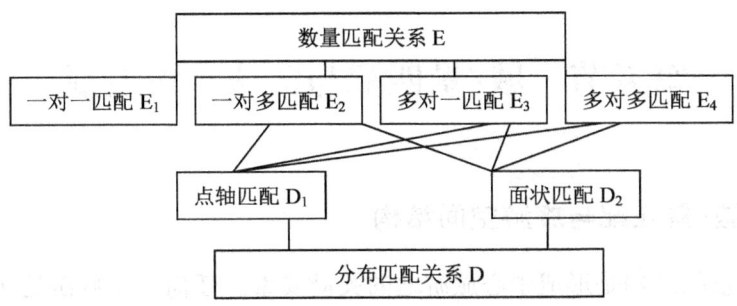

图 2-13　城市与景区群体空间匹配组合形态图

区群体空间匹配关系的空间组合形态只能有 6 种类型。

根据上述分析,构建城市与景区空间匹配组合模型(如图 2-14 所示),共可构建出 96 种空间匹配组合形态,如,$A_1B_1C_1D_1E_1$、$A_2B_2C_1D_1E_1$、$A_1B_2C_1D_1E_1$ 等类型。但是,按照景区与城市群体匹配及个体匹配客观存在情况,从个体而言,景区与城市之间也不可能存在地理匹配和数量匹配之间的关系,只有多个景区的集聚状态与城市之间才有可能存在地理匹配和数量匹配关系。因此,景区与城市匹配关系的空间组合形态只能有 48 种类型。

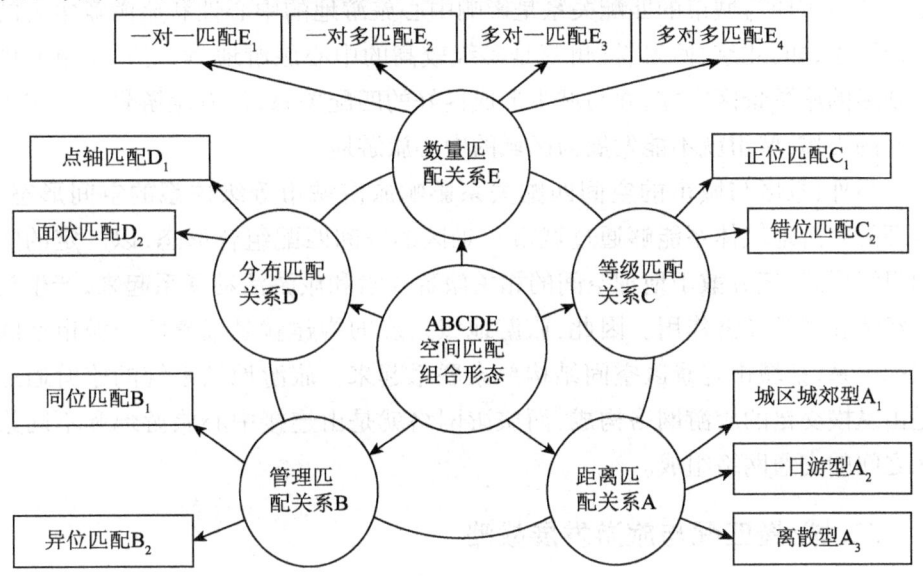

图 2-14　景区与城市空间匹配组合形态构成模型

第五节　城/景匹配与区域旅游发展

一、城/景匹配与旅游空间结构

旅游空间结构是形成中心旅游地的关键要素。任何一个旅游地域系统都包括众多各具特色的旅游地,而这些旅游地中往往有一个或几个起主导作用的中心旅游地,对旅游地域系统的功能、规模及发展方向起着核心作用。中心旅游地对区域旅游业的发展起着举足轻重的作用,它不仅具有便利的交通条件和良好的服务设施,而且具有独特的旅游资源,对周边旅游景区具有较大的带动作用。中心旅游地具有等级之分,等级高低通过中心地的中心性和竞争力来体现,而中心旅游地的中心性和竞争力受一系列因素影响,如城市发展状况、交通能力、集散能力、旅游服务接待能力等,但资源条件及空间结构将是确立中心优势定位和竞争力评价的核心和最基础要素。因此,中心旅游地周边的旅游景区资源要素是中心旅游地发展的重要指标,周边旅游景区的数量、质量及空间布局与城市的匹配关系是影响中心旅游地的中心性和旅游竞争力的关键因素,如,北京、西安、杭州等是等级较高的中心旅游地,均受到城市或周边众多的旅游景区支撑,并与城市形成良好的匹配关系,没有旅游景区与城市匹配的支撑,城市就不能发展为区域的中心旅游地。

另外,景区与城市的空间匹配关系影响旅游城市等级体系的空间形态。合理的旅游地域体系能够通过城市与景区的空间匹配组合形态,以一定的空间组织形式,把分散于地理空间的相关旅游要素和旅游活动联系起来,产生集聚经济和规模经济作用。因此,旅游地域系统的构建就是以景区与城市空间匹配关系,把城市与景区空间结构要素联系起来。旅游地域系统的旅游通道是由纵横交错的旅游网络构成,而旅游网络就是由连接中心旅游地和不同景区之间的交通网络组成。

二、城/景匹配与旅游发展战略

采取合理的区域旅游阶段性发展措施。景区与城市的空间匹配在不同的旅游区域,数量匹配、距离匹配和分布匹配等方面表现出不同的特征;在同一旅游区域的不同发展阶段,景区与城市之间也表现出不同的数量匹配和管理匹配特征。因此,可以从城市景区的空间匹配特征认识区域旅游发展阶段,从而在不同发展阶段采取相应的发展战略。区域旅游发展初期,景区与城市以一对一匹配关系较为突出,应该加快交通网络化建设,提高区域旅游的可进入性,积极发展城市周边景区。当区域旅游发展处于一对多匹配关系时,应该加强区域旅游集散中心和旅游中心城市建设,加强城市品牌建设,提高城市品位。随着区域内多个旅游地的发展,景区与城市出现了多对一匹配关系,这一阶段虽然已经形成了区域旅游网络化和区域旅游集散中心,但为了提高区域旅游品牌效应,以及提高旅游集散中心对区域旅游的依托作用,需要对区域旅游集散中心进一步建设,使其成为旅游中心城市。随着区域旅游网络化的进一步发展,区域旅游的景区与城市表现出多对多匹配关系,为了提高区域旅游竞争力,应该建立跨区域的旅游联合体,联合开展旅游市场的集中整治,推进快速便捷的区域交通圈建设,建立无障碍旅游区域,使区域旅游合作结构模式更加趋向于紧密型的整合。

采取合理的区域旅游空间发展战略。城市本身和景区是城市旅游区空间结构的两个主要空间要素。它们之间的空间匹配状况将影响城市旅游区的旅游资源组合度、旅游循环路线和旅游流状况、旅游入出口通道。通过对它们之间数量、空间分布、距离等方面的分析,可以较好地确定区域内旅游资源开发的重点与先后顺序,以及确定旅游发展轴和旅游发展带,进行合理布置景区与城市的各项基础设施及接待、服务设施的配套,作好分期建设安排,保护、发掘和区域旅游流线的组织,更好地完善城镇与景区间的交通网络,保持通畅的旅游通道,使区域旅游开发在空间上保持有序性和协调性,形成以城市为核心,以旅游圈和旅游带为载体的良性旅游地域发展系统和旅游网络系统。当景区分布在城区城郊型距离时,应把景区作为城市的休闲游憩区和城市的重要组成部分,纳入城市发展规划之中,使景区和城市融为一体,成为城市的一道亮丽风景。当景区分布在城市周边一日游型距离时,应该顺势连接景区与城市,并以此为发展轴,推进城乡一体化,努力发展城市周边景区,丰富区域旅游内容。当景区位于区域的边陲或区域交通末端节点时,如果景区等级较低,那么景区开发价值较小,不宜开发;如果景区等级较高,应使景区本身朝着旅游城镇化方向发展,发展自助旅游,完善旅游六要素,并寻找与周边旅游景区和其它城市合作的可能性。分析城市地域空间扩展规律。景区与城市的空间位置关系对游客的行为选择产生较大影响,从而影响以城市为依托的旅游线路的组织。这就要求只有以景区与城市匹配特征差异性为基础进行城市地域空间扩展,才能促进良性互动。

采取适当的旅游发展模式。旅游发展模式,一般是指在特定的时期内,一个国家(地区)旅游产业发展的总体方式。它包括旅游产业发育和演进两层内容。其中,旅游产业的发育,是指旅游产业的形成方式,也就是在一定经济条件下,旅游产业是以何种方式形成和发展的;旅游产业的演进,是指在旅游产业发展到一定时期时,以什么样的方式促进旅游产业向高度化和现代化方向发展[57]。旅游产业发展模式,从不同的角度有不同分类:从产业发展机制角度,划分为政府主导型和市场导向型;从旅游产业形成与国民经济的关系角度,划分为滞后型发展模式与超前型发展模式;从旅游产品发展次序角度,划分为延伸型发展模式和推进型发展模式;从旅游发展与经济发展的关系角度,划分为经济发展促进旅游发展模式和旅游发展拉动经济发展模式两种[58]。城市的景区匹配性水平与城市旅游发展潜力具有较大的相关性,是确定区域旅游以城市经济为主导,还是走景区资源拉动型的旅游发展模式。城市与景区匹配关系的发展阶段也与区域旅游发展模式的演进具有较大的相关性。当处于城市与景区匹配关系起步阶段,应选择以政府主导型为主的旅游发展模式;而到城市与景区匹配的网络型阶段,则应选择以市场导向型为主的区域旅游发展模式。

三、城/景匹配与旅游城镇化

城镇化,是指农村人口不断向城镇转移,第二、三产业不断向城镇聚集,从而使城镇数量增加、规模扩大的一种历史过程。从城镇化的动力机制和空间模式两个视角,我国城镇化"推进模式"可区分为建立开发区、建设新区和新城、城市扩展、旧城改造、建设中央商务区、乡镇产业化和村庄产业化[59]七种类型。就产业与城镇化融合而言,城镇化有中心城市带动城镇化、工业镇城镇化、产业园区城镇化、旅游城镇化、特色农村城镇化等[60]。城镇化动力呈现多元化的特点。

旅游城镇化的作用机理是:旅游产业发展定位为城镇化建设带来高规格、高标准和严要求的科学规划;在规划的指导下通过招商引资的方式吸引大量的外来资金与项目入驻,特色突出、品位极高的旅游资源被发现并逐步开发,通过宣传推介和完善景区基础设施建设,旅游目的地影响越来越大,最终成为成熟的、有较高知名度的旅游地;旅游者从少变多,最终大量涌入;旅游者的逐渐增多,使得为满足旅游者消费的相关产业大量集聚,以旅游业为主的第三产业迅速发展;旅游产业的集聚,给当地提供了大量的就业机会,会吸引越来越多的农村剩余劳动力参与进来,农业人口开始向非农业人口转化,人口不断集聚;最后,旅游利用其极具关联性的产业特征,有效带动城镇交通、基础设施的提升。可见,旅游促进了区域的人口集聚、基础设施建设、产业发展和当地居民生活水平的提高,城镇或从无到有(城市数量增加:乡村演变为城镇),或从小变大(城市规模扩大:城镇演变成中小城市)。

旅游城镇化有城市旅游化、景区驱动型城镇化、旅游乡村都市化等形式。不管何种形式的旅游城镇化,要求城市必须开辟足够多的旅游景点或者提升现有旅游资源质量,必须要有拉动城镇旅游的旅游吸引物及其相对完善的旅游系统。而在旅游系统中,旅游景区作为旅游资源的主要体现形式和旅游产品的主要载体,是区域旅游的核心吸引物。旅游景区资源是形成城市旅游吸引力的关键因素,直接影响到城市旅游的规模与持续发展。只有高质量的旅游景区,才能形成高知名度的效应,从而可以吸引源源不断的游客。景区建设促进城市旅游产业的发展,城市或城郊中一个新景区的建成,往往会以其为核心空间在短时间内就集聚起许多的相关企业,如旅行社、宾馆饭店、特产店、交通产业、通信业、银行等。景区的发展促进城市第三产业的发展、促进城市产业升级,是加快城市化质量提升的动力。景区区位影响城市布局与管理。旅游景区具有良好的自然性或文化性特征,往往能够吸引城市空间扩展方向。我国许多城市因景区资源的开发,促进景区周边酒店、休闲设施与基础设施的建设,导致景区及周边居住区价格上升,城市地域扩大,使城镇空间结构发生了大的变化。城镇要素或者进行内部重组,或者在新的空间进行重新布局。有些历史文化名城对重点街区的保护和商业服务业的集聚重组;一些古城则出于遗产保护和旅游业发展的目的另建新城,把原有历史街区景区化,改变了城镇的原有发展格局,也影响到未来城镇化的走向,如,杭州围绕西湖而展开。西湖风景区位于城市西侧,沿湖边布局酒店、茶室及娱乐设施建筑,城市规划确定在风景区外围划出保护地带,要求各种建筑物的设计必须同湖山自然风景相协调,控制建筑物的高度和体量;湖西一带,保持湖山之间田园式的、较为开阔的绿化地带,风景区充分发挥江湖、山林、洞壑、溪泉等自然要素,突出自然景色的魅力。又如曲阜的城市布局形成了以明故城为中心,东鲁(鲁国故城遗址)、西文(曲阜师范大学)、南新(新城区)、北林(孔林)的十字花瓣型格局。城市布局使城市规划与管理围绕旅游业来进行,城市的旅游功能将越来越强。

总之,城市与景区的匹配关系决定着区域的旅游产业规模、旅游从业规模、城市地域扩展规模和方向,因而影响旅游城镇化的质量、规模及旅游产业布局等。

四、城/景匹配与城市旅游职能

《中国城市体系》[61]一书中,将中国当时大部分城市的基本职能分成政治中心、交通中心、矿工业城镇和旅游中心。随着经济的发展、交通的改善、人们旅游需求的增加,城市的旅游职能不断增强。许锋、周一星通过研究中国城市职能结构的动态变化特征,各规模级城市具有工业、矿业职能的比例均有下降的趋势,而新兴"旅游城市"和"其它第三产业"专业化城市正在不断增多[62]。可以看出,在我国城市发展中,不仅是旅游职能较强的旅游城市数量在增加,而且是不属于旅游城市的旅游职能也有加强的趋势。城市旅游职能的加强,一般需要建立在良好的资源基础之上,但有时城市内部的旅游资源不充分,而市场需求又很大,往往需要与周边的旅游景区互动,进行匹配式发展,或者通过资源创新,形成新的城市与景区匹配,促进城市旅游职能的提升。如,从20世纪80年代起,以需求为导向的竞争引发了城市内部主题公园等景区的大规模开发和建设,促进了城市旅游职能的加强。

五、城/景匹配与旅游依托城镇

旅游依托城镇,是指在区域空间上与景区密切相关,有着良好的区位条件,具有承担景区服务功能的城镇。国内外著名风景区开发管理的成功经验表明,一个景区的开发离不开其依托城镇的特征。通过对景区与城市的管理匹配关系及其它空间匹配关系的综合分析,就可以更好地寻找景区依托城镇。如,福建武夷山风景区在开发初期管理体制混乱,旅游业发展受阻,后对景区管理体制进行分析。1989年国务院批准撤崇安县设武夷山市,1990年将原来属于南平地区行署的风景区管委会(独立设在崇安县中)划归崇安县即现在的武夷山市管辖,即旅游依托城市由南平转为崇安(即今武夷山市)后,实际上就是对武夷山景区的匹配城市进行了调整,景区与城市管理匹配关系顺畅,等级匹配关系协调,从而促进了武夷山旅游的大发展,旅游市场迅速扩大。又如,江西三清山景区依托城市的确立涉及上饶、玉山、德兴三城市的选择。三清山位于玉山与德兴交界处,在开发初期,德兴、玉山两地竞相开发,各自为政,因此景区的权属问题长期纠缠不清,三清山的旅游开发也处于无序状态。1996年虽然成立了"三清山旅游经济开发区"、"江西省三清山管委会",但由于"三管会"独立于其所在的玉山、德兴两地,分割了吃、住、行、游、购、娱等一系列发展旅游业所必须依托的基础条件,脱离了当地工农业及其它相关产业的密切支持,三清山的发展仍然受到各种因素的制约,发展速度不快。现在将三清山旅游开发与玉山的经济开发统一规划、统一实施,促使三清山旅游发展进入快车道。可见,旅游依托城市的选择对于三清山旅游景区的发展起到了十分重要的作用。

本章小结

本章主要对区域旅游发展中城市与景区功能互补性和协调性方面进行阐述,并对旅游地域系统空间组织及空间匹配关系进行了分析。区域旅游发展中的城市与景区,是构成区域旅游空间结构的重要节点,形成了旅游中心城市体系和区域景区系统。城市在区域旅游中提供基础客源市场,通常来说,城市越大,为周边景区提供的客源市场也就越大;同时,城市是区域旅游服务的中心,为景区提供依托服务功能,城市以强大的经济基础优势开发新景区;而景区则提供旅游资源,促进城市旅游职能的增强,提高城市休闲性水平,提升城市文化与品牌,优化区域生态空间,是区域旅游的基础性条件,是吸引客源市场最重要的元素。区域旅游系统是基于城市体系中开展旅游的空间组织,主导着区域旅游城市体系的等级结构及整合方向。旅游景区与城市的空间相互作用促进旅游地域系统的发展。城市与景区之间的空间匹配关系主要有数量匹配、等级匹配、距离匹配、管理匹配等,并分析各种关系组合的类型与特征,而且景区与城市匹配关系的组合不是一成不变的,不同旅游区域的景区与城市空间匹配关系的组合特征将会不同;同一区域,在不同旅游发展阶段上景区与城市的空间匹配关系组合特征也将不同。城市与景区之间的空间匹配性与景区依托城市选择、确定区域旅游发展战略、区域旅游空间结构形成及旅游城镇化密切相关。

第三章 旅游城市与景区匹配性评价

城市与景区的空间匹配是城市旅游目的地发展到一定阶段在空间环境中的记录,并随着区域旅游的发展而变化,不同的旅游区域所形成的城/景匹配是不同的。城市与景区匹配性评价是对城市与景区资源配置现状的深入认识,目的在于优化二者的协调发展关系,科学制订区域旅游发展规划,提高区域旅游竞争力,确定区域旅游发展策略。

第一节 旅游城市与景区匹配性评价的内涵与意义

一、区域旅游评价的基本内容

对于城市旅游地所固有的发展要素差异评价,学者们已作了较多的相关论述,主要有以下几类内容:

第一类,是关于旅游资源开发的评价,包括旅游资源质量、旅游资源丰度、空间结构等方面的评价[63][64][65][66];旅游资源是旅游业发展的基础,也是旅游者选择旅游目的地的决定因素。旅游资源的数量和品质就成为区域旅游竞争力的关键要素。一般情况下,高等级旅游资源数量多的地区旅游竞争力强。旅游资源吸引力是关于旅游资源开发后对旅游市场的吸引能力,包括资源拉动能力和市场需求推动能力,是衡量旅游资源本身吸引价值与质量的问题[67]。旅游资源的丰度表征有多少优势旅游资源,解决了"有什么"的问题。旅游资源开发评价主要从旅游资源的空间布局、开发条件等区域旅游发展因素,建立评价指标体系,针对资源开发价值和可行性进行评价[68][69]。旅游资源空间结构表征旅游资源的空间差异,是衡量旅游资源空间分布集聚性的问题。在旅游资源与产品质量趋同和闲暇时间充足的情况下,合理的空间组合及城市组合将成为旅客选择特定旅游目的地的重要因素。

第二类,是城市旅游地影响范围的测评,包括旅游场、旅游域、旅游经济联系的测评。旅游场的场强表征旅游场源点对相应区域旅游发展的作用力,包括旅游辐射场强与旅游集聚场强,前者表明某旅游场源点对周围旅游区域辐射带动力的大小,后者表明某旅游场源点对周围旅游区域客流集聚能力的强弱[70]。旅游域,是指人们以某一个旅游集散地为核心,在一次有效用的出游活动中所愿意到达的最大范围,即在给定时间内,游客从旅游中心地出发可以到达的旅游范围的长度被称作旅游域时间当量半径,亦即城市旅游地的影响范围[71]。旅游经济联系也是衡量城市旅游地影响范围的重要研究内容,大多选取游客规模与旅游收入为评价指标,借用引力模型,建立城市旅游经济联系评价模型[72][73]。

第三类,是城市旅游综合实力的评价,包括城市旅游综合规模、城市旅游竞争力及竞争优势、城市旅游功能强度等概念[74]。旅游竞争力评价强调不同旅游空间发展能力的差异,衡量区域旅游资源质量与区域发展综合实力的旅游发展综合水平。区域旅游竞争力,是指一个地区在激烈的旅游目的地竞争中,在旅游市场上保持竞争优势并实现更大综合效益的能力。旅游功能强度评价与旅游竞争力两个概念既有联系又有区别。旅游功能强度是竞争力的重要表现,二者正相关。两者的区别在于城市旅游竞争力,主要是从产业角度判定一个城市旅游发展的能力;而城市旅游功能强度,则是从城市功能角度判定城市在某一时期旅游功能在市场中所起作用及发挥效用的大小、强弱,主要表现在居民的出游能力大小、吸引游客能力的大小及对经济拉动力的强弱等方面。旅游功能强度是评价城市旅游功能的一个重要因素,是城市旅游竞争力的一个表现方面。旅游功能强度越大,其辐射影响越大,抵御外界的冲击能力越强;反之,旅游功能强度越小,其辐射的影响力越小,抵御外界冲击的能力也越弱。

第四类,是城市旅游效率的评价。旅游效率评价是进行旅游投入与收益的比较,表征旅游资源开发所获得经济、社会、环境效益的大小。大多以数据包络分析法,选取投入和产出指标,对区域进行评价[75][76][77],根据旅游效率的大小和增速,可以将城市划分为不同类别,相关部门和企业可以根据这些特征和规律,对旅游资源要素的投入规模和各项技术的利用水平进行相应调整。

从研究方法看,学者对旅游资源的评价有层次分析法、主成分分析法、综合评价法等,评价的基础都是以模糊评价,先确定评价指标,再对各个指标进行权重与赋值,然后得到旅游资源评价的定量值。这些评价方法虽然权重值与赋值有一定的主观性,但由于采用同一模型对不同景区进行评价,其评价结果适用于对不同景区价值的比较,有一定的参考价值。

二、旅游城市与景区匹配性评价的内涵

旅游资源,是城市旅游目的地具有竞争力的基础条件,而景区资源,是区域旅游资源的标志性品牌,景区资源与城市旅游发展条件匹配性的好差,影响区域旅游的发展潜力和方向。旅游城市的景区匹配性评价,是指旅游区域内城市与周边景区资源配置情况的评价,即景区资源配置有效值与城市旅游需求的匹配程度,用以衡量旅游区域景区资源空间匹配的合理性,也可以用以比较不同城市旅游圈的景区资源拥有性差异。景区资源等级配置、数量配置、地理空间集聚配置等都会影响匹配度。匹配度高,表明资源结构与需求结构配置良好。从景区与城市数量匹配看,匹配性评价包括城市与景区个体匹配评价与景区资源群匹配评价两类。

(一)城市与景区个体匹配评价

城市与景区个体匹配评价,是指单个城市与单个景区之间的匹配性关系评价,这类评价主要是对它们之间相互作用力大小的评价。在区域旅游发展空间中,城市与景区功能互补,相互发生作用,与物体相互作用有相似之处。因而,借用地理事物空间相互作用模型,构建城市与景区相互作用力评价模型与方法。通过城市与景区相互作用力分析,开展景区区位优势和景区依托城市选择研究。

(二)城市与景区资源群匹配评价

城市旅游目的地或者城市旅游圈的旅游吸引力,往往与城市周边景区群体组合状况相关。城市与景区资源群匹配评价,是指城市与周边景区群体的匹配评价。景区群体的空间结构、组合状况、类型结构都将对区域旅游产生影响。这类评价主要是相对于城市来说,对景区配置有效性与匹配度的评价。

三、旅游城市与景区匹配性评价的意义

(一)城市旅游目的地的空间范围判定

城市旅游目的地是以城市为中心向外开展旅游活动,并组织旅游线路所

形成的地域,也是指以城市为中心对周边景区依托作用形成的圈层结构。这个圈层的城市影响区域到底有多大,可通过城市与景区匹配性评价,分析景区与城市的匹配值,得到城市对景区的依托力。当城市对这个景区作用力很小时,表明景区在城市旅游圈之外。

(二)景区依托城市的选择

游客实现对景区旅游时,往往需要城市为其提供住宿、交通等服务,即景区旅游功能需要城市为其提供依托功能。区域旅游空间中,针对客源市场结构,景区周边有许多城市为其提供依托功能,当某一城市规模较大、城市区位较优、旅游设施完备,与景区的相互作用最大时,表明这个城市能够为景区提供的依托功能最大,适宜作为景区的依托城市。

(三)景区区位优势评价

区域旅游发展中的景区与周边多个城市发生相互作用,也就是说位于多个城市所形成的区位之中,有些景区城市分布数量较多,规模大,与景区交通联系方便,而有些景区则周边城市数量少、规模小,交通联系不方便。通过城市与景区相互作用评价,计算多个城市对景区影响值的叠加,就可以进行不同景区的区位优势评价。

(四)城市的景区资源配置有效性评价

随着旅游业的发展,新景区不断开发、城市旅游圈不断扩大,对于某一城市来说,受城市依托的景区数量不断增加。通过计算周边所有景区与城市的相互作用力,就可以得到城市的景区资源拥有性,进行不同城市匹配性水平的比较。以此为基础,可以开展资源与旅游规模的相关性分析。

第二节 旅游城市与景区个体匹配的评价及应用

当考察单一景区与单一城市的空间匹配关系时,我们很简单地从城市与景区的匹配关系中可以直接得到。但是,从一个区域来说,往往是由多个类型和等级的多个景区构成,并且形成了多种空间配置模式时,就不能简单地得出哪一区域配置较好,哪一区域配置较差。如何衡量不同区域的景区与城市配置和集聚的优劣程度,需要建立一个合理的评价体系。从某一景区来说,周边有许多城市与它相匹配;而就某一城市来说,周边也有许多景区与之相匹配。因而,应用城市与景区匹配性评价基本模型,一方面,可以对某一景区的周边城市匹配性优势进行评价;另一方面,也可以对某一城市的周边景区匹配性优势进行评价。为使城/景的受力可衡量、易操作,根据对影响因素的定性分析,文中在既有理论研究基础之上,尝试构建城/景受力测评体系,选取景城关系演变过程中能够反映城区受力的主要因子构成指标体系,在实际测算中,采用打分法来衡量各种因素的影响程度。

一、地理空间相互作用的基本模型

空间相互作用,常用于区域联系方面的研究,地理学借用物理学中牛顿的万有引力原理,逐渐形成了引力模式、潜能模式、一般相互作用模式、市场概率模式、购物模式及营业收入模式等一系列空间相互作用模型。一般引力模型和一般潜能模型较为常用。

(一)一般引力模型

早在20世纪四五十年代,社会经济科学及地理科学的学者们根据距离衰减原理和牛顿万有引力公式构造出来的用于衡量两区域间空间相互作用力大小的模型。引力模型是衡量两地间空间相互作用力的常用模型,其计算公式为:

$$I_{ij} = \frac{M_i M_j}{d_{ij}}$$

在上式中:I_{ij}为i地与j地之间的空间相互作用力,M_i、M_j分别是i地、j地的质量,d_{ij}为i地与j地之间的距离,d是常数。引力模型表示,两地的相互作用力与两地质量的乘积成正比,与两地的距离成反比。

(二)一般潜能模型

与引力模型相似,潜能概念被引入地理学,形成了地理学的潜能模型。一般潜能模型又称为场模型。它借用物理学概念,将中心城镇的吸引范围称为城镇影响力的"力场"。影响力的大小称为"场强"[78]。场是一个物理学的概念,是物质存在的一种形式。它具有能量、动量和质量,能传递实物间的相互作用,如,电场、磁场等。一定区域内,按照某种有序方法连接若干规模不等的源点的物流运动,就构成物流场。场模型的计算公式为:

$$S_{ik} = T_i / d_{ik}^2 \ (i = 1, 2)$$

其中 S_{ik} 为 i 城市作用于 k 点的场强，T_i 为 i 城市影响规模，d_{ik} 为 i 城市到 k 点的距离。

一般引力模型与一般潜能模型实际上是一致的，只是应用场合不同而已。当计算城市对作用点有多大影响时，实际上就是考虑城市的影响场强，以潜能模型来计算；当计算二者共同作用力时，必须考虑作用点本身的特性和城市场强两个因素的共同作用，因此要以一般引力模型来计算。

二、城/景相互作用评价模型的构建

旅游空间相互作用是客观存在的，是空间相互作用的重要表现形式，涉及游客流、资金流、信息流、技术流等内容，但其基本作用方式是游客流。由于旅游活动表现为旅游者在客源地与旅游目的地之间的空间往复运动，故客源地与旅游目的地都可视为旅游流源点，其间的相互作用就构成了"旅游场"。旅游场是旅游活动存在的一种基本形式，具有能量、动量和质量，影响和作用于其中旅游流的产生、集聚与扩散，反映场内各源点之间的相互作用关系。城市旅游空间的相互作用促进不同城市旅游的竞争与合作，因而较多学者就城市旅游之间旅游流进行了研究，如长三角[79]、珠三角[80]区域中的旅游空间相互作用。有些学者对旅游流相互作用开展了定量评价，如，李山建立了旅游空间相互作用的引力模型，从目的地供给视角，计算了中国大部分省区的旅游吸引力。这些研究主要是借用空间相互作用一般引力模型，针对旅游城市与旅游城市之间、旅游地与旅游地之间的旅游流相互作用进行研究，基本上能够达到定量研究，但是操作性弱，评价方法难度大。

空间相互作用理论通常应用在同一性质之间作用的研究，如，城市与城市、旅游景区与旅游景区、港口与港口之间的作用力研究，但在景区与城市之间，由于两个主体在同一个区域中功能作用不同而具有互补性的特点，因此，景区与城市之间应具有空间作用。城市与景区相互作用的强度，是指单一城市与单一景区之间作用力的强度。就相互作用的城市与景区两个主体而言，其功能差异不同、性质各异，因而，本研究的相互作用力模型选用一般潜能模型，把一般潜能模型应用到城市与景区的空间相互作用中，二者之间的作用力通过城市所具有的旅游职能与景区旅游吸引反映出来。相对于景区而言，是指城市旅游职能延伸到景区所产生的拉力，是城市旅游职能影响力的"力场"，影响力的大小称为"场强"。相对于城市而言，这个影响力是指景区对城市产生的

旅游吸引力。根据空间相互作用模型,得到城市与景区之间相互作用公式:

$$F_0 = GMm/R^2$$

式中,F_0 为城/景作用力,G 为城市与景区匹配性系数,M 为城市旅游职能强度,m 为景区吸引强度,R 为城市到景区之间的距离。

在力的构建模型中,由于距离匹配关系体现在空间匹配关系之中,β 为考虑距离因素后的城市与景区匹配性系数,得到:

$$F_0 = GMm/R^2 \longrightarrow 演变为\ F_0 = \beta Mm$$

景/城相互作用力与城市、景区及它们之间的匹配性关系三者有关,如果景区与城市本身条件较好,但匹配性条件差,也可能导致二者之间的作用力下降。要实现城市与景区的相互作用力,一方面要提高城市和景区所固有的影响要素,另一方面要改变它们之间的匹配性条件。对各层指标评价因子进行分析,从中找出原因和差距,努力改变,提高它们之间的作用力,促进旅游业的发展。

当考虑景区与城市最优空间匹配时,系数为1。如果景区与城市最优作用力记为 F_0,则 $F_0 = Mm$。但是,由于城市与景区之间具有匹配性的关系,二者之间不一定形成最优的匹配关系,因此,城市与景区的匹配值与最优值往往有所"折扣"。相对于某一城市而言,我们把一景区吸引力经过城市与景区匹配性系数"折扣"后的值,称城市的景区匹配指数。即:

$$E_i = \beta m$$

而相对于某一景区而言,把周边一城市依托能力经过城市与景区匹配性系数"折扣"后的值,称景区的城市依托指数。即:

$$Q_i = \beta M$$

三、评价指标要素的探讨

(一)城市旅游功能强度

城市旅游功能强度,是指城市旅游集聚、提供市场和旅游服务的能力。从广义的职能范畴来看,都市旅游功能,是指大都市在全球或区域旅游活动中所承担的任务和所起的作用,以及由此产生的效能;从狭义的职能范畴上看,大都市旅游功能则是指大都市在对外地旅游者的旅游活动中所承担的任务和所起的作用,以及由此产生的效能[81][82]。

城市旅游地功能强度在城市对景区作用过程中扮演着基本性的角色,起着基础性的决定作用。影响城市旅游职能强度的因素很多,主要包括:

(1)旅游目的地功能指标：旅游景区质量与数量、旅游总收入、接待国内外旅游人次、星级饭店数量、旅游收入占 GDP 的比重。

(2)旅游中转地功能：可进入性、高速和等级公路里程、交通密度、旅客周转量。

(3)旅游客源地功能指标：城市总人口、城乡人口比重、城镇 GDP、人均 GDP、财政收入、第三产业占 GDP 比重。在城市十分重视旅游业的大背景下，城市规模表明城市游客总量的可能性越大，对周边景区带来的游客量可能性也就越大。省会城市对景区辐射依托要比地级城市影响力大，地级城市要比县级城市影响力大。

从评价指标体系可见，用于评价作用力的基本指标有的呈客观性，有的却有明显的模糊性；并且在现实经济生活中，由于多种因素的影响，如，统计口径、统计方法的不统一、现有统计范围的不全面等，上述指标体系中有些指标可能难以找到相关数据。为了能够进行旅游区域间的纵向、横向比较，在实际测算时，可以灵活地采用专家打分法等相关方法来衡量其影响程度，将统计评价和模糊评价两种评价方法有机结合起来，再利用 SPSS 等相关数据处理技术来进行综合分析和评价，以求取各评价因子的评价值。

（二）景区吸引强度

旅游景区是影响景区与城市配置值大小的重要因素，其等级主要以旅游资源价值、景点建设、环境质量、景区服务为评价要素。其中旅游资源价值包括：美感度、奇特度、完整度及科学考察、科普教育、民族特色、历史文化、宗教文化、景点组合、景点容量等；景点建设包括：安全设施、通信设施、公厕、引导标识物、公共休息娱乐设施、食宿设施、购物设施等；景区服务包括：导游素质、价格及景区服务人员的服务效率、服务态度、治安和当地居民对游客的态度等；环境质量包括：空气质量、绿化率、水质、环境噪声及公共场所卫生。根据国家旅游局标准，把旅游景区划分成 AAAAA、AAAA、AAA、AA、A 5 个等级。旅游资源的类型包括：世界遗产地、风景名胜区、历史文化名城、森林公园、文物保护单位、自然保护区、国家旅游区、中国优秀旅游城市、主题公园、国家地质公园和世界地质公园、旅游度假区、国家生态示范区等。王凯(1999)以重点风景名胜区、国家级自然保护区、国家级森林公园、国家历史文化名城、全国重点文物保护单位为主，计算了全国各省市旅游资源的绝对丰度、相对丰度、总丰度、组合指数及整体优势度等几项指标[83]。孙根年提出旅游资源丰度指

AAAA、AAA、AA、A 级景区数的加权求和,其权重分别是 2.5、1.5、0.75、0.25[84]。卞显红(2006)将长江三角洲城市旅游资源划分为世界遗产地、风景名胜区(国家重点、省级)、历史文化名城(国家级、省级)、森林公园(国家级、省级)、文物保护单位(国家重点、省级)、自然保护区(国家级、省级)、国家旅游区(AAAA 到 A 共 4 级)、中国优秀旅游城市等 8 大基本类型,并借用王凯的丰度公式分析了长江三角洲的旅游资源丰度[85]。

(三)干扰性——景城空间匹配系数

景城空间匹配关系的优劣,主要体现在交通联系与可进入性,景区与城市景观特色的互补性与替代性,景城间人流、物流、信息流、能量流的相互作用程度,区位关联程度、旅游协作程度、客源市场的共享程度、旅游企业的效率比较,投资成本与政策因素等方面。

根据第二章,区域旅游发展中景区与城市匹配关系包括距离匹配、管理匹配、数量匹配、等级匹配和地理匹配关系等五种情形。

1. 概念界定

景城空间匹配系数是衡量景区与城市匹配性程度的参考标准指标。在区域旅游发展中,景区与城市是基本组成空间单元,通常来说,城市越大,景区等级越高时,则区域旅游业发展越有利,但受到景区与城市距离匹配、管理匹配、数量匹配、等级匹配和地理匹配关系的影响,处于不同城市区位的旅游景区价值将不同。景区与城市空间配置效果如何,可用景区与城市匹配系数来表示。把景区与城市距离匹配、管理匹配、数量匹配、等级匹配和地理匹配关系对旅游景区价值的影响值与各种匹配关系的旅游景区最优值进行比较,确定为景区与城市的配置系数。当旅游景区位于省会城市,受省会城市所管辖和依托,景区级别最高时,即距离匹配、管理匹配、数量匹配、等级匹配和地理匹配关系是最优的。这种景区与城市匹配关系最有利于提高旅游景区游客市场的到访率。我们把这种景区与城市匹配值确定为 1。城景匹配系数作为评价景区相对城市的资源可利用价值,以及评价旅游景区的区位优势具有重要的意义。

2. 城景空间匹配系数的构成

(1)距离匹配系数。景区与城市空间作用力一般随距离的增加而衰减。按照游客出游的行为规律,某一景区主要客源地游客到该景区路途所花费的时间与在该景区游玩所花费的时间之比,即为旅游地行游比指标。该指标越小,景区交通距离匹配性越好。如果处于 1 日游游程的旅游行为,对 2 小时游程、1

小时游程及城市与市郊游程,游客对旅游景区的选择意向不断增强,实现频度不断提高。距离因素影响城市到景区的可进入性,影响交通时间和旅游效率。

(2)管理匹配系数。该系数,是指景区与城市行政管理上的匹配性关系。景区与城市在同一行政区管理下,有利于制定景区与城市的互动发展制度,有利于区域宣传与旅游宣传,有利于投资决策与项目建设。如果景区与城市不在同一行政管理,就会降低旅游景区的利用价值,例如,旅游景区被行政区分割,或者旅游景区直接管理的县级行政管理市不是最邻近城市,都会降低景区利用价值。

(3)等级匹配系数。该系数,是指城市规模等级与景区等级的匹配关系。如果城市规模等级越高,知名度和辐射力越大,可能带来的过境游客量越多,提供的旅游服务就越好,能够满足景区所需要的服务。如果城市等级低,则城市服务达不到高等级景区所需要的服务,助推景区发展能力较弱。通常来说,以我国省会城市或中等以上城市为依托的城市,旅游服务设施和体系基本上能够满足景区的依托服务要求,其景区与城市的等级匹配关系都可以算作正位匹配。而那些小城市依托 AAAA 级以上景区的匹配关系,知名度、规模和服务体系往往跟不上景区的需要,可以算作错位匹配。

(4)地理匹配系数。地理匹配状况是衡量旅游空间结构的一个要素,表达的是旅游空间集聚性程度。如果景区集聚性好,而且景区间差异性显著,旅游景区及周边地区容易形成旅游产业集聚区,形成更大的竞争力,则地理匹配性良好。

(5)数量匹配系数。数量匹配主要考虑城市与周边景区的数量匹配状况。景区周边数量越多,则景区被替代的可能性越大。如果旅游景区是区域旅游中等级最高的,则景区是区域旅游市场的首选旅游地。其它景区对这个景区替代性程度低,则地理匹配性较高。数量匹配与地理匹配两个方面,主要影响旅游景区的替代性与互补性状况,进而影响景区的竞合状况。

3. 城市与景区匹配系数值的确定

景区与城市空间匹配最优情形,应该是处于高等级城市内的高等级景区。我们把景区与城市共生互利,互动程度大的情形下最优配置的景区与城市匹配系数确定为1。因此,当景区位于市区市郊时,距离匹配系数为1;当景区是城市周边最高等级的景区时,其替代性程度弱,城景的数量匹配系数确定为1;当景区与城市位于同一行政区的同位匹配时,管理匹配系数为1;当城市符合景区依托城市等级要求的正位匹配时,等级匹配系数为1。随着各种匹配情形质量的下降,匹配系数值将变小。如,随着距离的增加,当景区与城市的市区市郊距离从30公里变化到100公里时,景区与城市的距离匹配性系数将下降。

吴必虎、唐俊雅等研究表明:一个城市的出游市场37%分布在距城市15公里范围内;24%分布在15~50公里范围间;21%分布在50~500公里范围内;500公里以外的广大空间,仅分割了城市出游市场的8%。据此,他们提出中国城市居民旅游和休闲出游市场随距离增加而衰减,80%的出游市场集中在距城市500公里以内的范围[18]。这些研究可以说明城市与景区相互作用力随着距离的增大而减少。考虑到1日游游程与交通时间的相关性,城市与景区匹配系数测算方法为:

$$F_1(x) = \begin{cases} 1, 0 \leq x < 10 \\ 0.8, 10 \leq x < 20 \\ 0.6, 20 \leq x < 50 \\ 0.4, 50 \leq x < 120 \\ 0.2, 120 \leq x \end{cases}$$

上式中,x为景区到邻近中心城市的交通距离(计量单位为公里)。

如果把距离匹配、地理匹配、数量匹配的匹配系数以1,0.8,0.6,0.4,0.2五个等级来衡量,得到景区与城市匹配系数表(见表3-1)。而等级匹配、管理匹配只有两种可能,但可以从城市大小和管理程度来衡量。

表3-1 城市与景区各种匹配关系的系数

匹配类型	对城/景匹配性的影响	1	0.8	0.6	0.4	0.2
距离匹配	可进入性、旅游效益	市区市郊	市郊~20公里	20~50公里	50~120公里	120~200公里
地理匹配	集聚效应	强	较强	中	较弱	弱
数量匹配	竞合性	强互补性	较强互补性	中	较弱互补性	强替代性
等级匹配	城市带动作用	强	较强	中	较弱	弱
管理匹配	景区服务与形象感知	强	较强	中	较弱	弱

在不同的城市与景区匹配情形中,各种匹配系数对城市与景区的匹配性综合评价值的作用是不同的,在具体评价时需要具体分析。把距离匹配设为K_1、等级匹配设为K_2、管理匹配设为K_3、地理匹配设为K_4、数量匹配设为K_5。把各自匹配在城市与景区的匹配性贡献设为ε,以加权算术平均计算匹配综合系数,得到景区与城市的配置总系数K_0。其计算公式为:

$$K_0 = (\varepsilon_1 K_1 + \varepsilon_2 K_2 + \varepsilon_3 K_3 + \varepsilon_4 K_4 + \varepsilon_5 K_5)/(\varepsilon_1 + \varepsilon_2 + \varepsilon_3 + \varepsilon_4 + \varepsilon_5)$$

随着区域旅游一体化的发展及城市旅游设施的发展,行政管理及城市等级对城市与景区之间的匹配性关系制约减少。数量匹配与地理匹配主要影响景区的集聚状况,从城市与单一景区的匹配性关系看,就可以不考虑这两个因素影响的匹配系数。这样,就可以得到城市与景区匹配性就是交通匹配性状况。

如,位于同一行政区内,与省会城市处于30公里的景区,如果周边景区在强互补性和较弱替代性的状态下,且不考虑各种匹配关系权重的差异性,那么,这个景区与城市之间的匹配系数为:

$$K = (1 + 1 + 1 + 1 + 0.6)/5 = 0.92$$

四、旅游区域的景区区位优势评价

区位是影响经济发展的核心因素,景区区位是影响景区开发潜力及区域旅游发展的重要因素,也是景区成功经营与管理的重要组成部分。不同区位的旅游景区要根据自身区位发挥优势,资源的旅游开发价值等于资源的自身价值扣除开发成本。由于开发成本随旅游资源与城市距离的增加而增加,资源自身价值不变,所以旅游资源的开发价值与中心城市之间存在距离衰减规律。距中心城市较近的一般品位的旅游资源,往往比远离中心城市高品位的旅游资源更具开发价值,出现了城市环城区域旅游开发密集带;而远离城市的低等级景区,由于城市区位相对较差,运营成本相对较高,可能出现亏本的经营局面。因此,景区区位优势评价是旅游资源质量评价的主要内容之一。

(一)景区区位评价概述

区位,是指地理空间上某一实体所处的地理位置,及其与其它对该实体发展演变具有影响的各种类型实体的空间联系强度。景区区位,是指由旅游景区相邻城市空间关系、景区的交通可达性程度及相邻景区的竞合状况所形成的区位情况。对于旅游景区的区位研究,学者作了较多的研究。如吴必虎直接借用中心地理论提出了旅游中心地应是旅游产品供给地的观点,并提出了环城游憩带(ReBAM)。如何评价景区区位优势,学者从不同角度进行评价。保继刚对主题公园布局,及其发展的影响因素进行过系统研究,认为客源市场和交通条件、区域经济发展水平、城市旅游感知形象、空间集聚和竞争,以及决策者行为是5个主要因素[86]。黄秀琳认为大型主题公园的宏观布局,要符合依托地选择和依托地市场状况的需求;微观布局,要考虑地价、交通等因素;设施布局,原则上要最大限度地利用资源的经济价值与环境优势[87]。张凌云通过世界大型主题乐园分析,提供了区位吸引指数分析思路[88]。游灏引入了经济学中区位理论的区位商指标和旅游增长指数相结合,构建了区位商和旅游增长指数矩阵模型[89]。

这些研究都述及了景区相对于城市的区位问题,但是旅游学术界关于这方面的研究基本上是停留在按最初的旅游目的地区位因素划分的吸引力和可进入性两个方面,或是定性描述和提出对策等方面,缺乏区位评价的定量化分析,缺乏行之有效的评价依据,无法利用现有的数据进行相对准确的判断。

(二)城/景区匹配性与景区区位

区域旅游发展中,城市对区域旅游的发展具有集聚和扩散的功能,影响周围地区旅游经济的发展。城市与周边旅游景区发展关系包含多项内容,对周边景区产生客源输送、形象宣传等带动作用,所以,旅游景区与城市之间一定存在相对位置关系,即区位关系。除人造主题公园景区外,旅游景区具有不可移动性特征;即便是主题公园,在选址投资建设前具有区位可选择性特征,但一旦投资建设,该主题公园也不能移动。旅游景区的区位从宏观空间范畴来讲,其主要是指在区域环境下景区投资经营与管理所处的位置和地位,其中自然地理环境、经济地理环境和交通地理环境在空间上的有机结合构成了区域大环境。主要包括客源市场、依托城市、交通可进入性和景区竞合性等四个方面。这四个方面体现于景区与周边城市及景区的相互关系之中,数量匹配关系指城市与景区之间在不同旅游区域或不同发展阶段上,可能出现数量上的空间匹配关系,描述的是城市周边的景区聚集性和竞争性。空间等级匹配,是指多高等级的城市与景区形成匹配性关系,城市等级越高,则景区的客源市场就可能越大。几何分布匹配,是指景区之间的区位关系。空间管理匹配,是指城市与景区之间的行政管理关系,城市为景区建设和发展提供支持。

(三)评价思路

从地理学角度考虑,对某一实体所处区位的评价,主要考虑其与其它实体之间交通、交流的便捷程度;从交通网络的空间配置角度考虑,以人流、物流、信息流的综合便利程度,来衡量某一实体的位置优劣。景区区位因素包括交通区位、城市区位、相邻景区区位等方面。学者大多采用模糊评价[90],即首先确定区位因素在景区资源评价各因素中的总权重;然后确定交通区位、城市区位、相邻景区区位的相应权重;再针对具体景区资源各个因素进行相应计分。这个方法往往是主观影响较大。实际上在上述三个区位因素中,城市区位包含了交通区位因素的影响;而相邻景区区位相对区域旅游中的高等级景区来说,周边景区对它的区位影响也不大。因此,评价旅游景区中高等级景区的区位优势,最主要的就是评价景区与城市的区位优势。

根据旅游区域系统空间组织的层次,旅游景区的区位由两个层次决定:其一,是指城市区位层次,由城市在区域中的位置而定,包括城市在区域发展中所起的作用及区域对城市发展方向的引导和制约,强调了城市的各种地理要素与社会经济活动之间的相互联系和相互作用;其二,是指城市影响区域内的位置,区位差异主要受级差地租影响。结合第三章第四节所述,旅游景区城市区位优势主要以区域旅游系统中城市体系形成的区位优势和依托城市服务地域中的区位优势两个方面来体现,即景区的区位条件,是一定区域范围内多个城市对该景区形成的叠加区位,实际上就是周边各个城市旅游场对景区影响的叠加。也就是说,从城市与景区匹配性角度看景区区位评价,是指区域旅游发展空间中多个城市对景区影响的叠加,叠加值越大,则区位优势越突出。可见,景区区位评价就是对城市旅游依托力和"城/景"匹配性系数决定。

(四)评价模型与方法

1. 指标体系(E_i)的确定

(1)旅游区域的城市体系对景区的辐射性。按照游客行为心理,游客出游喜欢到距离较近的周边景区。从旅游景区角度分析,旅游景区的大部分市场集中在周边城市辐射叠加区域之中。旅游景区的周边城市状况、各个城市的旅游集聚能力及景区空间结构是影响景区区位的重要因素,包括城市数量、各个城市的旅游依托力、周边景区的数量匹配与地理匹配情况。指标体系需要通过资料调查和实地调查,获取评价旅游景区周边城市的规模、数量及其与城市的旅游特性。

(2)匹配性系数

相对于一个景区来说,与周边多个城市形成了空间匹配关系,确定其与各个城市匹配系数的方法,参见本章第二节表3-1。

2. 评价模型

城市旅游圈,是指以城市为中心,与周边景区和旅游地形成相对整体的旅游地域系统。由于交通的技术进步,旅游一体化进程加速,城市旅游圈之间空间上相互交叉,形成包含与被包含的关系,即城市腹地互相重叠。如何判定城市旅游圈的叠加性关系、叠加范围有多大、叠加程度如何,就需要对这一区域邻近的城市旅游依托力进行评价。

如果用 Q_i 表示某一城市对景区的区位匹配性指数,M_i 表示城市对景区的辐射影响系数,β_i 表示该景区与城市的匹配系数,则旅游景区在该城市区位中匹配指数 Q_i 可用公式①表示:

$$① \quad Q_i = \beta_i * M_i$$

通常来说,旅游景区周边有距离不等的多个景区,由于受1日游游客行为规律影响,旅游景区受到200公里范围内的城市辐射影响。因此,旅游景区的区位总强度 Q 可有公式②表示:

$$② \quad Q = \sum Q_i$$

对于旅游景区来说,区位总强度越高,则旅游景区的区位优势越突出。

城市旅游圈空间关系,是指城市旅游腹地互相交叉和影响的关系。景区依托城市选择与城市旅游圈大小具有密切的联系。

(五)浙江省AAAAA级景区的区位优势评价实证研究

1. 浙江省AAAAA级景区基本情况

至2012年8月,浙江共有AAAAA级景区9家,包括杭州西湖风景区(2007.5)、温州雁荡山风景区(2007.5)、舟山普陀山风景区(2007.5)、杭州淳安千岛湖风景区(2010.4)、嘉兴桐乡乌镇古镇(2010.4)、嘉兴南湖旅游区(2011.9)、宁波奉化(溪口—滕头)旅游景区(2010.4)、金华东阳横店影视城景区(2010.4)、杭州西溪湿地旅游区(2012.1)。

(1)金华市东阳横店影视城景区。横店影视城景区,位于中国东阳市横店境内,距杭州 160 公里,处于江、浙、沪、闽、赣四小时交通旅游经济圈内。自 1996 年以来,横店集团累计投入 30 亿元资金兴建横店影视城,现已建成广州街、香港街、明清宫苑、秦王宫、清明上河图、梦幻谷、屏岩洞府、大智禅寺、明清民居博览城等 13 个跨越几千年历史时空,会聚南北地域特色的影视拍摄基地和两座超大型的现代化摄影棚,已成为目前亚洲规模最大的影视拍摄基地,被美国《好莱坞》杂志称为"中国好莱坞"。

(2) 嘉兴市桐乡乌镇古镇旅游区。乌镇,位于嘉兴市桐乡,是江南四大名镇之一,具有 6000 余年的悠久历史,是典型的江南水乡古镇,素有"鱼米之乡,丝绸之府"之称。虽历经 2000 多年沧桑,仍完整地保存着原有的水乡古镇风貌和格局,全镇以河成街,街桥相连,依河筑屋,水镇一体,体现了中国古典民居以"和"为美的人文思想,以其自然环境和人文环境和谐相处的整体美,呈现江南古镇典型"小桥、流水、人家"的魅力。镇上有修真观、昭明太子读书处、唐代古银杏、转船湾、双桥、江南白床馆、江浙分府、江南民俗馆、古戏台等景点,西栅老街是我国保存最完好的明清建筑群之一。梁、柱、门、窗上的木雕和石雕工艺精湛。另有访庐阁茶馆、高公生糟坊、宏源泰染坊等商业建筑,汇源典当行在常丰街,当街一个墨黑的"当"字,1.8 米高的柜台,有着浓郁的商业氛围。乌镇又是我国现代文学巨匠茅盾的故里。镇上的茅盾故居是茅盾的出生地,现为国家级重点文物保护单位。1991 年,乌镇被评为省级历史文化名城。

(3) 宁波市奉化溪口/滕头旅游景区。奉化溪口/滕头旅游景区,是由宁波市溪口、滕头两个主要的旅游景区组成。两景区辖区面积 140 平方公里,区内拥有 225 个旅游资源单体,品类丰富、景观价值高。2009 年,溪口和滕头分别以亚洲区唯一城市代表和世界唯一乡村案例入选上海世博会"城市未来馆"和"城市最佳实践区"。溪口风景名胜区,位于宁波市西南 20 公里,为首批国家 AAAA 级旅游区,依山傍水,风光旖旎。溪口雪窦山由溪口镇、雪窦山、亭下湖三个景区组成,以剡水、古刹、蒋氏故里和幽谷飞瀑遐迩闻名。滕头村位于奉化市城北 6 公里处,距宁波市区 27 公里。滕头生态旅游区是国家首批 AAAAA 级旅游区,田园秀丽、生态怡人。

(4) 杭州市千岛湖风景名胜区。千岛湖风景名胜区,位于浙江杭州西郊淳安县境内的千岛湖,东距杭州 129 公里、西距黄山 140 公里,湖区 573 平方公里,景区内碧水呈奇、千岛百姿,自然风光旖旎,生态环境佳绝,因湖内拥有 1078 座翠岛而得名。千岛湖以千岛、秀水、金腰带为主要特色景观。千岛湖所在的县城——千岛湖镇是一个充满浙西风情的滨湖旅游小镇,曾相继获得"国际花园城市"和"中国最佳自然生态名镇"的桂冠。

(5)杭州市西湖风景名胜区。西湖,是国务院首批公布的国家重点风景名胜区,也是全国首批十大文明风景旅游区。西湖三面环山,中涵碧水,面积约60平方公里,其中湖面6.5平方公里。环湖四周,绿荫环抱、山色葱茏、画桥烟柳、云树笼纱,透迤群山之间,林泉秀美、溪涧幽深。有著名的"西湖十景"、"新西湖十景"和"三评西湖十景"等,将西湖连缀成了色彩斑斓的大花环,春夏秋冬各有景致,阴晴雨雪独有情韵。

(6)温州市雁荡山风景名胜区。雁荡山,位于中国东南温州市境和台州市南部,距杭州297公里、温州68公里。《载敬堂集》载:"雁荡山以瓯江自然断裂,分北雁荡山和南雁荡山。"2005年,有"古火山立体模型"之称的雁荡山被联合国教科文组织评为世界地质公园。始开发于南北朝时期,兴于唐,盛于宋,素有"寰中绝胜"、"海上名山"之誉,史称"东南第一山"。

(7)舟山市普陀山风景名胜区。普陀山风景名胜区,位于杭州湾以东约100海里,是舟山群岛中的一个小岛。全岛面积12.5平方公里,呈狭长形,南北最长处为8.6公里,东西最宽处3.5公里,最高处佛顶山海拔约300米。五代后梁贞明二年(916年),日僧慧锷自五台山请观音像归国,途经普陀山被大风所阻,于紫竹林结茅留居,建"不肯去观音院"。历朝相继在此兴建寺院,以供奉观音菩萨为主。普陀山也就成为中国四大佛教道场之一。

(8)嘉兴南湖旅游区。南湖,位于嘉兴市区东南,风景秀丽、历史悠久。南湖又分为东、西两湖,面积共160余公顷。隋朝开挖南北大运河以后,随着经济的发展,旅游业也兴盛起来。宋代以后南湖与绍兴东湖、杭州西湖合称为浙江三大名湖,成为浙北的旅游热点。中国共产党第一次全国代表大会在这里完成了最后的议程,宣告中国共产党成立,从此南湖成为重要的革命纪念地。2001年,嘉兴南湖中共"一大"会址被国务院确定为全国重点文物保护单位。

(9)杭州西溪湿地旅游区。西溪湿地国家公园,位于杭州市区西部,距西湖不到5公里,是罕见的城中次生湿地。这里生态资源丰富、自然景观质朴、文化积淀深厚,曾与西湖、西泠并称杭州"三西",是目前国内第一个也是唯一的集城市湿地、农耕湿地、文化湿地于一体的国家湿地公园。2009年,杭州西溪国家湿地公园被列入国际重要湿地名录。

(10)沈园景区/鲁迅故里

沈园景区/鲁迅故里位于浙江省绍兴市区。沈园,又名沈氏园,原系沈氏私家花园,是绍兴历代众多古典园林中唯一保存至今的宋代名园。园内有孤鹤亭、半壁亭、双桂堂、八咏楼、宋井、问梅槛、琴台和广耜斋等景观。公元1151年,陆游与唐琬在此引发的《钗头凤》故事,更使沈园名传千古。鲁迅故里的景点有鲁迅祖居、鲁迅故居、三味书屋、百草园、鲁迅笔下风情园、鲁迅纪念馆。

2. 浙江省AAAAA级景区与城市匹配性

9家AAAAA级景区分别位于杭州、宁波、温州、嘉兴、温州、舟山、绍兴等地区,各个景区周边200公里内的城市数量和规模不同(见表3-2),城市区位也不同。

表3-2 浙江省AAAAA级景区周边城市分布情况

景区名称	城市情况				
	市区市郊	市郊~20公里	20~50公里	50~120公里	120~200公里
金华市东阳横店影视城景区	东阳	磐安	义乌	金华、永康、武义、仙居、天台、临海、丽水、缙云、绍兴市、绍兴县、新昌、嵊州、诸暨、浦江	杭州、余杭、临安、建德、淳安、桐庐、富阳、萧山、兰溪、余姚、龙游、衢州、德清、台州、黄岩、温岭、三门、路桥、遂昌、松阳、云和、青田、温州、永嘉、乐清、瑞安、宁波、宁海、奉化、慈溪、海宁
嘉兴市桐乡乌镇古镇旅游区	桐乡		嘉兴、海宁	上海、嘉善、海盐、湖州、长兴、德清、杭州、余杭、萧山、绍兴市、绍兴县、苏州	平湖、安吉、临安、富阳、桐庐、上虞、嵊州、新昌、余姚、慈溪、宁波、浦江、义乌、东阳、无锡、常熟、常州、宜兴、溧阳、上海
宁波市奉化溪口/滕头旅游景区	奉化		宁波	宁海、象山、余姚、慈溪、上虞、嵊州、新昌、三门、临海	舟山、绍兴市、绍兴县、诸暨、杭州、萧山、余杭、海宁、平湖、海盐、桐乡、嘉善、天台、仙居、台州、路桥、黄岩、温岭、东阳、义乌、磐安、浦江

续表

景区名称	城市情况			
	市区市郊	市郊~20公里	20~50公里	50~120公里	120~200公里

景区名称	市区市郊	市郊~20公里	20~50公里	50~120公里	120~200公里
杭州市千岛湖风景名胜区		淳安	建德、桐庐	兰溪、龙游、开化	杭州、富阳、萧山、余杭、临安、金华、武义、浦江、义乌、东阳、衢州、江山、常山、遂昌、松阳、黄山、休宁、歙县
杭州市西湖风景名胜区	杭州	萧山	余杭、临安、富阳、德清	安吉、海宁、桐乡、海盐、嘉兴、嘉善、湖州、长兴、桐庐、诸暨、绍兴市、绍兴县、上虞、余姚	建德、淳安、宁波、奉化、慈溪、平湖、嵊州、新昌、浦江、义乌、金华、东阳、兰溪、武义、磐安、天台、上海、苏州、宜兴、溧阳
温州市雁荡山风景名胜区			乐清	温州、永嘉、温岭、玉环、路桥、台州、临海、瑞安	平阳、苍南、文成、洞头、仙居、三门、天台、宁海、磐安、新昌、嵊州、青田、福鼎
舟山市普陀山风景名胜区		舟山		宁波	余姚、奉化、慈溪、宁海、上虞
嘉兴南湖旅游区	嘉兴		平湖、嘉善、海宁、海盐、桐乡	杭州、余杭、长兴、萧山、慈溪、余姚、上海	临安、富阳、桐庐、德清、安吉、宁波、绍兴市、绍兴县、上虞、无锡、常熟、常州、宜兴、溧阳、南通、宣城
杭州西溪湿地旅游区	杭州		萧山、余杭、富阳、临安	桐庐、绍兴市、绍兴县、上虞、诸暨、海宁、海盐、嘉兴、嘉善、湖州、长兴、安吉	平湖、建德、淳安、嵊州、余姚、新昌、宁波、慈溪、奉化、东阳、义乌、金华、磐安、浦江、龙游、天台、上海、苏州、宜兴、溧阳

按照表3-2,统计各个景区不同距离的城市数量;按照第三章城市等级系数表及距离匹配系数表,根据区位计算模型与公式,得到各个景区周边城市数量与区位值(见表3-3):

表 3-3 浙江省 9 个 AAAAA 级景区与城市匹配性数量

景区名称	景区周边城市数量统计				
	市区市郊	市郊~20公里	20~50公里	50~120公里	120~200公里
金华市东阳横店影视城景区	县级城市1个	县级城市1个	县级城市1个	地级城市1个,县级城市14个	地级城市4个县级城市27个
嘉兴市桐乡乌镇古镇旅游区	县级城市1个	0	地级城市1个,县级城市1个	省级城市1个	省级城市1个
				地级城市2个	地级城市6个
				县级城市6个	县级城市10个
宁波市奉化溪口/滕头旅游景区	县级城市1个	0	地级城市1个	县级城市10个	省级城市1个
					地级城市4个
					县级城市17个
杭州市千岛湖风景名胜区	县级城市1个	0	县级城市2个	县级城市3个	省级城市1个
					地级城市4个
					县级城市13个
杭州市西湖风景名胜区	省级城市1个	县级城市1个	县级城市4个	地级城市2个	省级城市1个
				县级城市10个	地级城市2个
					县级城市14个
温州市雁荡山风景名胜区	0	0	县级城市1个	地级城市2个	地级城市1个
				县级城市6个	县级城市12个
舟山市普陀山风景名胜区	0	地级城市1个	0	地级城市1个	省级1个,县级城市6个
嘉兴南湖旅游区	地级城市1个	0	县级城市5个	省级城市1个,地级城市2个,县级城市5个	省级城市1个,县级城市10个
杭州西溪湿地旅游区	省级城市1个	县级城市1个	县级城市4个	地级城市2个	省级城市1个,地级城市2个

3. 浙江省地级城市旅游功能强度评价

(1)评价方法。由于城市旅游职能强度部分影响因素间具有相互影响特性,因此采用主成分分析法进行评价。该方法有机结合了定性分析与定量分析两种手段。依据科学性、可操作性的原则,应用多元统计方法,评价城市旅游职能强度的指标采用:

①旅游目的地功能指标。旅游景区质量与数量、旅游总收入、接待国内外旅游人次、星级饭店数量、旅游收入占 GDP 比重;

②旅游中转地功能。可进入性、高速和等级公路里程、交通密度、旅客周转量;

③旅游客源地功能指标。城市总人口、城乡人口比重、城镇 GDP、人均 GDP、财政收入、第三产业占 GDP 比重。其中可进入性是以全国地级市为主的 338 个城市到达各城市的时间距离的平均数,通过 Arcgis9.3 网络分析获取。

本文涉及 11 个地级市的复合数据指标,选择的指标 15 个,既有表征旅游经济规模的总量指标,也有表征城市经济、交通条件等结构性均值指标。使用主成分分析法确定指标权重。主成分分析法,依据数据之间的数量关系,有效避免了确定权重的人为主观因素。为了消除统计指标单位、数量级及指标正负取向的差异,先对数据进行标准化处理:当指标值越大(影响为"+")越有利于城市旅游地功能强度增强时,利用计算公式①。

$$① \quad x'_{ij} = \frac{x_j - x_{min}}{x_{max} - x_{min}}; x'_{ij} = \frac{x_{max} - x_j}{x_{max} - x_{min}}$$

其中 x_j 为第 j 项指标值,x_{max} 为第 j 项指标的最大值;x_{min} 为第 j 项指标的最小值,x'_{ij} 为标准化值。若所用指标的值越大越好,则选用前一个公式;若所用指标的值越小越好,则选用后一个公式。

对标准化后的数据矩阵运用 SPSS18.0 进行主成分分析。经计算,特征值大于 1 的 3 个因子,共解释原有 15 个变量总方差的 87.873%,原变量信息缺失较少,因子分析结果较为理想。最后利用综合值计算公式②:

$$② \quad Z_i = \sum_{k=1}^{m} [A_k \times \sum_{j=1}^{m} (C_{kj} \times M_{ij})]$$

式中,Z_i 为区域旅游依托力的综合值,A_k 是第 k 个主成分的贡献率,m 是特征值大于 1 的主成分个数,C_{kj} 是第 k 个主成分在第 j 个变量上的载荷,M_{ij} 同公式②,计算出浙江省 11 个地级城市的区域旅游依托力的综合值。

(2)评价结果。利用公式③计算出各地级市的旅游依托力综合值:

③ $F' = (F + 2) \times 100$

为避免旅游依托力综合值出现负数,可按照公式将其扩大(见表3-4)。从表3-4不难看出,省会城市杭州的区域旅游依托力明显高于其他地市。这是因为杭州在区位、交通和政策等方面占有绝对优势,相应旅游经济也发展最快。宁波作为浙江副省级城市排名第二,较发达的经济,相对便利的交通使其旅游依托力跻身全省前列。宁波、绍兴、温州分别位于后列。其中前两者旅游资源丰富,且旅游收入占GDP比重较大,后者虽然经济发展稍好,但旅游收入在GDP中占比较低,总体水平不够。丽水、舟山、衢州地区受区位条件、人口流动、经济总量和旅游经济等因素的影响,区域旅游依托力相对偏低。

表3-4 浙江省地级城市旅游职能强度

	综合值 F	综合值 F´	名次
杭州	8.516 1	1 051.61	1
宁波	1.851 7	385.17	2
绍兴	0.776	277.6	3
温州	0.754 6	275.46	4
金华	0.471 4	247.14	5
台州	0.268 3	226.83	6
嘉兴	-0.067 8	193.22	7
湖州	-0.227 7	177.23	8
丽水	-0.279 7	172.03	9
舟山	-0.632	136.8	10
衢州	-0.992 7	100.73	11

4. 浙江省 AAAAA 级景区区位优势的比较

由于地级市区域覆盖了县域城市,AAAAA级景区区位评价时,匹配性城市只考虑地级城市的匹配性情况,而不累计重复县级城市的匹配情况。城市旅游职能强度受旅游目的地功能指标、旅游中转地功能、旅游客源地功能指标等因素的影响(前面内容已经说明),浙江省地级城市旅游职能强度参照第三章第四节,各个景区与各个地级城市匹配系数以距离匹配为主要影响,得到下表(见表3-5)。

表3-5 浙江省9个AAAAA级景区周边地级城市情况

景区名称	景区周边城市数量统计					区位分
	市区市郊	市郊~20公里	20~50公里	50~120公里	120~200公里	
金华市东阳横店影视城景区	0	0	0	金华	杭州、衢州、台州、丽水	1.387 2
嘉兴市桐乡乌镇古镇旅游区	0	0	嘉兴	杭州、湖州、绍兴	上海	3.149 4
宁波市奉化溪口/滕头旅游景区	0	0	宁波	0	杭州、舟山、台州、绍兴	1.931 6
杭州市千岛湖风景名胜区	0	0	0	0	杭州、金华	0.880 8
杭州市西湖风景名胜区	杭州	0	0	嘉兴、绍兴	上海、宁波、金华	5.226 4
温州市雁荡山风景名胜区	0	0	0	温州、台州	丽水、宁波	1.059
舟山市普陀山风景名胜区	舟山	0	0	宁波	上海	1.438 4
嘉兴南湖旅游区	嘉兴	0	0	杭州、湖州、绍兴	上海	3.411 4
杭州西溪湿地旅游区	杭州	0	0	嘉兴、绍兴	上海、宁波、金华	5.226 4

从上表可以看出,浙江省9个AAAAA级景区中区位优势的先后顺序为:最优区位是杭州市西湖风景名胜区、杭州西溪湿地旅游区;其次是嘉兴南湖旅游区、嘉兴市桐乡乌镇古镇旅游区。相比较而言,宁波市奉化溪口/滕头旅游景区、温州市雁荡山风景名胜区、金华市东阳横店影视城景区、舟山市普陀山风景名胜区、杭州市千岛湖风景名胜区5个景区中,区位优势差异并不是很

大。位于杭州市区的杭州市西湖风景名胜区、杭州西溪湿地旅游区具有较好的城市区位优势;嘉兴南湖旅游区和桐乡乌镇古镇旅游区也具有相对较好的区位优势;杭州市千岛湖风景名胜区、舟山市普陀山风景名胜区位于海岛,周边城市数量相对较少,从区位条件看,处于相对不利的地位。对于同样是AAAAA级景区,旅游资源独特性和地位相近而城市区位差的景区,对于吸引周边城市游客的竞争优势相对较差,尤其是对于周边城市的休闲游憩游客市场处于不利地位。但是,AAAAA级景区不仅吸引周边城市游客市场,而且吸引大尺度游客,因此,上述高等级景区城市区位不会对远距离游客产生较大的影响。对上述景区进行抽样调查,景区区位评价结论,与浙江AAAAA级景区的游客市场结构基本一致。周边城市休闲型游客与区位条件具有较大的相关性,而远距离游客与区位差异相关性相对要弱。

五、旅游区域的景区依托城市选择

景区资源需要与吃、住、行、购、娱等环节的机构和设施组合才能转化为旅游产品,而景区本身通常不完全具备这些机构和设施,只有城市拥有较多的宾馆饭店,是区域接待中心、交通中心和服务中心。因而,景区需要城市为其提供依托,这个城市称为景区的依托城市。景区依托城市与景区空间上较接近,交通方便,二者在旅游产品组合中具有互补性功能。

(一)城/景匹配强度与景区依托城市选择

景区依托城市选择,是指景区在区域空间多个城市旅游圈中,处于多个城市的辐射腹地之中,根据诸多城市对景区匹配强度与空间距离的要素,选定某一城市作为其依托城市,形成相对整体的景区与城市组合体,促进区域更具有竞争力(如图3-1所示)。

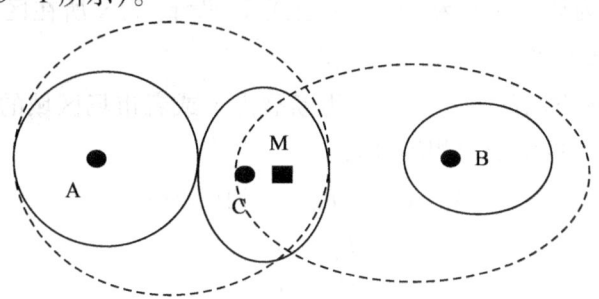

图3-1 城市旅游圈的景区依托概念图

图 3-1 中，M 景区位于 C 城市行政区中，同时在 A 和 B 城市辐射的影响范围内，即 M 景区虽然是受 C 行政区管辖，但也进入 A 和 B 城市旅游圈的腹地。也就是说，M 景区是在 C 城市紧密腹地的景区，同时受到 A 和 B 两个城市的依托，那么，M 景区与哪一城市组合，更能够促进景区优化发展呢？这就得分析 A、B、C 三个城市的特性，如，城市知名度、城市交通、城市接待和城市规模大小等要素。在 A 和 B 两个城市旅游圈交叉区域中，哪一个城市对这个区域的辐射强度更强，就需要对区域的叠加性进行评价。对于叠加区域某一点来说，就是要评价周边城市对这一点的相互作用强度，用公式表示为：

$$S_{ik} = T_i / d_{ik}^2 \quad (i = 1, 2)$$

其中 S_{ik} 为 i 城市作用于 k 点的场强，T_i 为 i 城市旅游的影响规模（或城市旅游职能的强度），d_{ik} 为 i 城市到 k 点的距离。

根据电场吸引力原理，景区对城市游客的吸引力与城市人口、经济发展水平和空间距离等因素有关。根据作用力与反作用力原理，城市对景区的依托力与景区对城市游客的吸引力大小相等、方向相反。根据引力模型，构建线性市场分割（如图 3-2 所示）。

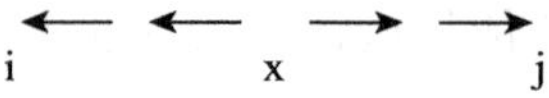

$$\overset{\longleftarrow}{i} \quad \overset{\longleftarrow}{} \quad \overset{\longrightarrow}{x} \quad \overset{\longrightarrow}{j}$$

图 3-2 断裂点对线性市场的分割

图 3-2 所示，如果不考虑城市经济发展水平和城市旅游吸引力等其它因素，把城市人口看作衡量城市旅游的规模差异，即把景区吸引的人口规模分别设定为 p_i 与 p_j 相对应的 i 区和 j 区为两个城市。这两个城市之外分布着消费者线性市场，x 为线性市场断裂点，由公式①，设 p_x 为 x 所在区域的人口，i、j 两城市对 x 景区的吸引力分别为 F_{ix} 和 F_{jx}。

将平分市场空间的那一点定义为断裂点 x 或者市场区域的边界，在 x 点上，两个市场中心的吸引力相等，即：

① $F_{ix} = F_{jx}$ 于是有：

$$\frac{P_i}{r_{ix}^2} = \frac{P_j}{r_{jx}^2}$$

根据公式②，取 $d = r_{ix} + r_{jx}$，记断裂点位置为 x，得：

② $r_{ix} = \dfrac{d\sqrt{\dfrac{P_i}{P_j}}}{1+\sqrt{\dfrac{P_i}{P_j}}}$

如果某一城市对这一点辐射强度占绝对优势,这个点即称为这个城市的遮蔽腹地。如果这一点在周边城市辐射下,各个城市的辐射强度差不多,则这一点的区域是周边各地城市的竞争腹地。

从上述可以看出,城市旅游圈叠加性可依比例组合划分为遮蔽腹地和竞争腹地。如果将遮蔽腹地设定为场强占比 P_{ik},大于 0.75,非遮蔽腹地即为竞争腹地[91],即 A 对该点的辐射强度,如果达到所有城市对该点辐射强度总和的 75%,表明该点区域是 A 城市的遮蔽腹地。当 R_{ix} 大于或等于 R_{ij} 时,即断裂点已经接近 J 城市或越过 J 城市,表明 J 城市进入 A 城市的遮蔽腹地,那么 B 城市受到遮蔽效应。

(二)雁荡山依托城市的选择

浙江雁荡山风景区,位于浙江东南沿海,属于温州乐清市行政区管辖,距杭州 297 公里,距温州 68 公里,距台州市区 27 公里,距台州临海 47 公里(如图 3-3 所示)。温州、乐清、台州和临海 4 个城市与雁荡山发生作用。它们的作用力大小如何,关系到雁荡山依托城市的选择。

图 3-3 雁荡山周边城市分布图

根据城市与景区相互作用潜能模型,选取城市综合旅游服务功能为城市与景区相互作用力的主要指标,拟划分出景区周边不同城市对景区作用力模型的计算公式为:

$$S_{ik} = T_i/d_{ik}^2 (i = 1,2)$$

其中 S_{ik} 为 i 城市作用于 k 点的场强,T_i 为 i 城市旅游依托力或辐射力,d_{ik} 为 i 城市到 k 点的距离。

为消除量纲影响,通常采用的潜能模型对一般潜能模型加以改进,计算的是比例结果,即场强占比,并表示为:

$$P_{ik} = S_{ik}/\sum_{i=1}^{n} S_{ik}$$

其中 P_{ik} 为 i 城市作用于 k 点的场强占比;n 为城市数,S_{ik} 量纲同上。

根据景区与城市空间相互作用分析,参照指标体系内容,相互作用力评价主要包括景区吸引力、城市辐射力以及它们之间匹配系数的影响。由于相对同一雁荡山景区,景区属性相同,因此,对于雁荡山与周边城市的作用力的评价,主要针对城市系统对景区的辐射强度作出评价。

城市系统各指标要素定值范围,参照表3-6进行问卷。

表3-6 各个指标模糊计分参考

一级	二级	三级	四级	五级
1~0.9	0.8~0.7	0.6~0.5	0.4~0.3	0.2~0.1

通过查阅当地统计数据、发放问卷及征求专家意见,得到4个城市的评价指标要素,见表3-7。

表3-7 温州、台州、乐清、临海对雁荡山旅游作用力评价比较

项目	指标要素	权重	温州	台州	乐清	临海
城市系统	城市人口	0.1	0.8	0.8	0.4	0.6
	旅游服务设施	0.1	1	1	0.4	1
	旅游资源质量	0.15	0.8	0.6	0.2	0.8
	人均收入	0.05	0.8	0.8	0.8	0.8
	城市GDP	0.05	0.8	0.8	0.6	0.6
	城市区位	0.15	0.6	0.6	0.2	0.8

续表

项目	指标要素	权重	温州	台州	乐清	临海
匹配系数	距离匹配		0.4	0.6	0.6	0.5
	管理匹配		1	0.6	1	0.6
	数量匹配		1	1	1	1
	地理匹配		1	1	1	1
	等级匹配		0.8	0.8	0.6	0.6
城市对雁荡山辐射场强			0.150 4	0.126 72	0.075 6	0.084 6

从上表可以看出,针对雁荡山景区周边的4个主要城市,温州的景区与城市作用力是最强的,台州其次,而乐清较弱。从场强占比看,4个城市的场强比都小于0.75,表明雁荡山景区没有进入周边城市的遮盖腹地。4个城市形成对景区依托服务的竞争状态。

根据断裂点公式,温州与台州城市对周边旅游辐射比较,得到断裂点 R = 0.68d = 0.68 × 125 = 85 公里,表明温州与台州断裂点距离为离温州85公里处(见表3-8),而雁荡山离温州实际距离为68公里,说明温州比台州对雁荡山的依托功能更强。

同理,台州与乐清断裂点距离为离台州的52公里处,而台州距离雁荡山仅为40公里,说明台州与乐清相比,雁荡山景区进入了台州断裂点以内,城市带动功能超过了乐清。

台州与临海向雁荡山方向断裂点距离为离台州的150公里处,离临海的100公里处,而台州距离雁荡山为80公里,临海距离雁荡山为80公里。说明雁荡山进入两个城市的断裂点范围内,但台州比临海对雁荡山景区匹配力要强。

温州与乐清向雁荡山方向断裂点距离为离台州约160公里处,离乐清约50公里处,而温州距离雁荡山为80公里,乐清距离雁荡山为30公里。说明雁荡山进入两个城市的断裂点范围内,但温州比乐清对雁荡山景区匹配力要强(见表3-8)。

表 3-8　雁荡山与周边城市距离表

	温州与台州	台州与乐清	温州与乐清	台州与临海
断裂点位置	距离温州位置 85 公里	距离台州位置 52 公里	距离温州位置 160 公里	距离台州位置 150 公里
雁荡山空间位置	距离温州位置 68 公里	距离台州位置 27 公里	距离温州位置 68 公里	距离台州位置 27 公里

这一分析方法和分析结果有助于准确理解和把握风景区依托地的选择和变更,对于有关政府部门、风景区和旅游企业等均具有重要的现实意义。对有关政府部门来说,有利于区域旅游的整体规划和发展,有利于资源的合理配置、整合和高效利用;对风景区来说,有利于其与依托地进行组合宣传促销。掌握其客源的枢纽中心并积极采取相应的运营接待方式;对旅游企业来说,有利于其选准投资区域和行业,合理组织旅游线路。更好地根据旅游者所需提供服务。从而避免盲目投资,提高旅游服务的质量和区域旅游的整体发展水平。当风景区依托地需要变更时,各相关主体应积极应对,适时采取相应的调整措施,以顺应旅游发展的客观需要。

第三节　景区资源有效性与城/景匹配度评价

资源与区域人口、经济发展要素的配置问题是学者研究的热点问题。城市与景区匹配度,是指景区资源与城市旅游发展的人口规模、游客规模、旅游经济等要素的匹配性程度。景区与城市匹配度评价有利于分析景区资源拥有量与城市旅游发展要素的配置情况。随着区域旅游的发展,城市旅游目的地的景区配置数量不断增多,景区的集聚性匹配评价更具有现实意义。

一、城市旅游圈的景区配置有效性评价

(一) 城市旅游圈及景区资源配置

城市旅游圈,是指以特定的城市为核心,通过旅游轴线将其周边景区连接组成的具有向心性和层次性的旅游目的地区域。较大的城市旅游圈以发达的旅游通道(轴线)为依托,以一个或多个大都市旅游目的地作为区域旅游经济

核心，吸引辐射并带动周边一定范围内相当数量的不同性质、类型和等级规模的旅游城市全面发展，共同构成一个相对完整的具有圈层式结构、一体化倾向的旅游城市"集合体"，即形成都市旅游圈。都市旅游圈可能由几个相对范围较小的城市旅游圈构成。城市旅游圈发展中，资源质量相似的旅游景区与城市的空间配置关系不同，其景区的旅游资源价值将会不同。即旅游景区相对依托城市不同的空间位置、等级关系、管理关系和数量关系，使得城市对景区的利用价值和旅游景区对区域旅游发展的贡献都将会不同。旅游城市的景区资源拥有性，也就是该城市的景区资源配置水平，是相对于中心城市而言，周边景区资源考虑各种匹配关系后所得到的实际效用值。例如，某城市拥有景区资源非常丰富，但可能这些资源位于距离该城市相对偏远的地区，那么该城市的景区配置水平就较低。

城市的景区资源配置水平表明区域内的旅游景区与城市空间匹配关系的组合状况，是旅游区域的固有属性。组合强度的强弱与城市的区域旅游服务功能、旅游中心性强度有较大的关系，因而影响区域旅游吸引力和旅游竞争力。

(二) 旅游城市的景区资源有效性评价思路

第一步，通过资料调查和实地调查获取评价区域旅游景区数量和类别。

第二步，通过专家咨询和文献资料，主要围绕现实旅游吸引力的大小，考虑旅游资源的级别、旅游资源的类型及旅游者的主要旅游偏好，对不同级别、不同类型的旅游资源赋予了不同的分值，确定不同景区类别和等级的计分标准，进行旅游景区本底值汇总计算。

第三步，确定评价区域的旅游中心城市及旅游景区依托城市，分析景区与城市的空间匹配关系；并通过专家咨询确定各种匹配关系的评价系数，然后进行旅游景区空间配置值汇总计算。

(三) 评价方法

我们可以用城市的景区资源配置指数评价方法得到城市的景区资源拥有性。

1. 评价指标的选取

景区与城市空间作用力不仅与城市和景区的属性有关，而且与城市和景区二者匹配关系相关，特别是与距离匹配、管理匹配和等级匹配较为相关。主要有以下几个方面的影响因素：

(1) 景区资源有效值。景区自身因素是决定其依托城市选择的核心条件,景区的类型与级别、资源开发的广度与深度、客源市场、自身所能提供的旅游功能等条件,是决定其城市级别选取的重要条件。这些因素也是影响景/城空间关系演变的重要因素。这一拉力在二者关系演变过程中占据着主导的地位。

(2) 景区与城市匹配系数。景/城匹配系数,主要包括距离匹配、管理匹配、数量匹配和等级匹配关系情况,采用的空间配置系数同样参照表3-1。

2. 评价模型

按照景区与城市的匹配指数,在旅游资源总量基础上,确定受匹配性特征影响后产生的有效性。因此,城市的景区资源有效值计算模型确立如下:

$$E_i = 景区资源属性 * 匹配系数,即:E_i = \beta m$$

城市周边有多个景区时,把城市周边所有景区配置水平值相加,得到这个城市的景区配置总量,可以衡量该城市拥有景区资源有效值的实际大小。

$$城市的景区资源配置有效值:E = \sum E_i$$

二、旅游区域的城市与景区匹配度评价

(一) 资源匹配度评价的概念

资源有效性只是衡量景区资源可以提供给城市利用量的大小与效率,而如何衡量一个区域多个城市与景区的匹配性水平,就用匹配度来表示。旅游区域的城市与景区匹配度,是指区域内所有城市与景区资源的综合匹配程度。匹配度评价可以衡量不同区域中城市与景区匹配性质量的总体程度。

(二) 模型的构建原理

20世纪初,意大利经济学家基尼将人口按收入水平分级后构建收入分配曲线,并根据罗伦茨曲线找出了判断分配平等程度的指标[92]。基于旅游资源的需求结构和发展要素及其对应的空间特征,参照罗伦茨曲线的构建原理与基尼系数测算方法,可以分别构建旅游资源与城市人口规模、城市GDP、游客量和旅游收入等城市旅游发展要素的空间匹配曲线。然后,按照基尼系数的计算方法,测算出景区资源与各个城市旅游发展要素的空间匹配度 f_1、f_2、f_3、f_4……最后,根据城市客源结构,确定 f_1、f_2 对景区资源与城市的空间匹配度(f)产生影响的权重,按各自权重对 f_1、f_2 进行加权求和,即得 f 值。

(三)模型构建的具体步骤

1. 区域景区资源空间匹配曲线的生成

把研究区域划分为多个次级地域,将次级地域按照景区资源匹配值进行降序排列,并按照此排列顺序计算各次级地域景区资源量的累计比重及该次级地域相应城市人口规模的累计比重。定义 x 轴代表次级地域景区资源量的累计比重,Y 轴代表次级城市旅游发展要素(包括人口规模、城市旅游功能强度等)的累计比重,那么由这些数据可以构成区域的景区资源与城市旅游发展规模的空间匹配曲线(如图 3-5 所示)。

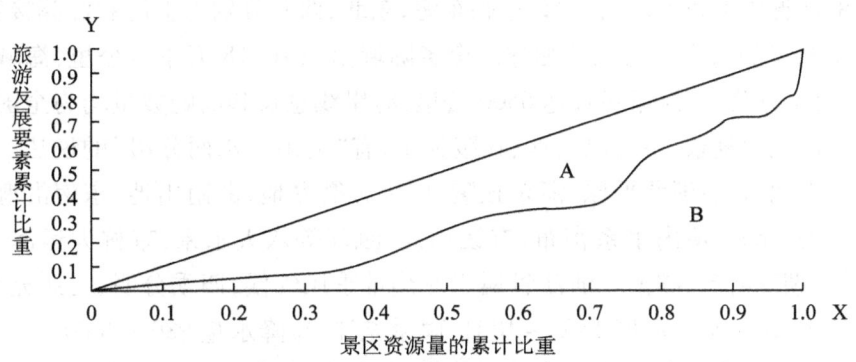

图 3-5　景区资源与城市旅游发展规模的空间匹配曲线

2. 旅游资源空间匹配度计算

设实际匹配曲线和匹配绝对平等曲线(即 45° 斜线)之间的面积为 A,实际匹配曲线右下方的面积为 B。那么,根据匹配曲线可得:

$$f_i = A_i/(A_i + B_i)(i = 1,2,3)$$

式中,f_i 为景区资源与城市的匹配度,如果 A 为 0,f_i 为 0,表示完全匹配;如果 B_i 为 0,则 f_i 为 1,表示完全不匹配;f_i 在 0~1 之间,数值越小匹配程度越好。

设 α_1、α_2……分别为城市发展要素各项的比重系数,这两个系数反映了对 f 产生影响的权重。那么,

$$f = \alpha_1 * f_1 + \alpha_2 * f_2 + \cdots\cdots \alpha_n * f_n$$

3. 区域景区资源空间匹配度等级划分

参考联合国对基尼系数的划分标准,对匹配度作以下等级划分:

$f \leq 0.2$,匹配程度优,表明景区资源与城市评价要素均衡匹配;$0.2 < f \leq$

0.3,匹配程度较优;0.3＜f≤0.4,匹配程度一般;0.4＜f≤0.5,匹配程度较差;0.5＜f,匹配程度极差,表明景区资源与城市评价要素极不均衡匹配。

第四节 浙江省地级市景区资源匹配性评价

一、浙江省旅游景区发展环境

浙江省位于我国东南沿海,东临东海,东北、西北分别与上海和江苏接壤,西接安徽、江西,南部与福建相连。全省陆域面积10.18万平方公里,海域面积26万平方公里,海岸线长达6500公里,海岸线总长和岛屿数量均为全国第一。省内地形复杂,主要以山地、丘陵为主,有"七山一水两分田"的说法。境内有六大地形区:浙北平原、浙东丘陵、中部金衢盆地、浙南山地、东南沿海平原和滨海岛屿。境内水系密布,有钱塘江、瓯江等八大水系,京杭大运河、西湖、千岛湖等河流、湖泊。浙江省属于亚热带季风气候,四季分明、光照充足、气温适中,多年平均温度15℃~18℃,雨量充沛,年降水量980~2000mm。浙江省的气候舒适宜人,但各种气象灾害频发,如台风、暴雨、寒潮、冻害等。

浙江省是长三角的重要组成部分,下辖杭州、宁波两个副省级市和嘉兴、湖州、绍兴、舟山、金华、台州、温州、衢州、丽水等9个地级市,其中杭州、嘉兴、湖州、绍兴、宁波、舟山等城市共同构成了长三角的南翼。经济发展水平高于全国大部分省级区域水平。浙江省具有悠久的历史,早在旧石器年代已有原始人类"建德人"出现;新石器时代,更有上山、河姆渡、马家浜、良渚等文化;唐朝以后,浙江省太湖地区成为全国的粮仓,经济快速发展。由于浙江省境内地形复杂、海域宽广、水系密布、气候适宜,同时发展历史悠久,形成了全省十分丰富的旅游资源。

2008年完成的《浙江省旅游发展规划》(2008—2020年)提出加快旅游经济强省建设的进程,促进旅游地位的进一步提升,构建富有浙江特色的旅游目的地体系,显著增强旅游的核心竞争力。2009年,浙江省在《关于推进旅游业转型升级加快建设旅游经济强省的若干意见》中提出:加强旅游业转型升级,推进旅游产业集群化、旅游业态多元化、旅游发展国际化、旅游信息服务化,推动旅游业在创业中发展、在创新中提升,把旅游业培育成为服务业发展的龙头产业和国民经济发展的重要支柱产业,率先在全国建成旅游经济强省。2014年,全省接待入境游客931.03万人次,实现国际旅游(外汇)收入57.53亿美元,国际旅游(外汇)收入19.3亿美元,全省接待国内游客4.79亿人次,实现国内旅游收入5947.04亿元,实现旅游总收入6300.6亿元,旅游产业在全省经济发展中居于重要地位。

二、浙江省旅游景区分布及旅游发展要素情况

浙江旅游景区类型丰富,包括世界地质公园、国家地质公园、国家重点风景名胜区、国家自然保护区、国家森林公园、国家水利风景区、国家城市湿地、主题公园,还有许多农家乐等类型,并有许多旅游地参与了国家AAAAA和AAAA级旅游区的评定。根据浙江省各个地级市旅游景区的分布情况,各个地级市旅游景区数量统计,见表3-9。

表3-9 浙江省11个地级市主要景区数量(2014年)

城市	风景名胜区(25)	国家地质公园(15)	水利风景区(15)	国家城市湿地(15)	国家级森林公园(15)	自然保护区(15)	AAAAA级景区(20)	AAAA级景区(20)
杭州	2	0	1	1	6	2	3	24
宁波	1	0	4	0	4	0	1	25
温州	3	1	0	0	5	2	1	10
嘉兴	0	0	1	0	1	0	2	6
湖州	1	0	4	1	1	1	0	9
绍兴	2	1	5	2	3	0	1	10
金华	2	0	0	0	2	1	1	9
衢州	1	1	4	1	4	1	0	7
舟山	0	0	0	0	0	0	1	2
台州	3	1	3	2	2	0	0	7
丽水	1	0	2	1	3	2	0	14
全省	16	4	24	8	31	9	10	123

三、浙江省地级市城市/景区匹配有效性评价

1. 景区资源匹配效度评价

根据专家咨询及文献资料,在对浙江八类主要旅游资源作具体评价时,主要围绕现实旅游吸引力的大小,考虑旅游资源的级别、旅游资源的类型及旅游者的主要旅游偏好,对不同级别、不同类型旅游资源赋予了不同的分值,对于同一级别、同一类型的品牌旅游资源即使公布时间不同,也赋予了相同的分值,具体操作细则如下:(1)世界地质公园,以40分计;(2)国家重点风景名胜区,以25分计;(3)国家5A级旅游区,以40分计,国家4A级旅游区,以20分计;(4)国家自然保护区,计15分;(5)国家森林公园,计15分;(6)国家地质公园,计15分;(7)国家水利风景区,计15分;(8)国家城市湿地,计15分。考虑到部分景区拥有不同品牌,计算景区资源值时需要扣除重复累计,计分时就高不就低,只计分一次,统计后计为旅游景区本底值;根据各景区与城市匹配情况,考虑匹配系数后,得到各个城市的旅游景区匹配值。从景区匹配值与景区本底值的比值,得到这个城市周边景区的匹配效度(见表3-10):

表3-10 浙江省各地级市旅游景区资源配置效度

城市	旅游景区本底值总分	景区与城市配置值总分	匹配效度(%)	全省排名
舟山	80	72	90	1
嘉兴	230	200	86.96	2
杭州	735	540	73.47	3
宁波	660	456	69.09	4
衢州	310	205	66.13	5
绍兴	435	297	68.28	6
温州	410	273	66.59	7
湖州	290	181	62.41	8
金华	295	164	55.59	9
台州	315	171	54.29	10
丽水	405	207	51.11	11

从表3-10可以看出,资源本底值与城市空间配置值总量上在全省排序基本上呈现出一致性。杭州和宁波的景区本底值与匹配值都处于全省前两位,而舟山、台州、金华、湖州则相对都较小。但是,从匹配效度看,丽水、台州、金华三市景区与中心城市空间匹配后与景区本底值相比分值却降低明显,几乎只有本底值的一半。这说明了丽水、台州、金华旅游景区与城市空间匹配的效果不佳,重点景区分布与中心城市空间位置出现了错位。舟山、嘉兴、杭州的景区与城市匹配性较好,重点景区集中在城市附近。因此,在评价各地级城市旅游资源发挥水平时,要考虑到城市与景区的匹配效应。

2. 浙江省"城市/景区"组合强度的空间差异

"城市/景区"组合强度,是指城市与周边景区通过匹配效应而形成的综合作用力。这个作用力是由城市与周边景区相互作用而形成的,既与景区匹配值有关,也与城市本身旅游职能强度有关。如果不考虑城市对周边不同景区作用时的摩擦阻力差异,则可把不同景区配置值累加后,得到城市周边景区总匹配值,然后把城市旅游职能强度和景区总配置值按照均值标准化后,利用公式$F = BM_m$,得到各地级市的城市/景区匹配综合强度(见表3-11)。

表3-11 浙江省地级城市城市/景区匹配性差异

城市	旅游职能强度标准值	景区配置值标准值	景区与城市匹配比	城市/景区组合强度
杭州	3.566	2.099	0.589	7.486
宁波	1.306	1.752	1.342	2.288
绍兴	0.941	1.124	1.194	1.058
温州	0.934	0.81	0.867	0.757
金华	0.838	0.793	0.946	0.665
台州	0.769	0.678	0.882	0.521
嘉兴	0.655	0.86	1.313	0.563
湖州	0.601	0.909	1.512	0.546
丽水	0.583	0.909	1.559	0.53
舟山	0.464	0.529	1.14	0.245
衢州	0.342	0.529	1.547	0.181

可以看出,浙江省11个地级市拥有的城市与景区资源匹配综合值,最强值为杭州,其次为宁波和绍兴。温州、湖州、金华、嘉兴、台州、丽水等几个城市综合配置值相差不多,舟山和衢州,则相对较低。从城市与景区的匹配比来看,杭州的城市与景区匹配比最小,表明杭州城市旅游功能强大,景区资源开发利用程度最大;而湖州、丽水、衢州、宁波、嘉兴虽相对较大,但景区资源仍然存在开发利用的空间。

四、浙江省地级城市与景区匹配度评价

1. 基本数据

根据基尼系数的内涵,可以作出如下假设:基于一定比例的区域游客总量(旅游总收入、人口数量),需要有相同比例的旅游景区资源与之相匹配,旅游景区资源的空间匹配则为合理。因此,分别构建浙江省旅游资源与游客总量(旅游总收入、人口数量)的匹配曲线,并分别计算其空间匹配度的基尼系数。查阅各地统计年鉴及上文所得的景区资源总量和城市旅游职能强度,得到表3-12。

表3-12 2013年浙江省11个地级市旅游发展基本要素

城市	景区资源本底值总分	城市总人口(万人)	旅游人次数(万人次)	旅游总收入(万元)
杭州	735	884.4	9 725.1	217 517.2
宁波	660	766.3	6 353.2	80 560.5
温州	410	919.7	5 751.1	42 620.6
嘉兴	230	455.8	4 725.4	24 859.4
湖州	290	291.6	4 956.8	20 403
绍兴	435	494.9	5 683.3	24 954.8
金华	295	542.8	6 083.5	85 867.8
衢州	310	212.4	3 290	5 917.6
舟山	80	114.2	3 067.4	16 374.3
台州	315	603.8	5 176.4	4 755.4
丽水	405	212.2	4 569.7	61 467.6

2. 基尼系数计算方法

主要步骤：

(1)浙江省行政区域划分为 11 个子区域,选取旅游资源总量作为基本匹配原象,选取人口、旅游总收入及游客总量作为匹配对象；

(2)以单位旅游资源所需服务的游客总量(旅游总收入、人口数量)作为要素匹配水平分级指标,并按照各行政区要素匹配水平分级指标从低到高排序；

(3)分别计算不同行政区三种要素占浙江省对应要素的比例,并依照排序,依次计算出每两种资源各区域比例的累计总和；

(4)定义 X 轴为子区域旅游资源量的累计比例,Y 轴为游客总量(旅游总收入、人口数量)的累计比例,由这些数据可以构成旅游资源空间匹配的洛伦兹曲线；

(5)选取基尼系数计算公式,分别计算出旅游资源与游客总量(旅游总收入、人口数量)的 3 项基尼系数。

基尼系数计算时,即通过计算洛伦兹曲线图中洛伦兹曲线与对角线之间的面积及对角线右下方的直角三角形面积之和得到。这种计算方法还得求到洛伦兹曲线函数,再利用微积分公式,得到 S_A 和 S_B 的面积。目前在基尼系数的计算和分解上存在许多简易公式和算法。本文资源环境基尼系数的求取采用梯形面积法,其公式如下：

$$Gini \text{ 系数} = 1 - \sum_{n=1}^{i}(X_i - X_{i-1})(Y_i + Y_{i-1}) \quad (1)$$

式中：X_i 为人口等指标的累计百分比；Y_i 为旅游资源的累计百分比；当 $i=1$,(X_i-1,Y_i-1) 视为 $(0,0)$。

3. 景区资源与城市总人口的匹配性评价

以单位旅游资源所需服务的城市总人口数量作为要素匹配水平分级指标,并按照各行政区要素匹配水平分级指标从低到高排序,然后分别计算不同行政区城市总人口要素占浙江省对应要素的比例,并依照排序,依次计算出每两种资源各区域比例的累计总和,得到表 3-13。

表 3-13　浙江省城市总人口与景区资源匹配数据

城市	景区资源本底值总分	旅游资源占全省总量的比例(%)	旅游资源占全省总量比例累加(%)	人口(万人)	旅游总人数占全省总量的比例(%)	旅游人次数占全省总量的比例累计(%)	单位旅游资源所承担的旅游总人数(万人)
丽水	405	0.097	0.097	212.2	0.039	0.039	0.524
衢州	310	0.074	0.172	212.4	0.039	0.077	0.685
湖州	290	0.07	0.241	291.6	0.053	0.13	1.006
绍兴	435	0.104	0.346	494.9	0.09	0.22	1.138
宁波	660	0.158	0.504	766.3	0.139	0.36	1.161
杭州	735	0.176	0.681	884.4	0.161	0.521	1.203
舟山	80	0.019	0.7	114.2	0.021	0.541	1.428
金华	295	0.071	0.771	542.8	0.099	0.64	1.84
台州	315	0.076	0.846	603.8	0.11	0.75	1.917
嘉兴	230	0.055	0.902	455.8	0.083	0.833	1.982
温州	410	0.098	1	919.7	0.167	1	2.243

从表中可以得到旅游资源与城市总人口洛伦兹曲线(如图3-6所示),可知其洛伦兹曲线与45°线通过原点的直线基本接近,实际计算浙江省旅游资源与各城市总人口基尼系数为0.213,参考联合国对基尼系数的划分标准,属于匹配较优范围。也就是说,浙江各城市中人口分布较大的城市,旅游景区资源也较大,景区资源与城市总人口呈现较均衡分布。杭州旅游资源总量占全省总量的17.6%,位居全省各行政区总量第一,而其城市总人口为全省的16.1%,居全省第二位,舟山景区资源与人口比例都较低;相对来说,台州、温州景区资源是全省低值区,而人口却是相对高值区。丽水、衢州景区资源的服务城市总人口较小,表明这两个城市景区资源相对富余,要加大力度提高知名度,吸引外地游客。嘉兴、温州景区资源的服务城市总人口较大,表明这两个城市资源相对不足,要加强挖掘景区资源,同时也表明本地市场较丰富。

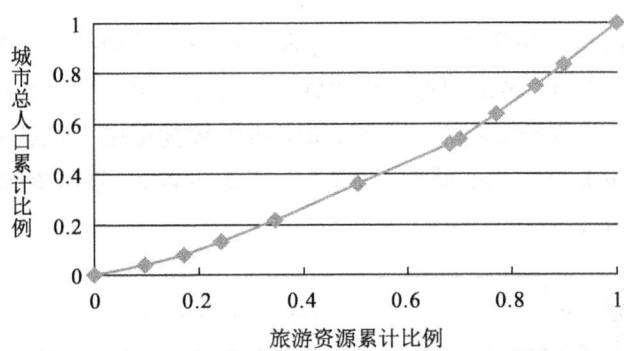

图 3-6　旅游资源与城市总人口洛伦兹曲线

4. 景区资源与城市旅游总人数的匹配性评价

按照上述方法,得到景区资源与城市旅游总人数各区域比例的累计总和(见表 3-14)。

表 3-14　浙江省城市旅游总人数与景区资源匹配数据(2012)

城市	景区资源本底值总分	旅游资源占全省总量的比例(%)	旅游资源占全省问题比例累加(%)	旅游总人次数(万人次)	旅游人次数占全省总量的比例(%)	旅游总人数占全省总量的比例累计(%)	单位旅游资源所承担的旅游总人数(万人)
宁波	660	0.158	0.156	6 353.2	0.107	0.107	9.626
衢州	310	0.074	0.231	3 290	0.055	0.162	10.61
丽水	405	0.097	0.328	4 569.7	0.077	0.239	11.28
绍兴	435	0.104	0.431	5 683.3	0.096	0.335	13.07
杭州	735	0.176	0.613	9 725.1	0.164	0.499	13.23
温州	410	0.098	0.712	5 751.7	0.097	0.596	14.03
台州	315	0.076	0.788	5 176.4	0.087	0.683	16.43
金华	295	0.071	0.86	4 914.1	0.103	0.786	16.66
湖州	290	0.07	0.93	4 956.8	0.083	0.869	17.09
嘉兴	230	0.055	0.982	4 725.4	0.08	0.949	20.55
舟山	80	0.019	1	3 067.4	0.052	1	38.34

从表中可以得到旅游资源与城市游客总量洛伦兹曲线(如图3-7)。可知其洛伦兹曲线与45°线通过原点的直线非常接近,实际计算浙江省旅游资源与城市旅游总人数基尼系数为0.156,属于匹配较优范围。也就是说,浙江城市旅游总游客量分布较大的城市,旅游景区资源也较大,景区资源与城市总人口呈现较均衡分布。

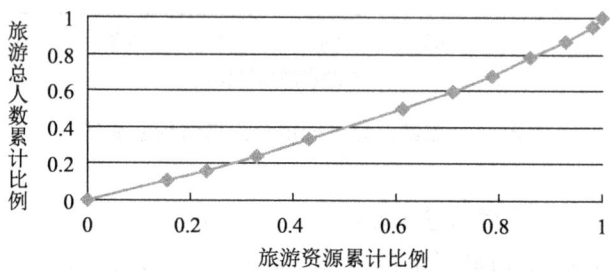

图3-7 旅游资源与城市游客总量洛伦兹曲线

5. 景区资源与城市旅游总收入的匹配性评价

按照上述方法,得到景区资源与城市旅游总收入各区域比例的累计总和(见表3-15)。

表3-15 浙江省城市旅游总收入与景区资源匹配数据(2012)

城市	景区资源本底值总分	旅游资源占全省总量的比例(%)	旅游资源占全省问题比例累加(%)	旅游总收入(万元)	旅游总人数占全省总量的比例(%)	旅游总收入占全省总量的比例累计(%)	单位旅游资源所承担的旅游总收入(万元)
台州	315	0.076	0.076	4 755.4	0.008	0.008	15.1
衢州	310	0.074	0.15	5 917.6	0.01	0.018	19.09
绍兴	435	0.104	0.255	24 954.8	0.043	0.061	57.37
湖州	290	0.07	0.324	20 403	0.035	0.096	70.36
温州	410	0.098	0.423	42 620.6	0.073	0.169	104
嘉兴	230	0.055	0.478	24 859.4	0.042	0.211	108.1

续表

城市	景区资源本底值总分	旅游资源占全省总量的比例(%)	旅游资源占全省问题比例累加(%)	旅游总收入(万元)	旅游总人数占全省总量的比例(%)	旅游总收入占全省总量的比例累计(%)	单位旅游资源所承担的旅游总收入(万元)
宁波	660	0.158	0.636	80 560.5	0.138	0.349	122.1
丽水	405	0.097	0.733	61 467.6	0.105	0.454	151.8
舟山	80	0.019	0.753	16 374.3	0.028	0.482	204.7
金华	295	0.071	0.824	85 867.8	0.147	0.628	291.1
杭州	735	0.176	1	217 517.2	0.372	1	295.9

从表中可以得到旅游资源与城市旅游总收入洛伦兹曲线(如图3-8所示)。可知其洛伦兹曲线稍偏离45°线通过原点的直线,实际计算浙江省旅游资源与城市旅游总收入基尼系数为0.381,属于匹配程度一般。也就是说,景区资源与城市旅游总收入空间匹配性基本均衡,但有部分城市与景区在全省中比例不是非常一致,如金华景区资源在全省中排名第8,但旅游总收入全省比例排名第2。

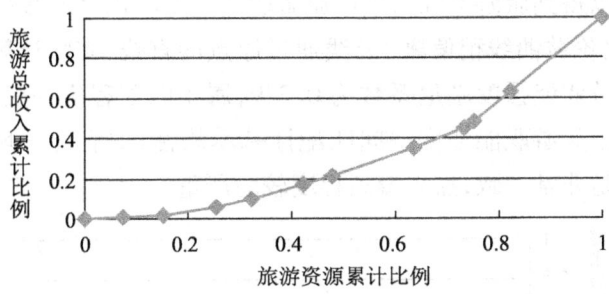

图3-8 旅游资源与城市旅游总收入洛伦兹曲线

6. 景区资源与城市旅游职能强度的匹配性评价

按照上述方法,得到各区域景区资源与城市旅游职能强度比例的累计总和(见表3-16)。

表3-16　浙江省城市旅游职能强度与景区资源匹配数据

城市	景区资源本底值总分	旅游资源占全省总量的比例（%）	旅游资源占全省问题比例累加（%）	旅游职能强度值	旅游职能强度占全省总量的比例（%）	旅游职能强度占全省总量的比例累计（%）	单位旅游资源所承担的旅游职能强度值
衢州	310	0.074	0.074	100.73	0.031	0.03	0.325
丽水	405	0.097	0.172	172.03	0.053	0.08	0.425
宁波	660	0.158	0.33	385.17	0.119	0.2	0.584
湖州	290	0.07	0.4	177.23	0.055	0.26	0.611
绍兴	435	0.104	0.504	277.6	0.086	0.34	0.638
温州	410	0.098	0.603	275.46	0.085	0.43	0.672
台州	315	0.076	0.678	226.83	0.07	0.5	0.72
金华	295	0.071	0.749	247.14	0.076	0.57	0.838
嘉兴	230	0.055	0.804	193.22	0.06	0.63	0.84
杭州	735	0.176	0.981	1051.61	0.324	0.96	1.431
舟山	80	0.019	1	136.8	0.042	1	1.71

从表中可以得到旅游资源与城市旅游职能强度洛伦兹曲线（如图3-9所示）。可知其洛伦兹曲线稍偏离45°线通过原点的直线，实际计算浙江省旅游资源与城市旅游职能强度基尼系数为0.349，属于匹配程度一般。也就是说，景区资源与城市旅游职能强度空间匹配性基本均衡，但有部分城市与景区在全省中比例不是非常一致，嘉兴偏离程度较为严重。

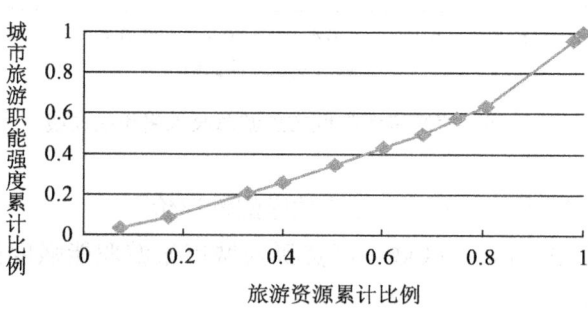

图3-9　城市旅游功能强度的旅游资源匹配曲线

本章小结

本章主要对区域旅游发展中城市与景区的空间匹配关系评价进行研究，并引入洛伦兹曲线与基尼系数理论，开展了城市与景区资源匹配性评价及不同城市旅游资源配置水平比较。城市与景区的空间匹配关系评价为城市旅游目的地的空间范围判定、景区依托城市的选择、景区区位优势的确定、城市的景区资源配置有效性提供一定的参考价值。从城市与景区数量匹配看，匹配性评价包括城市与景区个体匹配评价与景区资源群匹配评价二类。以城市与景区空间匹配关系分析为基础，提出景区与城市空间匹配系数概念，进而构建出景区与城市相互作用强度评价方法、城市旅游圈的景区区位评价方法、旅游城市的景区配置有效性评价方法。利用洛伦兹曲线和基尼系数，以城市总人口、游客总人数、旅游总收入和城市旅游职能强度，构建了城市与景区匹配性评价方法。比较了浙江省地级城市与景区匹配空间差异，对浙江城市与景区匹配度进行了测评，认为浙江省城市旅游发展要素与景区资源呈现良好匹配性。

第四章 旅游城市与景区匹配形态的演变

区域旅游发展中,由于城市发展、交通条件变化及景区增多等,必然促进城市与景区匹配性关系的变化,呈现出自己特有的运动法则和演变规律,同时随着城市与景区关系的演变,促进了区域旅游同城化程度的提高。

第一节 城市与景区匹配形态的演变背景

随着城市旅游圈的空间拓展,区域旅游一体化成为区域旅游发展的必然趋势,从而导致城市与景区的空间匹配关系发生了改变。因而,城市与景区空间匹配形态演变最直接的背景,是区域旅游一体化。

一、旅游一体化的发展趋势

旅游一体化,是指旅游发展的各个区域通过相互合作,在旅游交通、旅游资源、旅游政策、旅游形象逐步相互依赖并渐趋统一的过程[93]。从空间关系来说,旅游一体化就是城市旅游圈不断融合与重叠增长的过程。通常是区域内不同国家或地区,通过平等协商,彼此间达成联盟,逐步消除旅游生产要素流动障碍的渐进过程[94]。旅游一体化是基于整体旅游发展利益大于各部分利益之和的内在要求,通过遵循旅游发展的内在规律和消除行政区经济的影响,促进相关地区旅游业均衡发展的一种状态[95]。主要表现为城乡旅游一体化、区域旅游一体化两个方面。

1. 城乡旅游一体化

在一定区域内,城市与乡村互为旅游目的地和客源地,同时又能以一个整体系统成为区域外的旅游目的地和客源地,在该区域内打破体制束缚与制度障碍,旅游经济各要素能合理、有序、通畅地流通,实现城市型旅游产业与乡村型旅游产业的链接,从而使城市与乡村旅游经济得到和谐、共荣发展[96]。随着城乡一体化建设,城乡之间联系更加紧密,城乡之间旅游资源与产品具有较大的互补性,城乡旅游一体化是当前区域旅游发展和旅游一体化的一大表现。城乡旅游一体化过程中,城市周边乡村旅游地不断被城市旅游所融合,进入城市旅游圈之中,形成了城市旅游目的地。

2. 区域旅游一体化

随着经济全球化和区域一体化进程的加快,任何单个城市在日益激烈的国际竞争中都显得势单力薄,必须寻求城市之间的合作和城市与区域的合作,重视城市互动发展。通过区域内的资源整合,旅游产品一体化开发,联合促销,共同打造区域旅游总体形象,促使城市旅游竞争从无序向理性发展。城市旅游区域化已成为现代城市旅游发展的主要趋势(即从城市向乡村的旅游空间扩散和以城市为中心形成的旅游吸引区域范围的旅游发展趋势)[97]。

二、城市旅游圈的空间关系

旅游圈,是指以大城市为中心,从区域自然、经济、文化、交通和区位整体条件出发,合理地配置中心城市与周边地区的旅游资源和服务设施,而形成旅游业"城市/区域"与"市场/资源"共轭型空间结构综合体[98]。旅游圈被视为区域旅游合作的形式和产物,是一定区域内各种旅游经济要素间相互联系、相互作用而形成的区域空间组织形式[99]。城市旅游圈结构特征主要表明两方面的含义:一是分析城市居民出游的行为距离;二是分析城市依托范围内的周边景区情况。

(一)城市旅游圈范围的探讨

1. 城市旅游目的地空间界定的影响要素

影响城市旅游目的地空间范围界定的要素:旅游空间、旅游时间、行政因素、旅游流量和城市旅游引力等因素。

(1)空间要素。城市旅游圈目的地范围受空间距离影响,距离的摩擦效果导致城市旅游空间组织中的距离衰减规律。对城市旅游圈而言,表现在距离越长,城市对周边景区的相互作用力越小。因此,城市旅游圈的空间范围总是与距离息息相关。距离衰减规律的前提是均质地域,但由于空间地域的差异性,旅游活动并不绝对地遵循距离衰减规律,在确定城市旅游圈半径时,要重视相对空间的差异性,如,江河、山脉等自然障碍的影响;其次,文化、语言、宗教等社会要素也是影响旅游活动的重要因素。因此,城市旅游圈在空间界定时必须关注距离、自然障碍、文化等要素的综合影响。

(2)时间要素。交通网络是影响城市旅游圈形成的一个重要因素。不同的交通网络等级、交通方式也影响了城市旅游圈的空间范围。其具体表现为在相同的时间内,从中心城市出发能行驶的距离不同,这实际上是通过时间来衡量相对距离。如今城市发展逐步进入轿车化阶段后,城市到景区的时间正在缩短,"一日游"现象日益普遍。在这种背景下,"一日游"的时间显然成为反映城市旅游圈的重要指标。

(3)旅游流量与引力要素。城市旅游圈的划定还要遵循游客行为规律,必须考虑旅游活动从人们的主观意愿上反映了城市与景区间联系的紧密程度,即城景相互作用力。因此,通过流量要素来界定城市旅游圈的空间范围,可以打破空间与时间两种要素理想化的界定方式,实际地反映城市旅游圈内部城/景相互作用的强度。在进行流量要素分析时,主要根据旅游流的方向与规模。

(4)行政因素。由于我国行政区对于旅游开发起到重要影响,表现在旅游宣传、旅游景区的管理归属和旅游线路组织等方面,因此,城市旅游圈范围界定受到行政界线的影响。以行政边界为依据得出城市旅游圈的空间范围,是当前现实城市旅游圈划定的重要形式。

2. 城市旅游圈界线参考标准

(1)以行政区为划分标准。我国行政区以城市为中心,高级别行政区的中心城市相对较大,小级别行政区的中心城市相对较小,不同等级行政区的中心城市具有不同的管辖范围。由于我国高级别行政区中心城市是高等级的文化中心、经济中心、交通中心和人口中心,知名度相对较高,旅游服务设施相对完善,同时对低级别城市具有管辖功能,因而,高等级行政区城市旅游圈与该行政区低等级城市旅游圈具有包含关系,大行政区中心城市旅游圈覆盖小行政区中心城市旅游圈,形成了不同的城市旅游圈,但同等级行政城市旅游圈之间不相交。

(2)以旅游交通时间为划分标准,即以城市交通圈为标准。按照游客旅游行为规律,旅行时间与旅游活动时间之比最大限度是1:1,即按照游客一个白天的旅游时间10小时计算,旅游活动时间通常需要5小时以上,扣除吃饭等时间,旅行交通单程时间通常不超过2小时。游客对这一天交通时间能够接受;如果超过2小时,占用了旅游活动时间,则游客不满意程度会增加。由于城市旅游圈内以汽车旅游交通为主,按照这一规律,城市旅游圈距离大约是2小时交通圈范围内。由于交通技术的发展,城市对周边2小时的交通范围可以达到超过行政区界线的范围。如以高速为交通,城市旅游圈可以达到200公里,而以动车为交通,则可以达到400公里。因此,城市旅游圈的相互交叉、包含与被包含关系是区域旅游发展中较为普遍的现象,一方面促进了区域旅游的一体化;另一方面也使得城市行政区旅游圈界线失去了区域旅游的实际意义。

(3)以城市旅游服务功能为划分标准。由于城市经济发展及城市人口、城市等级和城市形象等要素的差异性,不同城市所形成的旅游圈范围是不同的。对于省会城市来说,如果考虑省级行政管辖能力,则旅游圈范围较大,其行政管辖空间为全省范围。其界线通常超出2小时交通圈。而地市级以下城市行政管辖空间一般小于2小时交通圈。即使在交通和行政等级相同条件下,不同城市旅游圈的范围也是不同的。吴清根据场强模型,选择18个指标对湖北省城市旅游经济腹地格局进行了研究。城市旅游经济腹地与行政区范围并不具有一一对应性,部分城市旅游经济腹地并不仅仅局限于自身行政区划内,武汉旅游经济腹地与行政区面积之比达8.79之多[100]。

一般来说,如果考虑城市到景区1日游旅游行为,则城市旅游影响力形成的旅游圈以2小时交通圈为最大限度,通常大于地级行政区地域,而小于省级行政区地域。2小时交通圈与行政区界线可能相交,也可能是包含关系,但通常大于城市旅游圈空间。随着旅游一体化的深入,旅游区域行政界线影响意义越来越小,以及各地旅游设施不断完善,本书旅游圈的范围以旅游交通时间为标准,把1日游空间范围作为旅游圈界线。

(二)城市旅游圈的空间关系

1. 相离关系

由于两个城市之间的空间距离较远,城市旅游圈空间相互之间没有重叠部分,表明两个城市还没有共同的辐射区域。

2. 相交关系

城市旅游圈空间相互之间具有重叠部分,表明不同城市有共同的辐射区域。

3. 相容关系

如果一个城市旅游圈空间包含了另一个城市旅游圈的空间,形成了相容关系。

有些大城市(如北京、上海、广州、杭州等)对 2 小时交通圈以上的范围,甚至全国范围内的景区资源都具有一定的中间转换交通依托服务功能,但如果以这些城市为依托,实现不了 1 日游的范围,本文则不把这个空间范围看成是这个城市的旅游圈范围。

三、旅游空间结构变化的特征

旅游一体化所产生的空间结构演进,是其组成要素之间空间相互作用和组合关系发生变化的时空表现,是旅游区域集聚(极化)和扩散两种力量不断对比、较量和抗衡的结果,也就是说,空间聚集和空间扩散是旅游一体化演进最根本的力量[101]。从发展机理看,旅游一体化是区域旅游中,各个城市旅游圈的空间重叠与融合过程。在区域旅游空间一体化过程中,区域内各个地区旅游要素结构的空间组织和布局得到优化,这样既有利于保护各个地区的旅游优势,提升区域整体旅游特色,又能避免同质化恶性竞争,促进区域旅游业在一体化基础上的差异化发展。随着区域旅游一体化的发展,旅游空间结构特征主要表现为以下几个方面:

1. 以城市旅游发展变化为推动力

区域旅游一体化发展与区域经济社会发展水平密切相关。我国旅游一体化程度相对较强的长三角、珠三角和京津冀等地区,也是我国经济相对发达的地区。作为现代旅游支撑点的城市是一个综合性载体,既是旅游需求中心,也是旅游供给中心。如,长三角区域,上海、杭州、南京、苏州、无锡、宁波 6 个城市在接待入境旅游者、接待国内旅游人数及国内旅游收入三个方面就分别占到江、浙、沪市场的 2/3 以上。城市旅游业的地区作用日益凸显,发达的城市旅游为推进和加速大城市的国际化及旅游业现代化起到了十分重要的积极作用,并在区域旅游一体化中起到了依托作用。

2. 城市旅游规模总体发展态势不均衡

区域旅游一体化的空间组织网络多是基于中心城市的多维组合关系,而区域共同体的统一营销,尽管会为各地区旅游业发展环境的营造发挥积极作用,但总体上会在客源市场的规模及收益上表现出更大的差异。因此,区域一体化对城市旅游规模的提升总体上发挥了积极的助推作用,而由于资源和产品的专业化程度、集聚水平等因素使得旅游产业收益仍集中于某些优势城市。侯兵对南京城市旅游圈进行了研究,都市圈城市旅游总体发展态势不均衡,旅游规模的绝对差异明显,但相对差异呈缩小态势,城市旅游规模首位度异常明显,城市旅游规模符合位序规模分布规律[102]。

3. 城市旅游互动加强

区域旅游一体化,是地域相邻区域的城市进行一体化,建立起城市利益共赢的发展理念、区域协作的体制机制、整合创新的旅游产品和旅游线路设计、同城效应的市场营销,促进城市旅游互动。

4. 空间发展模式——多核心+网络化

经济的快速发展和高速的城市化促进了大都市区、多中心城市区域等空间地域形态的不断出现,并呈现网络化趋势。如,长三角、珠三角等一体化区域,都是已经形成了由多城市区连绵而成的多核心城市密集地域系统,区域内城市优势互补、联动发展,同时,区域经济环境和制度环境的网络化程度也不断加强。而随着一体化的深入,地区经济的快速发展亦使得区域内的旅游经济中心趋于分散化,城市间差异性不断缩小。

5. 旅游城市化

旅游城市化,是旅游一体化过程中的一个重要表现。随着城市旅游的发展,城市的食宿、娱乐、休闲、通信、购物等设施需要发展,为旅游活动的实现提供了保障。另一方面,受闲暇时间、经济支付能力、交通等因素影响,多数城市居民在选择旅游目的地时仍将目标锁定在城市或城市近郊。旅游者对城市旅游目的地的选择行为,刺激了城市及其附近地区的旅游投入加大,城市及近郊地区的主题公园、旅游度假区、旅游景区得到优先开发,因而加快了旅游城市化的形成。旅游城市化导致城市旅游区域加大,从而缩小了城市与城市间旅游开发的空白区域,客观上推动了旅游一体化的进程。

四、旅游一体化与城/景匹配的变化

经济全球化和高速的城市化,促进了大都市区、多中心城市区域等空间地域形态不断出现。区域经济发展进入多区域相互影响、相互作用阶段,呈现网络化的特点[103]。旅游一体化就是各种旅游经济实体空间联系交错密集,以分等级层次的"多极(核)、多轴(线)、多区(域)"为特征的网络化发展。旅游一体化主要表现为以下几个方面:一是要空间结构优化,实现旅游地体系一体化;二要建立畅通的旅游交通系统和便捷的结算方式,实现区域旅游交通服务设施一体化;三是要本着实事求是、平等互利的原则,共同营造安全、文明、诚信的区域旅游市场机制一体化;四是要设立统一的服务规则和监督机制,实现区域旅游服务标准的一体化;五是要积极谋划,统筹区域内旅游资源一体化,推进区域旅游规划一体化;六是要加快智慧旅游建设,推进旅游信息一体化;七是要加强管理,提高组织管理一体化。从城市体系看,旅游一体化就是旅游城市形成了网络化;从景区体系看,旅游一体化就是旅游景区(点)体系的网络化发展,构成组团状、树枝状等网络结构。如,长三角区域内,许多旅游景区基本上被城市化区域叠覆,即使是距离城市较远的景区,也因受城市辐射影响而出现城市化倾向。因而,旅游一体化区域中,旅游地体系一体化、交通一体化、市场一体化和旅游信息一体化,改变了城市与景区的空间匹配关系。

第二节　城/景匹配演变的阶段与趋势

一、城市与景区匹配要素的变化

(一)城市与景区数量匹配关系的变化

随着经济与社会的发展,旅游市场需求猛增,区域旅游发展是各地经济发展的普遍现象,而旅游景区数量增多是重要表现。从旅游区域宏观层次而言,景区与城市数量匹配关系是景区与城市发展关系演化的普遍形式,不仅表现在人为旅游开发产生的绝对数量增多、新景区不断增多,而且随着区域交通改善,相同空间距离的时间距离缩短,使得城市与周边景区发生作用的距离在不断增大。有些周边景区与城市原有依托作用关系不明显的,也将变得越来越突出,城/景关系更加紧密,导致城市与景区的数量匹配关系改变。

(二)城市与景区距离匹配关系的变化

景区与城市距离匹配关系的变化,主要体现在空间与时间距离上。时间距离主要体现在交通联系的便捷性与通达程度上。由于城市与景区的功能互补性,影响城市拓展方向和景区空间布局,因而改变了景区与城市距离的匹配关系。景区功能与城市距离匹配关系的变化是相互影响的,二者同时对景/城空间发展关系产生影响;景/城间功能联系的变化直接影响景/城的空间结构变化,进而使得其空间位置关系发生改变。

(三)城市与景区等级匹配关系的变化

从景/城的等级匹配关系上看,当其等级匹配为逆位匹配关系时(最易出现高级别景区匹配低等级的城市、镇),景区与城区的空间功能联系必然要发生改变。景区以寻求与其功能联系较紧密、能够满足景区旅游发展必需设施的城市作为依托地,进而逐渐达到顺位匹配关系。在此演化过程中,景区与城区都在不断地发展,最终使得景区与城区在功能联系上更加紧密。随着城市的发展或景区等级的提升,景区与城市的等级匹配关系都有可能发生变化。

(四)城市与景区管理匹配关系的变化

景区与城市管理的匹配关系,表现为行政区的管理关系。我国行政区的等级有省级、地市级、县市级及城镇四级差异。大多数景区的位置可以从这四个行政管理层次来考察管理匹配。景区所处的城镇和城市,即使管理匹配都是同位的,但不一定对景区形成较理想的发展关系。这就可能导致景区与城市管理匹配关系的演化。从城市等级、城市知名度和城市旅游服务体系等角度,景区寻找合理的依托城市,或者调整行政区管理关系,适应景区发展。如,武夷山、张家界、黄山都出现了行政区调整,以适应景区的发展需要。随着区域旅游网络化和一体化的深入,城市跨界与景区发生管理匹配关系的变化也是较为普遍的。景区与城市等级匹配不断变得复杂化。

(五)城市与景区地理分布匹配关系的变化

随着景区数量的增加,景区与城市从单一的地理匹配关系转变成多种空间分布的匹配关系,如,点轴匹配或点面匹配关系。有时为了区域旅游线路设计的需要,按照交通线改变原有的景区与城市地理分布关系,区域内的景区集聚程度发生了变化。从区域上看,随着城市辐射范围的加大,景区与城市构成的地理空间分布匹配关系在不断变化之中。

二、城/景匹配形态的演变阶段

根据区域旅游景区与城市匹配系统的发展过程,其空间匹配形态在地理空间中随着区域经济社会的发展,经历初始阶段—自发互动阶段—城市旅游圈形成阶段—旅游中心城市形成与扩张阶段—区域旅游一体化阶段。在各个发展阶段中,表现出不同的城/景空间关系特征(如图4-1所示)。

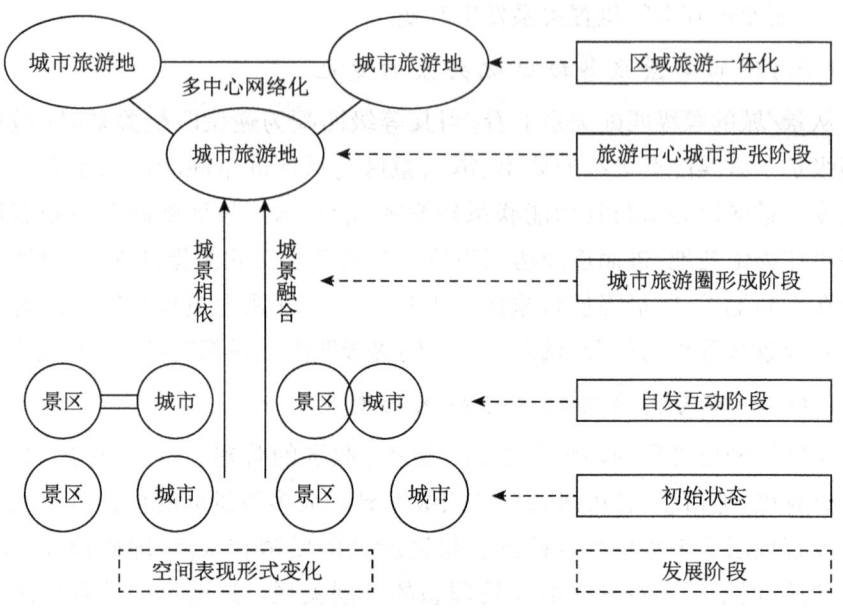

图4-1 城市与景区发展阶段与空间表现形式图

(一)城市与景区关系的初始状态

从广义上讲,早在5000年前古人就开启了风景开发的历史先河。景区的产生早于城市,古代名山概念的形成就意味着景区的产生;而城市起源于私有制的出现和阶级分化时期。但从狭义上讲,我国的风景名胜区产生于1982年国务院颁布的第一批国家级风景名胜区,迄今为止也不过30多年历史。古代时期的城市规模小,景区只是以园林为主要表现形式,作为城市打猎、游玩等活动的游憩地,如古代的"囿",就是在一定的地域范围内,让天然的草木和鸟兽滋生繁育,并挖池筑台供帝王贵族们狩猎和游乐的古代城市园林景区。那时自然山水组成的景区,也只是贵族士大夫、旅行家偶尔前去旅行的地方。因此,景区与城市发展初始状态表现为二者游离在广大的地理空间之中,空间地域上表现为相对独立的离散状态。它们之间的相互作用极其微弱。

(二)自发互动阶段

自发互动阶段,是区域旅游的景区与城市相互作用的起步阶段。随着经济社会的发展,处于地理空间游离状态的景区与城市在各自独立的发展过程中,发生了部分相关作用,具有优良区位关系和优越旅游资源的旅游景区,通常是城市边缘区景区,或具有交通优势的景区,率先与城市联动发展。在此基础上形成的景区/城市关系是一种简单的互补关系,基本上是自发形成相互作用,无论是旅游接待设施还是吸引物系统都很不完善。即使是城市边缘区景区也可能没有旅游交通专线,旅游行为处于一种自发的无组织状态。城市活动对景区的影响和辐射较小,城市的旅游功能亟待提升,政府和人为干预较少,城市与景区发生关系仍然以优良的区位关系和优越的旅游资源为首要基础。景区与城市的空间关系较为薄弱。这种状态通常在落后区域和古代旅游区域发展中出现,旅游景区相互作用较弱,通常呈孤立发展状态,反映了旅游业发展进入最初阶段。从区域看,其旅游发展的主要特征,是旅游景区空间分布较为分散,在空间结构上成均质无序状态,旅游节点之间的关系基本为相互独立,旅游吸引物主要依赖其原赋存的景观。这个阶段景区与城市匹配大多出现单一景区与单一城市相匹配,形成了一对一的景区与城市之间的匹配关系。

如,湖南省张家界市作为依托张家界国家森林公园和武陵源风景名胜区建设起来的旅游休闲城市,主城区距离世界自然遗产的武陵源风景名胜区有66公里,通过 S306 省道联结,虽然城市与景区依然处于相对分离,但武陵源景区与周边城镇地区自发性地形成了互动联系。

(三)城市旅游圈的形成阶段

随着旅游大众化深入,旅游业不断壮大,城景关系不断深入。城市主动开发资源优势、区位优势、经济背景优势的某个或某几个旅游景区,一些吸引力较大的景区周边新的旅游吸引物不断挖掘,形成了一些新的旅游节点,景点数量不断增多,可能会出现"单板块"、"双板块"甚至"多板块"形态,景区与城市之间形成了多元化的旅游线路,产品体系不断完善,使得景区与城市达到和谐统一,大大提高了旅游者的体验水平,城市旅游功能得到快速提升。这个阶段景区与城市匹配发展在促进城市旅游功能快速提升的同时,景区系统也处在演化之中。景区以"点状壮大"为主要特征,吸引更多游客,服务体系更加完善,在旅游流的作用下相邻的景物(包括自然景物和人工景物)可能会形成一个联合体。这些联合体再随机联合其它景物或联合体。这种联合不断地继续下去,联合体就会越来越大,形成景点、景群、景区、风景区甚至风景区域。随着区域旅游业的发展，城市周边景区不断发展，形成了城市与景区之间的多匹配关系。

（四）旅游中心城市发展与扩张阶段

随着城乡一体化的深入与旅游环境的一体化建设，推进景区/城市联动开发的全面深化，景区与城市空间联动范围加大。其作用不局限于城市景区，并与乡村景区发生深刻的联动关系。通过政策、规划、法制、行政、市场等手段加以促进和规范，以推进景区和城市在旅游功能布局、产业发展、硬环境及软环境建设上的协调。景区与城区在服务设施上互为补充，彼此间功能依赖程度较高。一方面，任意一方的发展对另一方都有依赖作用，表现为景区的发展对依托城市有较大的依赖或者城市发展对所含景区有较大的辐射影响。另一方面，城市的社会、文化、环境带来挑战，过度集聚产生的不经济，迫使城市旅游离心增长，导致向周边地区呈辐射和扩散式发展，或者说是向边缘地带梯度推移，加上旅游中心城市居民的出游外溢和部分旅游产业外移，借助交通、信息等各种作用，促进旅游中心城市的发展与扩散。这一阶段的主要特点，是基于功能互补的旅游基础设施建设已基本完成，景区旅游资源开发基本成形，城市的旅游功能基本具备，能够满足旅游者食、住、行、游、购、娱的基本需求；旅游产品得到整合，城市与周边不同匹配关系的景区共同形成以城市为依托的城市旅游地。目前中国的旅游城市大多处于这一层次。

随着区域旅游业的发展，城市服务功能不断向周边景区渗透，跨越行政区界线，形成对其它城市匹配性景区的竞争，形成了多对一的城市与景区之间的空间匹配关系，即多个景区与城市发生相互作用。这一阶段城市旅游发展的主要任务，是提升城市旅游竞争力。针对多对一匹配状态下容易出现旅游资源的分割、资源保护与开发的失衡、旅游整体性体验的降低、旅游开发成本的增加、景区建设的重复等问题，可采取旅游区划定与行政区划定尽量保持一致、旅游区发展过程中的行政区划适度调整、跨行政区的区域旅游合作等措施。行政区划与旅游区划的不重合可能性是较大的，行政区划调整是区域旅游发展中行政区与旅游区融合的制度性安排，在目前的行政体制下，执行起来还存在许多问题，为了实现区域旅游发展，构建跨行政区的区域旅游合作机制是较为理想的途径。跨行政区的区域旅游合作可以促进旅游区公共产品的有效利用，还可促进旅游区规模经济效益的形成。通过跨行政区的区域旅游合作，使原本只服务于各自行政区内的旅游者与社区居民的公共产品能够被更多的人所利用。这一阶段,应注重高级别、高品位旅游景区周边旅游景区的开发,重点培育旅游景区集聚中心,扩大旅游景区系统的集聚空间和吸附半径。

(五) 区域旅游一体化阶段

区域旅游一体化阶段,又称板块发展阶段。随着旅游中心城市能力的向外扩张,出现了城市扩张范围的跨界发展,出现了不同旅游中心城市辐射范围相叠加的趋势,也出现了城市间的竞争。为了避免无谓的牺牲和自相残杀,各个区域构筑地域大文化,谋求区域大联合成为当今时代竞争的根本性策略,以合作为基础的区域旅游一体化成为当前旅游业发展的一大趋势。区域旅游一体化阶段的景区与城市匹配关系,是指相邻城市旅游空间发生了交叉与叠加,一个城市对另一个城市匹配的景区也发生了作用,区域旅游发展中景区与城市之间形成多对多的匹配关系,旅游线路呈现网络化状态。旅游中心地之间完全实现联动,旅游地空间结构重新达到平衡协调的状态,等级有序的旅游空间结构体系均衡发展。对区域内旅游吸引物进行了统一规划和系统构建,形成多层次的旅游中心地网络,同时区域内形成各层级的旅游交通网络体系,促使对外旅游交通走向专门化和个性化,旅游流在区域内有序流动。这一阶段是旅游景区系统结构的成熟阶段,竞争与合作共存,旅游区域、旅游节点、旅游市场和旅游内外通道相互连接在一起,形成了一个巨大的旅游空间网络结构。

三、城/景匹配形态的演变趋势

(一) 城市与景区相互作用关系呈越来越紧密的趋势

城景关系在不同历史阶段有着不同的表现形式,我国的风景区源于古代的邑郊游憩地,主要用以满足少数人的游憩需要,大多以园林形式来满足狩猎、游玩目的,在空间上与城市往往处于相对独立的状态。而现代的景区包括了观光型、度假型、参与型等多种形式,往往作为城市空间共生组成单元之一,景区功能越来越多样化,更能满足城市居民的个性化需求。其城市区位和性质等要素影响景区的定位与发展,景区与城市之间形成共生发展关系。随着区域的发展,景区与城市的空间关系仍然经历着一个发展历程,并且逐渐变得更加重要。

(二) 城市对景区辐射范围在空间呈不断外推的趋势

城市与景区发生关系一般从城市地域相交或相邻的景区开始,然后对远离城市的景区发生相互作用关系,当然并不是说与距离完全成正比关系。虽然古代一些文人墨客旅游时能够到达相对偏远的景区,但城市对偏远地区景区的旅游活动是很少的,只有城市周边的景区,旅游者才有可能经常性光顾。随着汽车、火车等交通工具的诞生、交通的改善、城市居民旅游需求的增大,居民到风景区休闲度假更为频繁和便捷,郊野游憩地属性得以强化,城市对景区的服务功能影响力范围逐渐扩大。可见,城市周边休闲旅游活动圈的扩大是城市发展的重要表现形式。

(三)景区对城市功能影响呈越来越大的趋势

从城市与景区关系看,古代时期人口与城市规模小,城市形成后发展缓慢,生产落后,人类活动强度不大,城市发展还无法对景区有较大影响,而且很多城市也只是把城市风景区作为自然资源来利用,城市还没有规模性较大的风景开发。实际上,在旅游没有进入大众化之前,旅游作为游山玩水,甚至"不务正业"的活动时,广大民众没有把旅游作为一种生活方式,旅游需求并不大,景区经济功能和社区功能不突出,开发形式以园林为主,但只是作为城市的附属空间单元,为城市所利用,而不追求景区发展的效应。只有当旅游进入大众化阶段后,民众把旅游作为一种生活方式,景区的功能与地位才会发生变化。景区与城市之间开始存在一种特殊的发展关系,景区影响城市功能布局和城市品位,影响城市交通,也影响城市经济发展方式等。旅游景区为区域发展提供经济功能、环境功能及社会功能,即使经济功能不很突出,也会对城市居民休闲功能和区域环境生态功能起到重要作用。城市景区的大型草地、绿化带、中心广场、特型建筑、历史文化街区、特色街道、特色市场、名人旧居、主题公园、市区水域景观等,都成为很多城市的标志,也成为市民或外地游客所喜爱的观光游览点,提升了城市的休闲功能,促进了城市形象的强有力宣传。

(四)城市与景区空间关系演变类型越来越复杂

城市与景区的关系,包括景区存量重组和景区增量拓展关系。景区存量重组,是指城市旅游空间中,原有的旅游区域内空间承载的旅游活动的性质和强度不断发生变化而实现的空间演替,如,同一景区(点)内旅游产品类型的挖潜等。景区增量拓展,是指在原有城市与景区空间匹配组合中,由于新景区开发新增了旅游产品,导致旅游空间结构的扩大,如,新的景(区)点的开发等。

(五)城市与景区间的旅游空间行为规律发生了变化

随着各地旅游业的发展,各个城市的旅游服务设施不断完善,旅游区域内除旅游中心城市能够为景区提供旅游服务功能外,景区周边有更多的城市与景区发生匹配性关系,原有的客源地—旅游中心城市—次一级城市—景区的空间旅游行为演变为客源地—次一级城市—景区,甚至演变为客源地—景区,即游客行为规律在城市与景区之间由长链条向短链条演变。旅游中心城市在区域旅游空间行为中的地位变得不那么突出,游客可以从客源地城市与景区或景区就近的城市直接发生匹配性关系。

第三节 城/景匹配形态的演变模式与动力

一、城/景匹配形态的演变模式

根据城/景系统发展阶段和空间表现形式不同,城/景系统发展类型主要有城/景融合型、城/景相依型、多中心网络化三类,其主要特征比较,见表4-1。

表4-1 城/景匹配形态演变模式比较

	城/景融合型	城/景相依型	多中心网络型
空间特征	景区融入城市布局之中,或景区与城市有重合空间	景区与城市空间分离,但相互作用	多个城市与多个景区形成网络化发展
城市与景区匹配关系	一对一匹配或一对多匹配	一对一或一对多匹配	多对多匹配
相互作用特征	城市经济与旅游需求刺激新景区产生或老景区提升,景区城镇化	城市提供景区依托服务功能,在乡村地域飞地型景区开发	城市为多景区提供依托,景区受多城市依托
典型案例	杭州、南京、绍兴等综合性城市的景区;张家界、千岛湖镇等景区型城市;上海、深圳等经济发达地区建设新景区	区域性旅游中心城市与周边景区	长三角、珠三角的旅游区域一体化

(一)城/景融合型演化模式

当景区与城市距离出现相近和包容关系时,它们在空间上紧密相连,景区一般位于城市内部或者城市边缘,在地域空间上表现为"相邻或重合"的关系,匹配关系上表现为城区城郊型匹配、一对一匹配和同位匹配方式,在道路交通、景观轴线、生态廊道等方面有着紧密联系,那么景区与城市之间就会朝着相互渗透和融合的方向发展。根据演化动力差异,城/景融合型演化模式主要有以下三种情形:

1. 城市综合经济推动型模式

如,北京、南京、成都、西安、武汉、广州、杭州、绍兴等综合性城市,市区或市郊历史上或者自然环境中已经形成较多的景区,景区与城市之间构成了城/景融合型发展模式。

2. 市场需求推动型模式

上海、深圳等经济发达城市,立足城市客源市场和经济优势,挖掘旧城资源,改造成新景区,或者建设新景区,如,上海建设世博园、深圳建设华侨城,形成了景区与城市融合型发展模式。

3. 景区城市化模式

张家界、千岛湖镇、桂林、丽江等景区型城市,景区与城市空间上具有较大的重合性,依托于景区优质的资源、环境及市场条件,吸引了资本、劳动力等经济要素向景区景点靠拢,直接催生了旅游商业区和接待服务区,伴随着相当规模建筑群的出现,成为目前旅游城镇化最为重要的路径之一。

(二)景/城相依型演化模式

景/城相依型演化模式,是指城市与乡村地域的景区,空间上相互分离,但二者存在相互依存与依托服务的关系,匹配关系上表现为1日游距离、一对一、一对多匹配方式,景区吸引了来访的绝大多数旅游者,而城市则为旅游者提供最主要的服务接待条件,景区与城市都是区域旅游产品的重要组成部分。

根据城市与景区数量匹配关系及推动力差异,城景相依型模式主要有以下三种:

1. "哑铃型"推动模式

如,黄山、太姥山等景区与依托城市虽有一定的距离,城市与景区位于哑铃的两端,但是通过交通线联系紧密,形成定向式匹配。景区提升了城市旅游吸引力,促进城市宾馆、酒店和购物、休闲等旅游产品配套服务的发展,旅游业成为城市的支柱产业,促进了城市的发展和再生。

2. "众星捧月型"推动模式

城市与周边一个或多个景区以城市为旅游服务中心,多个景区支撑中心城市旅游业的发展,构架"众星捧月"的旅游发展态势,构成核心与边缘发展关系,促进城市旅游产业的发展和区域产业转型,带动城市基础设施和空间的发展,推进区域旅游发展。

3. 城市"飞地型"推动模式

在城市经济与客源市场刺激下,由于城市土地或其它因素限制,在远离城市的乡村地域开发飞地型景区。某些风景区经过多年建设,已具有一定的城市形态,但风景区内城乡用地混杂,并不是真正意义上的城市,也不完全是风景区。这些区域像"飞地",既独立于城市之外又与城市有着便捷的交通联系。如,金石滩风景名胜区内风景区用地、经济技术开发区用地、乡村用地交织在一起,很难加以区分,并且风景区与大连市区有高速公路、省道等相连,交通便捷。再如,前文所述的秦皇岛北戴河风景名胜区,经过百余年的发展,北戴河已由单纯的避暑胜地发展成为风景旅游城区,并且成为秦皇岛的市辖区。

(三) 多中心网络化型发展模式

基于区域差异性,区域发展的个性化、差别化、多元化、多中心化与板块化趋势日益明显,逐渐成为区域发展的重要趋势,与此同时,多中心城市与族群经济体成为区域大系统发展的重要路径与模式[104]。在此基础上,形成区域旅游一体化的城市发展环境和多中心城市旅游发展模式,进一步诱导了城市旅游目的地旅游空间关联的升级。旅游中心城市扩张,或者数个旅游中心城市相向扩展,各城市都与其周边地区构成了大小不等的旅游地域单元。区域旅游发展进入旅游城市多极核聚散过程,形成了以若干个具有相当数量不同类型和等级规模的旅游中心城市为核心的一体化的功能区域,带动了区域内各级旅游中心城市,在空间上的有序发展,即区域旅游呈现出"网络化 + 多核心 + 互动"发展态势,并逐步趋向一体化,多中心的区域旅游发展状态就此形成。各个中心之间以网络化状态联结,城市与周边景区发生作用的数量越来越多,景区也接受周边多个城市的辐射与依托。在这一过程中,城市与景区能较好地嵌入区域旅游网络体系中(如图 4 - 2 所示),形成了景区与城市多对多的城市匹配关系。这种关系的形成过程称为多中心网络化的景区与城市匹配发展类型。

可见,多中心网络化景区与城市发展模式是在区域旅游系统空间结构发展的快速阶段出现的,是由众多在空间上相对分离但功能上密切联系的多中心旅游城市群有机整合而成,是城市旅游目的地跨界拓展和区域旅游演进的必然产物[105],是城市与景区空间关系演进的高级阶段,如,长三角、珠三角等旅游区中的景区与城市关系已经进入到多中心网络化发展模式。

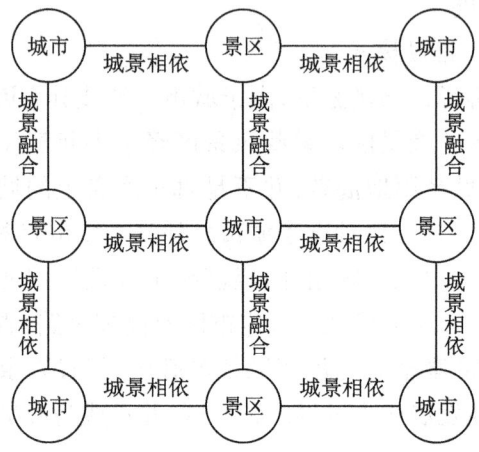

图4-2 多中心网络化型模式图

二、城/景匹配形态的演变动力

城/景匹配关系的演化发展是众多因素共同推动的结果,是由城市与景区双向互动关系中的影响因素决定,主要由城市经济、景区资源条件、市场需求、政策因素、环境要素、区域和交通等因素驱动。

(一)城市经济驱动

城市经济驱动型,是指一些经济相对发达城市,经济活力旺盛,经济的快速发展,使城市完成了资金的原始积累,为了增强整体竞争力,借助良好的区位优势,城市部分资金就会投入城市新景区的建设,自觉或不自觉地发展旅游。一方面,以旧城街区改造、主题公园、名居古迹或城市农业观光园等形式的新景区开发,提高城市旅游功能和休闲功能,推动城市与景区相匹配发展。另一方面,城市经济的发展使市民有充裕的资金用于休闲旅游,提供了景区的重复性本地客源市场。旺盛的市场需求拉动景区旅游的发展,促进了城市与景区的互动匹配关系,如,杭州的宋城、西安的古城墙、深圳的华侨城等。城市经济与城市的规模、城市化水平、城乡一体化程度等城市发展要素密切相关。这些要素决定着城市的影响力和辐射力。城市经济发展水平决定着景区建设规模及交通建设规模,也影响城市对周边地区景区服务水平的竞争力。城市规模的大小与城市居民人均收入直接影响到景区游客量的多少,城市一体化程度标志着乡村景区与城市空间联系的便捷性和信息量交换的状况。一般来说,城市规模越大、等级越高,对周边景区辐射距离就越大(如图4-3所示)。

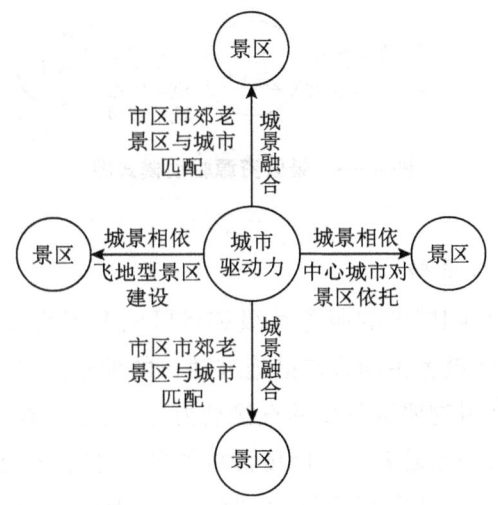

图4-3 城市经济驱动型模式图

(二)景区资源驱动

城/景匹配关系的演变是在一定地域空间里推动的。景区资源的自然形态、空间分布、生态环境及水文、地质等自然因素,都影响着城市旅游空间结构的具体表现形式。景区资源的等级、规模与特色等影响景区与城市相互作用的强度和方式。景区与城市资源禀赋差异往往彰显区域旅游特色,而城市则以文化旅游资源显露优势,充当区域旅游线路组织者和依托功能。区域景区分布的空间结构特征对景区与城市的数量匹配和距离匹配将产生决定性影响。景区与城市的空间位置关系在不同的区域表现出不同的空间结构特征。有些区域大多数景区分布在城市附近,而有些景区则远离城市,这将影响区域线路组织和景区利用效率。可见,景区资源要素是景区与城市相互作用的基本要素,景区与城市资源优劣差异和互补性特征,客观上要求二者进行资源的合理配置和整合,以此促进区域旅游的发展。景区驱动型与城景匹配关系(如图4-4所示)。

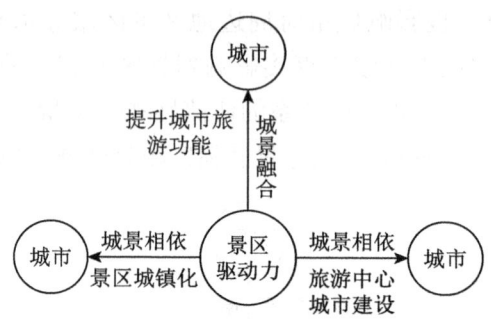

图4-4 景区资源驱动模式图

(三)市场需求驱动

旅游需求直接影响城市的服务等级和景区的开发程度,旅游需求的变化是促使旅游目的地建设者主动采取措施推动目的地空间结构演变的一大活跃因素,是引起旅游吸引物要素改变的直接动力之所在,往往引起人造旅游景区数量的增加。譬如,当旅游者对休闲度假旅游的需求增大时,区域旅游目的地会适时增加会展设施的开发与建设,并带动周边地区交通、住宿、餐饮等设施的发展,引起旅游吸引物和旅游服务设施空间布局的变化,进而引起会展旅游功能区的出现。还有,环城游憩带旅游功能区的出现,也是基于旅游者对休闲度假旅游需求的增加而形成的。旅游吸引物和旅游服务设施数量的增减和类型改变,均会引起新旅游功能区的出现,从而丰富区域旅游目的地的旅游功能,改变景区与城市的空间结构。市场需求型,就是由旅游市场需求作用为主导,引起城市与景区匹配关系的发展的。其城/景关系是由旅游市场需求的特征与类型、旅游消费者的需求偏好、出游能力、旅游规模结构等综合性、多层次因素组成的客源市场条件决定的。在市场需求较大,但旅游资源禀赋条件差的地区,通过人造景区、主题公园、民俗村的建设等新景区,形成了城市与景区的匹配关系,如,深圳的华侨城、北京的蟹岛等,因此,景区与城市的关系都是市场需求发展起来的,随着城市居民休闲市场的日益扩大,环城游憩带的景区与城市的匹配关系更加紧密,而且环城游憩带范围不断向外围扩展。

(四)政策驱动型

区域旅游发展中景区与城市的匹配关系组合的优化,包括交通网络化建设、城市旅游设施建设、旅游资源整合、区域旅游合作、提升城市品牌效应、新旅游功能区的出现、区域旅游发展模式的选择等方面。这就需要行政区之间的合作、区域旅游管治、旅游产业结构调整与产业升级等一系列政策来保障实施,涉及城市发展与规划、景区保护开发与规划,以及国家与地方的区域旅游产业与发展政策,这些政策会影响城市的发展方向与定位、产业结构的调整与升级、旅游产业空间布局和旅游要素配置,从而使区域的资源、产品和市场能在一个更新、更高的层次上联合起来、统一起来,形成更有竞争力的区域旅游。如,地方政府为了提升旅游产业竞争力出台相关政策,促进以旅游景区为中心的集聚区形成产业集群,导致景区驱动型城市地域的扩张。还有些城市选择特定地块进行新景区建设,也必须有土地利用等相关政策来扶持。

(五)环境要素驱动

环境要素驱动型,是指自然环境和人文环境要素在城市与景区匹配关系中起主导作用,通过生态共生、形象叠加、发展要素互惠、地域功能互补等方面促进城市与景区匹配关系的发展。如,杭州西溪湿地提供了强大的城市生态保护功能,地域功能上与城市互补,在杭州经济发展速度较快的新时代,也为杭州提供了城市生态新形象。

(六)区位驱动型

城市区位,是指城市在地理空间上的位置,区位条件包括地理区位、经济区位、旅游区位三个方面。其对城市经济、社会发展有不可忽视的影响。区位条件决定一个城市所在区域的自然环境及其在全国经济发展大格局中的位置,城市区位影响旅游流的大小,从而影响城市对景区辐射力的大小。在城市发展空间中具备良好区位的景区容易与城市发生匹配关系,如,城区城郊型匹配的景区与城市形成景区融合型演变类型,促进城市向着优秀旅游城市的方向发展。景区的区位条件很大程度上直接影响着城市旅游业发展的条件、地位和作用。优越景区区位组成的城市与景区联合体,能够形成更强大的区域旅游吸引力和竞争力,产生联合效应,促进区域旅游发展。城市区位还通过不同的交通条件影响城市与区域内其它城市或邻近区域发生经济联系的可能性及程度,从而影响城市经济发展的机会与潜力,影响游客旅游活动的便捷性,建立大旅游交通,才能产生大旅游流,促进城市与景区关系的加强。

(七)综合驱动型

当今的城市大多具有综合性功能。为满足不同的细分市场需要及增强旅游市场的吸引力,同时也吸引投资者发展旅游业,任何旅游中心城市发展所追求的目标和理想模式均是综合性旅游城市。因此,在当今的城市格局中,已经是旅游中心的城市通过不断营销自己以吸引更多的外在资源,与周边景区以各种驱动模式促进城市与景区匹配关系的演变。

三、城/景匹配形态的演变机制

旅游景区与城市共同构成旅游地域综合体,是以旅游资源为基础,由组织旅游活动的相应机构、设施和旅游地组成的有机经济体。它们之间包括旅游功能共生、环境共生等。地域内景区与城市之间旅游功能相互依存、互为条件,共存于同一区域体系相生相养、共同发展,具有旅游功能的共生发展关系。从旅游景区发展看,旅游景区需要以区域优良的环境为前提,没有良好的环境,旅游景区将会推动吸引力和竞争力;反过来,城市周边景区等级的高低和数量的多少也将影响城市的定位和发展方向。因此,景区与城市对于区域环境质量,具有区域环境共生的特征。正因为共生关系,才促进了旅游区域内景区与城市的互动发展。

(一)地域功能互补作用机制

城市和景区是一个区域内两个不同功能的地域组成。从旅游资源看,城市主要以商务、购物、会议、展览、节庆、娱乐、主题公园、修学、美食等为主要特色,而旅游景区则主要以观光、自然生态、民居文化、乡村景观等为特色,景区与城市往往具有旅游资源特征的互补关系。从旅游产品构成看,旅游产品的吃、住、行、购、娱要素主要向城市集中,而景区则提供游。从区域旅游流向看,城市向周边输出客源市场,而景区则是吸引城市输出的客源,开展旅游活动,二者对旅游流向具有互补性。从产业功能来看,城市注重第三产业和第二产业的发展,而旅游景区则是发展区域旅游业的核心要素,共同形成旅游产业系统的完整性。可见,旅游景区与城市之间的资源互补、市场互补、产品互补,具有产业经济的互补性和空间功能差异性的特征。

（二）发展要素互惠作用机制

景区与城市之间相互作用要素主要包括物流、信息流和旅游流等。城市的发展以商品、人才、资本、技术、信息等各类专业市场蓬勃兴起为表现形式，带来了广泛的物资交流、信息交流，吸引着更多的国内外客商前来寻找商机、投资置业，从而促进区域人口的大量增加，如，城市人口通常达到几万，甚至几十万人，还有大量的业务来往人员。伴随着城市人口的增加，该地区人们的生活方式也会发生变化。单调重复的工业生产，巨大的劳动压力，最终导致人们需要通过适时的放松来摆脱身心疲惫，因而产生了到周边旅游景区开展休闲和旅游的基本需求。反过来，旅游景区的发展可以推进基础设施建设，加快城乡一体化进程，通过吸引国内外游客市场，加强城市人流。可见，景区与城市间以人流、物流、信息流为载体，加快城/景的交汇过程。

（三）旅游形象叠加作用机制

随着形象经济时代的到来，形象宣传越来越受到人们的重视，全国各城市无不投入精力塑造城市形象，宣传自己的城市特色。区域形象既为产业园区招商引资、产品营销等带来较大的作用，也为旅游市场开拓起到推动作用。如，香港的形象定位为"动感之都"，南京定位为"休闲之都"等都能够有效地提升景区形象。反过来，景区旅游形象的塑造对提升城市形象，提高城市知名度等，也起到了非常重要的作用。如，西湖、秦始皇兵马俑等景区，为杭州和西安成为国际旅游城市奠定了基础。从景区发展看，旅游业的发展作为注意力经济的一项重要内容，更加强调旅游形象的网络、电视宣传，而旅游形象往往成为人们区域良好环境的宣传，为区域整体发展带来较大的促进作用。因此，许多区域把城市形象与景区形象整合与叠加，城市借用旅游景区品牌，景区提升城市品牌，以提升城市知名度。如，黄山市与黄山景区、张家界市与张家界景区，形成了城市形象与景区形象较好的一致性。

（四）区域生态共享作用机制

人类社会发展进入21世纪，人类的文明模式也由传统的工业文明，逐渐发展为生态文明。生态化发展模式成为各地政府所追求的目标，也就是在现代生态学理论指导下，协调城市生态系统的生态产业、人居与生态景观子系统之间，以及系统内部要素之间的关系，获取最高的社会、经济与生态效益。城市是区域发展中对生态干扰最大的空间单元，需要其它生态单元来协调和补充,而景区开展旅游行动也需要有一个良好的生态环境。景区作为区域自然格局的骨架基础,能引导城市的合理布局,维护城市区域生态安全格局,保护特色的自然资源和人文资源,提高城市的文化内涵。因此,区域生态文明共享是城市与景区发展的内部自生动力。

四、杭州市城/景匹配形态演变的实证分析

(一)杭州市城市旅游发展现状分析

杭州地处长江三角洲南翼,钱塘江下游,京杭大运河南端,临杭州湾,是长江三角洲的重要中心城市和中国东南部交通枢纽。杭州属亚热带季风性气候,四季分明,温和湿润、光照充足、雨量充沛。年平均气温 16.2℃,夏季平均气温 28.6℃,冬季平均气温 3.8℃。年平均降雨量 1435 毫米。

杭州拥有得天独厚的风景旅游资源,自古以来,就是文人墨客驻足的城市。自然赋予的独特环境和几千年人类文化积淀,使杭州成为我国东南部风景名胜荟萃之地。杭州拥有 3 个 AAAAA 级景区,2 个国家级风景名胜区,2 个国家级自然保护区,5 个国家森林公园,1 个国家级旅游度假区,1 个国家级城市湿地。杭州还有全国重点文物保护单位 14 个、国家级博物馆 5 个。20 世纪 80 年代开始,杭州就成为我国重要的旅游目的地之一,旅游业已成为杭州国民经济的支柱产业之一,产业发展状况良好。2012 年,杭州全年实现旅游总收入 1392.25 亿元,国内旅游收入 1253.17 亿元,共接待国内游客达 8236.88 万人次。

(二)杭州城/景匹配形态演变阶段

1. 景区与城市自发互动阶段

杭州是中国七大古都之一,千百年来都是闻名中外的风景名胜旅游城市。其独特的"湖城一体"的城市景观名扬天下。北宋诗人苏东坡作诗"欲把西湖比西子,浓妆淡抹总相宜"。西湖从形成迄今,也就是 2000 年的历史。杭州西湖是早于城市而形成的潟湖,城市邻西湖而发展,一直到 20 世纪 80 年代初,除白居易、苏东坡对景区作了较大的人工改造之外,城市较少去改变西湖景区资源及结构,但总是延续着以西湖为核心的建设模式,城市与景区间体现出自发互动的特点。

2. 景区与城市融合阶段

从 20 世纪 80—90 年代,杭州不断挖掘西湖山水自然景观和融合于西湖

湖光山色中历史文化遗产的资源潜力,以完善景区要素来提升城市旅游功能,促进城市与景区融合,形成的著名风景名胜和公园有:西湖双十景("西湖十景"与"新西湖十景")、灵隐、岳庙、植物园、动物园、孤山、太子湾、六和塔、花圃、儿童公园等。因此,这一阶段杭州城市与景区关系的主要特点为:杭州市旅游资源的开发、旅游景点的建设长期以来围绕西湖这一核心,从而景点、景区的分布集中在湖的周围。迄今,仍以沿西湖滨湖地带形成南北两条旅游线路为主体的布局格式,不断拓展城市旅游空间。

3. 旅游中心城市提升期

凭借着杭州是浙江省的省会城市,自身旅游资源之丰富繁密,城市与周边景区交通得到改善,促进了杭州成为区域旅游中心城市功能的加强,对景区依托范围加大。北边乌镇、西塘、南浔、周庄、同里等历史名镇,南边的历史文化名城绍兴,西边的"两江一湖",富春江—新安江—千岛湖,与杭州城市形成了良好的匹配关系。这一阶段的特点,随着城乡旅游一体化的深入,城市与周边2小时交通圈内的景区形成了依托关系,区域旅游产品的不断丰富,使杭州成为区域旅游的中心城市。

4. 长三角旅游的一体化阶段

随着长三角区域旅游一体化的深入,长三角3个巨型城市,一方面是合作;另一方面是城市旅游竞争更加激烈。为此,杭州对城市结构作了调整,2001年3月,国务院正式批准撤萧山、余杭二市为区,市区面积由原来的683平方公里增加到3068平方公里。行政区划的调整为杭州城市内部空间结构的重构、产业结构的重组、生态环境的重整提供了良好机遇。与此相适应,杭州城市总体规划将城市性质定位为国际风景旅游城市、国家级历史文化名城、长江三角洲的重要中心城市和浙江省的政治、经济、文化中心;明确了城市用地的发展方向,"向东沿江发展、向南跨江发展";城市布局由以旧城为核心的团块状布局转变为以钱塘江为轴线的跨江、沿江、网络化组团式布局。建设了宋城、之江旅游度假区、小和山及四大专业博物馆(中国茶叶博物馆、中国丝绸博物馆、南宋官窑博物馆和胡庆余堂中药博物馆。浙江省博物馆已包括在孤山内),建设和提升之江国家旅游度假区、龙坞风景区、西溪文化旅游区、灵山风景区等4个风景旅游区。这一阶段,杭州市行政区划的调整,城市中心区域加大,从单核结构向多中心大城市结构演化,景区与城市空间匹配进入调整期,促进城市与景区融合进入新的发展阶段;另一方面,杭州城市形成了多中心的城市旅游空间结构,并与跨区域景区发生匹配关系。

(三) 杭州城/景匹配形态演变的动力

1. 杭州城市经济发展的影响

浙江省是我国经济较发达的省区,杭州是我国东南沿海较发达的城市,经济总量排名位于全国城市前列,2012 年,全市实现地区生产总值(GDP)7803.98亿元,三次产业结构为 3.3∶46.5∶50.2。城市经济的发展促进了资本的积累,为城市旅游的再发展创造物质条件,客观上促进了城市地域空间的不断发展及游客旅游需求市场的扩大,以及宋城等新景区的开发,通过进一步完善旅游资源开发、旅游交通体系和基础设施的建设,促使城市和旅游业进一步发展,以实现旅游产业结构调整对城市旅游空间转换的要求,同时也实现了旅游中心区对周边旅游区域的辐射和带动作用,景区与城市的数量匹配、地理匹配、管理匹配等发生了变化,景区与城市空间发展关系也随之而发生着继承与更新的变化。这种变化有赖于城市经济和旅游产业的发展。

2. 景区资源及自然条件空间分布的影响

由于西湖与钱塘江水文条件的差异,使得杭州的城市活动和发展都一直沿承着以西湖为中心的空间格局,形成了沿西湖中心的众多人文古迹。西湖兼具自然与人文特色,城市与景区的发展关系最早阶段以融合西湖景区为表征,一直对旅游市场具有吸引力,促使杭州成为我国重要的旅游城市。随着人类改造自然能力的增强,跨钱塘江大桥及多种交通方式的实现,杭州城市对跨江的绍兴、宁波景区依托服务加大,省级旅游中心城市地位得到加强。可见,景区资源与自然条件对杭州与市区景区的融合,及对周边景区的旅游依托中心功能影响作用明显。

3. 旅游需求变化的影响

杭州是我国大城市之一,人口规模大。随着杭州经济的发展和人均收入的提高,出游市场潜力较大。再加上西湖旅游资源等级高,能够吸引远距离客源市场,市场吸引力也大。规模较大的旅游市场促进了旅游经济的发展,政府对景区的开发利用十分重视,不仅注重对存量景区的开发和提升,而且注重建设新景区,从而,促进了城市与景区关系的不断演化。

4. 城市行政区划的影响

2001 年,萧山、余杭撤市设区,区划为杭州市区,行政干预使得城市在空间上扩大,新杭州市成为长三角地区仅次于上海的第二大区域性都市。这是城市自身发展到一定阶段的产物,也是行政干预的结果。在这种有中国特色的兼并型城市化过程中,城市旅游的开发有着特殊的意义。这种特殊的行政区划调整,促进了区域内各种要素的合理配置和优化组合,加强了景区与城市区域的融合,而且增强了中心城市的聚集和辐射能力,加强了城市对更大范围景区的覆盖和辐射能力,提高了城/景匹配水平。

5. 城市区位和交通条件

良好的交通条件是旅游经济发展的必备前提。目前,杭州是浙江省省会和经济、文化中心,交通区位条件优越,是辐射长三角、贯通中西部的重要枢纽节点城市。杭州作为长三角三大综合交通枢纽之一,是长三角南翼的高速铁路中心、国家重要公路运输枢纽、国际化的航空客货运枢纽港、上海国际航运中心的重要门户港口、杭州都市经济圈一体化交通体系的核心。便捷的交通运输网络,为杭州城市成为区域旅游中心提供了基础条件,也对周边景区起到更好的依托作用。

6. 形象要素的影响

杭州具有较多的形象,但最有影响力的形象是"上有天堂,下有苏杭",杭州成为天堂的象征,赢得了美丽的形象。而天堂的基础就是美丽的西湖,西湖也就成为城市杭州的代表。因而,杭州城市在发展过程中,一直守卫着西湖,从白居易、苏东坡到现代的杭州人,无不为西湖创造人与自然和谐的景区环境。

第四节 基于资源共享的旅游同城化分析

旅游同城化是区域旅游一体化的一个特殊模式,是区域旅游合作由小到大、实现点状旅游到面状旅游之间的线状连接状态。随着城市之间的相互作用日益强化,区域经济一体化趋势越来越突出,城市同城化概念由此而提出,如,长沙、株洲、湘潭、西安、咸阳;沈阳、抚顺;开封、郑州;太原、榆次等区域,都提出以同城化策略促进区域一体化的深入[106][107][108]。旅游同城化也是同城化的一项内容。它是指地域相邻的两个或多个城市,打破行政区划界限,构建旅游一体化发展平台,实现人流、物流、信息流等共享的一种新型的区域旅游合作发展模式[109]。国内学者多集中在理论机制或政策探讨及针对个别地区旅游同城化的实证研究[110][111]，而缺乏对旅游同城化发展进程、发展状态的量化评价研究。这使得人们对不同区域的旅游同城化究竟发展到何种程度的评判较为主观，相互之间难以横向比较。本研究以沪、宁、杭为研究区域，从交通和资源因素出发，对三个城市旅游景区资源的同城效应进行探索，主要思路是通过理论分析选择评价指标、构建评价模型，通过指标量化形成综合评价方法。

一、旅游一体化评价的指标要素

区域旅游一体化理论认为，区域内各个地区为达到区域旅游发展的最佳状态，力争实现区域旅游基础设施建设一体化、旅游资源与产品开发一体化、旅游线路组织一体化、区域旅游形象一体化、旅游市场营销一体化、旅游服务一体化、旅游政策与管理一体化等理想状态的空间表现形式。

1. 市场要素

区域旅游一体化，本质上是在一定区域内建立统一的市场规则与秩序，实现旅游资本、信息、企业、服务、旅游者和从业人员等要素，按照市场规律在区域内自由流动和优化配置，促进区域旅游经济的协同发展。在旅游市场诸要素中，客源市场是主导要素，其规模、流向和需求特点决定其他市场要素的配置。市场在旅游资源配置中的决定性作用，集中体现在客源市场对其他旅游市场资源配置的主导作用上。旅游区域一体化的关键是区域内外的客源市场能自由、通畅、便捷地多向流通，旅游市场联合开发的力度和成效，实现市场共享，市场导向是区域旅游一体化的根本指向。

2. 旅游资源与产品一体化

旅游资源是发展区域旅游业的基础，相邻地域或不同地域对旅游资源的联合开发，其联合开发的数量、比例与开发的有效性（使各地旅游资源得到充分开发利用的程度），资源的跨区域利用及有效性，反映了各地旅游资源空间一体化的开发状况。还有跨地域旅游线路和产品的组织状况，旅游线路的数量、类型及设计的合理性、市场影响力如何，也是旅游空间一体化发展的现实体现。

3. 交通条件

旅游活动作为暂时性异地行为，交通网络建设对区域旅游一体化发展十分重要，区域内各城镇、景区景点之间交通状况的数量、质量，尤其是通往各主要景区的道路状况,是衡量区域旅游一体化的重要标志。受游客选择目的地行为规律的影响,交通时间是决定城市与旅游资源之间发生关系的重要因素,便捷的交通会加快区域旅游一体化的进程。

4. 其它因素

包括旅游政策与管理、旅游信息化建设水平、旅游形象等方面是区域旅游一体化程度的重要反映。政府推进旅游一体化建设的政策力度、是否建有常规性的旅游协调机制并有实质性运作、各地旅游投资环境和经营环境是否存在差异及其差异程度,这对旅游空间一体化发展的推进具有实质性影响。旅游信息化状况、相互开放旅游信息的程度及构建一体化旅游形象的状况,也是区域旅游一体化程度的要素。

二、旅游同城化的机理与评价

(一) 旅游同城化机理

同城效应,是指对相邻地区或更大范围发生的重要作用和联动效应,通常指一天时间内相邻城市互相开展经济、旅游、生活、工作等活动的便捷程度。城市具有层次等级体系,区域旅游是由不同层次城市旅游地体系叠加而成,即以中心城市—次中心城市—旅游城镇—旅游景区体系组成。不同城市形成了相应的城市旅游圈,从城市中心向外围,在人口密度、经济发展水平等方面空间结构出现了差异,旅游要素也出现了差异,区域交通设施和城市旅游活动强度不断变小,然后进入另一个城市影响区域之中。从城市旅游空间看,每一城市从城市中心向外,可以构建1小时、2小时、3小时交通圈。旅游同城化,是指一城市居民去另一城市所拥有的景区开展旅游活动时,不必非得住在这个城市,就能实现便捷的旅游,即无论将哪个城市作为区域旅游的集散中心,都能较好地实现两个城市1日游所覆盖区域的旅游活动。

如何确定城市1日游旅游圈的范围呢?根据旅游活动受旅游者行为影响的规律,一个旅游圈内的旅游点,需要边际效用值大于或等于1时,即到新旅游点所增加的行程时间不大于在该点的游玩时间,游玩时间/路途时间的值越大,则效用越大。按照1日游白天旅游活动的时间为10小时计算,则游程时间与交通分别为5小时,即交通时间不能超过5小时,单程时间不能超过2.5小时。按照交通可达性与追求旅游效益的影响,城市1日游最远距离必须满足两个条件:一是2.5小时交通距离内;二是旅游目的地具有近5个小时的可游性。把城市各个方向交通线 1 日游的终点相连接,形成城市 1 日游旅游圈腹地。因此,把城市周边实现 2.5 小时交通内实现旅游活动的范围,称为城市 1 日游旅游圈。城市不同交通线路方向,所能达到的范围将不同。如果是汽车交通,普通公路时速一般为每小时 60 公里,则城市对周边景区影响的距离约等于 150 公里;高速公路的时速一般为每小时 100 公里,则城市对周边景区影响的距离约等于 250 公里。如果是动车交通,动车时速一般为每小时 200 公里,则城市对周边景区影响的距离约等于 500 公里。可见,城市 1 日游时间距离不变,但随着区域交通的改善,1 日游覆盖的空间随之而增大。两个城市的 1 日游旅游圈空间覆盖部分从没有交叉,即处于相离或相切状态的空间关系(如图 4-5 左所示),到空间覆盖部分不断增多时(如图 4-5 右所示),表明这两个城市向着旅游同城化程度不断加强。因而,城市间交通时间的变化是推动旅游同城化的基本因素,只有城市间交通时间的缩短,提高城市对跨区域景区的可达性,两城市才有可能实现同城化。

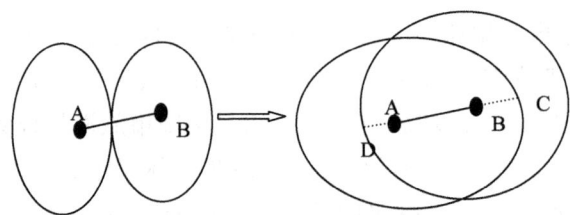

图 4-5　旅游同城化概念模型

(二)旅游同城效应评价

旅游同城效应评价,是对两个城市旅游圈的空间重合程度及旅游信息流、物质流、旅游形象等方面融合发展程度的评价。肖光明以珠三角为例[112],运用层次分析法,以功能性指标和制度性指标构建了区域旅游一体化评价指标体系,对珠三角地区的旅游空间一体化发展水平进行了评价,但是,这个方法涉及的指标多,权重与赋值主观性影响大。旅游同城化程度虽然以旅游资源联合开发、旅游交通网络建设、旅游线路组织、旅游中心地分布体系等功能性指标(也包括旅游信息与形象、旅游政策与管理、旅游市场联合开发等制度性指标)来表示,但是,在诸多旅游同城化内容中,交通、资源和市场三个要素的同城效应是进行旅游同城化水平评价的关键性指标。因此,交通、资源和市场的同城效应基本上能够衡量这个区域的同城化水平。

1. 旅游交通同城效应

旅游同城化交通效应,是指同城化中两个城市共享交通时间与城市实际综合交通时间之比。如图 4-5 右图,A 和 B 两个城市 1 日游旅游圈相互交叉,AC 和 BD 分别是两个城市 1 日游旅游圈(圈线可能是弧线,也可能是折线)的时间距离半径,A 和 B 城市分别进入了 B 和 A 城市 1 日游旅游圈之中,AB 表示二城市间综合交通的时间距离。如果这两个城市间的交通时间距离(AB)较短时,有更多的时间实现跨城市景区的旅游。当两个城市的综合交通时间距离越小,则城市 1 日游旅游圈交叉空间越大,小时交通圈的重合性就越高,旅游资源同城效应将越明显。

如果这两个城市间距离较远,其 1 日游旅游圈相分离时,则两城市无从谈起旅游同城化。我们把能够发生旅游同城化的城市间最小综合交通时间,称为旅游同城化交通时间极值。可以得到两城市旅游同城化极值,即当两个城市一日游旅游圈(2.5 小时交通圈)相切时的旅游圈半径之和。也就是说,二城市旅游同城化综合交通时间极值为 5 小时。基于以上分析,我们把城市间实际综合交通时间与旅游同城化交通时间极值之比,称为旅游同城化交通效应,或把它称为同城化交通时间之比,并得到城市旅游同城化交通效应测评公式:

(1) $R = t/5$

R 表示同城化交通时间比,t 表示二城市实际综合交通时间距离。旅游交通比可以衡量二城市旅游同城化的交通因素差异。t 越小,即 t 越接近于 0 时,则二城市旅游交通同城化程度越高。当 t 等于 0 时,表示两个城市完全同城化。如果 t 值大于 5,即 R 大于 1 时,则二城市 1 日游旅游圈交叉区域就没有了,意味着该二城市旅游同城化几乎不太可能。

2. 旅游景区同城效应

从图 4-5 中可以看出,当二城市 1 日游旅游圈从相切至相交后,两个城市才开始进入旅游同城化的状态。如果二城市 1 日游旅游圈交叉区域越大,交叉区域所包含的景区数量越多,则二城市旅游资源同城化程度就越高。城市的 1 日游旅游圈共同包含的景区所占二城市景区总量的比例,称为旅游同城化景区效应,或把它称为同城化景区比。景区比越大,表明二城市旅游景区同城化水平越高。景区比计算公式为:

(2) $C_S = C_{同}/C_{总}$

其中 C_S 表示景区比;$C_{同}$ 表示二城市 1 日游旅游圈交叉区域的景区数量;

$C_{总}$ 表示二城市1日游旅游圈景区总量。如果把旅游同城化景区比与交通比作比较，景区比大于交通比，则说明景区同城化优于交通同城化；反之，则相反。

区域旅游主要表现为游客对旅游景区的旅游活动，旅游同城化强调了两市居民旅游资源共享、旅游产业互惠等，所以景区资源同城效应是旅游同城化的重要内容。从旅游资源角度，旅游同城效应，是指城市间交通时间距离变化所能产生的城市1日游旅游圈相交叉区域景区可达性的变化。借助共享指数概念，我们把二城市1日游旅游圈交叉区域景区数量与城市间实际交通时间之比，称为同城化景区共享指数，把旅游同城化景区之比与城市间实际交通时间的比称为同城化景区比共享指数。同城化景区共享指数，表示城市间交通时间距离小于旅游同城化交通极值带来的景区共享数量效应，衡量交通因素影响下二城市景区共享的绝对数量。景区比共享指数反映城市间交通距离所产生的1日游旅游圈交叉区域景区占比效应，衡量交通因素影响下共享景区占二城市景区数量的共享比例。

旅游同城化景区共享指数与景区比共享指数所计算公式分别为：

(3) $M = C_{同}/t$

(4) $N = C_s/t$

M 和 N 分别为景区共享指数与景区比共享指数。由于景区资源布局和数量影响，当景区共享指数较大时，景区比共享指数不一定高；景区比共享指数较大时，景区共享指数也不一定高。只有当二者都较高时，一般来说，该二城市的旅游同城化水平较高。

3. 旅游市场同城效应

旅游市场同城效应主要从三个方面体现：一是同城化城市互流客源总量；二是强化旅游市场整体化营销，共同开发市场；三是塑造统一的区域旅游形象。

三、沪、宁、杭旅游资源同城效应的实证研究

（一）沪、宁、杭旅游同城化的现状

沪、宁、杭是长三角城市群的三个核心城市。它们之间空间距离相对较短（上海至南京为274公里、上海至杭州约200公里、南京至杭州约300公里），城市间交通有沪杭磁浮交通、沪杭甬、宁杭甬、沪宁城际铁路、浙赣铁路，铁路

班次多,铁路公交化程度高,宁杭高速、沪宁高速、杭州湾跨海大桥、嘉绍大桥等相继建成,高速运输网便捷性强。沪宁、沪杭和杭甬交通沿线城市连绵,城市城镇化程度高,形成了交通沿线的高速发展带,实现了城市3小时交通圈的部分空间相互重叠或覆盖。三城市旅游资源互补性突出,上海以都市型旅游资源及产品著称;南京以六朝文化与民国文化旅游资源及产品为主,杭州主打"东方休闲之都"杭州品牌。三城市所形成的一日游旅游圈内,包含了长三角16个城市,经济发达,城市化水平高,旅游资源丰富,截至2013年,拥有AAAAA级景区29个,约占全国的18.9%,优秀旅游城市数量约占全国总数的1/8,年接待入境旅游者占全国接待总数的1/4左右,旅游创汇约占全国的1/5,接待国内旅游者占全国各地接待国内旅游者总数的比例近1/3。

20世纪80年代以来,沪、宁、杭旅游合作一直在不断推进。一开始主要由旅游企业和民间组织自发进行,多是旅游线路的合作。到20世纪90年代以后,政府主导推动长三角区域旅游合作,在区域旅游营销、打造长三角黄金旅游圈、提升区域整体形象、构建长三角无障碍旅游区等方面取得了实质性进展,形成了良好的合作氛围,不断推进旅游产品和要素市场的一体化,旅游产业结构的一体化,旅游基础设施建设的一体化,旅游信息的一体化,旅游环境保护和治理的一体化,旅游政策和制度的一体化。2007年后,沪宁杭之间"动车组"、"高铁组"的相继建成,缩短了它们之间的时空距离,同城化效应将变得十分明显。目前,以沪宁杭城市为核心的长三角旅游一体化已经成为我国区域旅游一体化的典范。

(二)旅游同城效应评价

1.沪、宁、杭城市旅游交通同城效应

根据三城市交通状况,主要有动车、高速和国道等几种交通类型,衡量城市综合交通距离往往以最短时间距离为准。据调查,三城市旅游交通以高速和动车为主要方式。虽然二城市动车比高速时间稍短,考虑到从动车站到景区的连接性中,动车没有高速方便,而且城市间的旅游交通主要以高速来实现。因而,本文把三城市高速距离为最优交通距离,综合旅游交通距离以高速里程来计算。这样,可以计算得到沪、宁、杭的旅游交通空间同城化率(见表4-2)。

表4-2 沪宁杭城市间交通及旅游同城化交通比

	沪杭	沪宁	杭宁
空间距离(公里)	160	180	300
动车时间(小时)	1.0	1.5	3.0
高速时间(小时)	1.5	1.8	3
国道时间(小时)	2.5	3	5
旅游同城化率交通比	0.3	0.36	0.6

从表中可以看出,沪杭、沪宁、宁杭交通同城化指标分别为:0.3、0.36、0.6,表明三个同城化区域中,上海与杭州二城市1日游旅游圈交叉区域最大,南京与杭州二城市1日游旅游圈交叉区域相对较小。

2. 沪、宁、杭旅游资源同城效应评价

考虑到评价的可操作性,本文选择AAAA、AAAAA级景区,原因是这些景区是长三角旅游景区的中坚力量。其中AAAA、AAAAA级景区的年游客接待量和门票收入分别占所有A级景区的60%和80%以上。沪宁旅游同城化涉及两个城市1日游旅游圈交叉区域的景区,除主要包括南京和上海二城市外,还包括南通、苏州、无锡、常州的景区。杭宁旅游同城化涉及两个城市1日游旅游圈交叉区域的景区,除主要包括南京和杭州二城市外,还包括南通、苏州、无锡、常州、嘉兴、湖州等地的景区。通过资料和实地调查,得到沪、宁、杭城市2.5小时交通圈中AAAA级以上景区情况(见表4-3)。

表4-3 沪、宁、杭2.5小时交通圈AAAA级以上景区数量统计

城市	江苏境内 AAAAA级	江苏境内 AAAA级	浙江境内 AAAAA级	浙江境内 AAAA级	上海境内 AAAAA级	上海境内 AAAA级	安徽境内 AAAAA级	安徽境内 AAAA级	AAAA级以上总量
上海	17	99	6	98	3	42	0	0	265
南京	17	144	4	72	3	42	3	12	297
杭州	17	99	10	157	3	42	3	8	339

从表中可以看出,南京与上海共有AAAAA级景区20个,AAAA级景区

186个;其中20个AAAAA级景区和141个AAAA级景区位于南京与上海二个城市2.5小时交通圈内,属于二城市的旅游同城化对应景区。南京与杭州共有AAAAA级景区27个,AAAA级景区301个;其中21个AAAAA级景区和171个AAAA级景区位于南京与杭州二个城市2.5小时交通圈内,属于二城市的旅游同城化对应景区。杭州与上海共有AAAAA级景区13个,AAAA级景区199个;其中9个AAAAA级景区和140个AAAA级景区位于杭州与上海两个城市2.5小时交通圈内,属于二城市的旅游同城化对应景区。如果不考虑AAAAA级与AAAA级的质量差异,则得到同城化景区数量分布示意图(如图4-6所示)

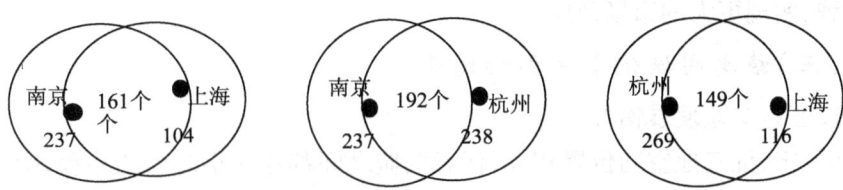

图4-6 沪宁杭旅游同城化景区分布情况

根据公式(2)、(3)、(4),计算得到景区同城化水平、旅游空间同城化水平和旅游综合同城化水平(见表4-4)。

表4-4 沪宁杭旅游同城化评价指标值

	城市综合交通时间(小时)	AAAA级以上景区总量(个)	同城化景区(个)	景区比(%)	景区共享指数	景区比共享指数(%)
沪杭景区同城化率	1.5	534	149	0.279	99	0.186
沪宁景区同城化	1.8	502	161	0.321	89	0.178
宁杭景区同城化	3	667	192	0.288	64	0.096

从景区比指标看,沪杭、沪宁、宁杭都有1/4以上景区处于各城市1日游旅游圈交叉区域,为两城市旅游同城化提供了良好的资源条件,但沪宁最高;其次是宁杭,沪杭最小,表明沪宁旅游同城化景区占二城市景区比例较高,而沪杭最低。从景区共享指数和景区比共享指数看,都是沪杭最高;其次是沪宁,表明单位综合交通距离中,交叉区域的景区数量密度沪杭最大,交叉区域

的景区比效应也是沪杭最大。由于这两个指标都是沪杭较大,沪杭、沪宁、宁杭三个旅游同城化区域中,说明沪杭景区资源旅游同城化水平最高。

3. 旅游市场同城效应

得益于区位相连、交通便捷、环境各异和产品互补的既有优势,沪、宁、杭之间业已形成了客源互流的同城效应局面,互相成为最重要的国内旅游客源地与目的地。据不完全统计,长三角游客平均有 2/3 来自区域内,互为客源地和目的地的特征明显。已经建立长三角旅游网,共同打造沪、宁、杭城市旅游信息平台,实现旅游信息资源共享互动,提高基础设施利用率,提升共同的服务品牌,实现更大的市场效应。

(三)旅游同城化差异影响因素

1. 区域交通发展情况

沪、宁、杭三地空间位置相邻,任意两城之间都在 3 小时内的路程,距离在发展城际居民旅游和休闲出游的范围内,三城市间旅游同城化提供了基础条件。城市之间交通的好坏对旅游同城化高低起着十分关键的作用,城市之间距离越近,如沪杭交通最近,则旅游交通同城化现象越突出,从而这两个城市 1 日游旅游圈交叉区域景区数量所占比例较多。另外,城市到景区的可达性会影响旅游目的地的旅游圈范围,区域交通的可达性越好,被二城市景区共享的可能性就越大,从而促使旅游同城化水平提高。

2. 景区资源空间布局

沪、宁、杭三地不仅旅游资源丰富,各具特色,具有互补性,而且,分布在三地连线所围成区域的旅游资源数量较大。南京城市旅游圈的景区大多分布在南部和东南部的苏州、无锡和常州城市空间内,邻近上海和杭州城市,弥补了在交通方面与上海和杭州相对较远的不足,使得南京与上海和杭州的旅游同城化景区共享指数也不那么低。而从景区空间分布看,杭州旅游圈东南部的绍兴、宁波、金华等地景区由于交通因素,较难与南京形成同城化现象,而与上海的同城化现象较优越,因此,沪杭旅游同城化程度高。

3. 区域经济发展水平

长江三角洲地区位于我国沿海和长江"T"形产业带的交会处,是全国经济最繁荣、人口密度最大的地区之一,良好的经济基础为发展区域旅游设施提供了经济保证,近几年在无锡、苏州建设了三国、水浒景区、周庄与同里等古镇,这与长三角经济发展水平和区位条件密切相关,从而为沪、宁、杭 1 日游旅游圈交叉区域旅游同城化推进提供了丰富的资源条件。经济的发展也促进杭州湾跨海大桥、高速铁路的建设，促进了区域交通的发展，从而提高了沪、宁、杭旅游资源的同城化。

本章小结

本章分析了城市和景区演化各个阶段的特征，总结出演化模式和特征，分析了城/景匹配演变的主要驱动要素。根据景区与城市空间的匹配差异，认为城市与景区匹配演化模式包括以下三类：一是景区与城市空间具有重合性的城景融合型；二是景区与城市空间分离但互相依托的城景相依型；三是在上述两种模式基础上，由多个城市和多个景区互相作用和互相依托形成的多中心网络型模式。分析了区域发展中景区与城市之间的地域功能互补性、发展要素的互惠性、形象功能的叠加性、生态保护的共享性等演化机制。城/景匹配关系的演化发展是众多因素共同推动的结果，是由城市与景区双向互动关系中的影响因素决定，主要包括城市经济、景区资源条件、市场需求、政策因素、环境要素、区域和交通等因素。分析了城/景匹配演变与旅游同城化演进的关系，以及旅游同城化机理。因而，景区与城市空间匹配关系的优化必须考虑区域空间特征、区域旅游发展阶段及政策要素，并以杭州、沪宁杭为例，分析了城市与景区空间的匹配形态演变和旅游同城化效应。

第五章 旅游城市与景区匹配关系优化的路径

区域旅游发展中,城市与景区匹配处于空间距离越近、高等级城市与高等级景区相匹配、城市与景区互动性越好的情形,那么此时的景区与城市匹配性关系是最理想的状态。城市与景区匹配关系的优化,就是追求城市旅游服务水平不断提升、景区吸引力不断增大、城市与景区便捷性不断提高,使城景之间处于更高互动性的过程。由于不同区域景区与城市的空间关系、旅游空间发展差异及二者之间互动性程度的差异性,景区与城市关系演化追求的目标和景区与城市匹配关系的优化路径也不同。根据景区与城市互动内容及景区发展导向的差异性,旅游城市与景区匹配的优化主要包括旅游城镇化导向、区域休闲质量提升导向、生态建设导向和城市旅游功能提升导向等。

第一节 旅游城市与景区的互动发展思路

城市与景区的互动发展,是指城市与景区之间在发展演化过程中相互影响、相互促进和相互制约的关系。城市与景区互动发展是一个较为复杂的系统工程,主要包括城市提升、景区建设及匹配关系调控等内容。不同城/景匹配组合状态下,区域旅游发展的资源条件、客源市场不同,区域旅游发展应采取不同的城市与景区优化发展思路。

一、一对一城景匹配关系优化思路

一对一城景匹配型状态下,往往在区域旅游发展初期,基础设施相对不完善,景区数量少。本阶段匹配关系优化主要任务是加快区域内景区建设。景区建设包括景区质量提升与建设新景区,加强城景联动,基本特征与主要优化思路,见表 5-1。

表 5-1 一对一城景匹配型发展特征与思路

匹配类型	基本特征	优化调控思路
$E_1B_1C_1D_1$	区域旅游发展初期,城市旅游服务功能能够满足景区等级要求,景区位于城区或城郊	把景区作为城市的休闲游憩区和城市的重要组成部分,纳入城市发展规划之中,使景区成为城市的一道亮丽的风景线
$E_1B_1C_2D_1$	区域旅游发展初期,城市旅游服务功能能够满足景区等级要求,景区与城市属同一行政区管理,距离较近	顺势连接景区与城市,并以此为发展轴,推进城乡一体化,努力发展城市周边景区,丰富区域旅游内容
$E_1B_1C_3D_1$	区域旅游发展初期,景区与城市属同一行政区管理,但距离相对较远,交通不便,城市对景区依托作用较小	如果景区等级较低,那么景区开发价值较小,不宜开发;如果景区等级较高,一方面,寻找与周边旅游景区和其它城市合作的可能性;另一方面,使景区本身朝着旅游城镇化方向发展,完善旅游六要素
$E_1B_2C_1D_1$	区域旅游发展初期,景区等级较高,城市旅游服务功能不能满足景区要求,景区位于城区或城郊	逐步完善城市旅游基础设施,加强与周边高等级旅游城市合作
$E_1B_2C_2D_1$	区域旅游发展初期,景区等级较高,城市旅游服务功能不能满足景区要求,景区与城市属同一行政区管理,距离较近	加快城市旅游设施建设,把景区与城市连线为发展轴,推进城乡一体化
$E_1B_2C_3D_1$	区域旅游发展初期,景区等级较高,城市旅游服务功能不能满足景区要求,景区与城市属同一行政区管理,但距离相对较远,交通不便,城市对景区依托作用较小	一方面,寻找更大的旅游依托城市;另一方面,使景区本身朝着旅游城镇化方向发展,完善旅游六要素
其它	一对一空间匹配状态下,$E_1B_2C_1D_2$、$E_1B_1C_2D_2$、$E_1B_2C_3D_2$ 等异位管理的景区与城市匹配关系不作论述	

二、一对多城景匹配关系优化思路

在一对多城景匹配型状态下,往往是区域旅游发展到一个阶段,旅游景区数量不断增多,旅游业产业地位不断加强。根据城市与景区之间的距离匹配、等级匹配和管理匹配情况,景区与城市关系的基本特征和优化思路,见表5-2。

表5-2 一对多匹配型发展特征与优化思路

匹配类型	基本特征	优化调控措施
$E_2B_1C_1D_1$	多个景区位于城市市区或城郊,城市旅游服务功能能够满足景区等级要求	把景区发展纳入城市发展规划之中,把城市建设成为优秀旅游城市
$E_2B_1C_2D_1$	多个景区位于城市周边,距离较近,城市旅游服务功能能够满足景区等级要求,属同一行政区管理	加强区域旅游资源整合,顺势连接城市与多个景区,并以连接线为发展轴,推进城乡一体化,把城市建设成为区域旅游集散中心
$E_2B_1C_3D_1$	多个景区位于以城市为中心的区域交通末端节点,景区与城市虽属同一行政区管理,但城市对景区依托作用较小	如果景区等级较低,那么景区开发价值较小,不宜开发;如果景区等级较高,一方面,寻找与周边旅游景区和其它城市合作的可能性;另一方面,使景区本身朝着旅游城镇化方向发展,完善旅游六要素
$E_2B_2C_1D_1$	多个景区位于城市市区或城郊,且等级较高,城市旅游服务功能不能满足景区要求	加快城市旅游设施建设,加大城市建设力度,把景区发展纳入城市发展规划之中
$E_2B_2C_2D_1$	多个景区位于城市周边,景区等级较高,城市旅游服务功能不能满足景区要求,景区与城市属同一行政区管理	加快城市旅游设施建设,加大城市建设力度,有计划、分步骤地实施区域旅游发展战略,加强城市旅游集散中心功能
$E_2B_2C_3D_1$	多个景区位于以城市为中心的区域交通末端节点,景区等级较高,景区与城市属同一行政区管理,但城市旅游服务功能不能满足景区要求,城市对景区依托作用较小	加快城市旅游设施建设,加大城市建设力度,逐步完善旅游六要素,发展自助旅游
其它	一对多空间匹配状态下,异位管理的景区与城市的匹配关系不作论述	

三、多对一城景匹配关系优化思路

在多对一城景匹配型状态下,往往是景区范围较大,或者是景区等级较高,多个行政区同时与景区发生较紧密的匹配关系。根据城市与景区之间的距离匹配、等级匹配和管理匹配情况,景区与城市关系的基本特征和优化思路,见表5-3。

表5-3 多对一城景匹配型发展特征与优化思路

匹配类型	基本特征	城景优化思路
$E_3 B_1 C_1 D_1$	一个景区周围有多个城市,且位于多个城市市区或城郊,这是不可能出现的情形	——
$E_3 B_1 C_2 D_1$	一个景区周围有多个城市,多个城市都能够为景区提供依托作用	处理好不同行政区对景区的管理关系,避免恶性竞争,加强景区的旅游资源整合
$E_3 B_1 C_3 D_1$	一个景区周围有多个城市,但没有一个合适的城市为景区提供依托功能	如果景区等级较低,那么景区开发价值较小,不宜开发;如果景区等级较高,景区可以选择朝着旅游城镇化方向发展,完善旅游六要素
$E_3 B_2 C_1 D_1$	不可能出现的情形	——
$E_3 B_2 C_2 D_1$	一个景区周围有多个城市,景区等级较高,各个城市旅游服务功能都不能满足景区要求。这些景区与城市属同一行政区管理	选择高等级、区位条件、可进入性较好的城市为其依托城市,加快该城市的旅游设施建设
$E_3 B_2 C_3 D_1$	一个景区远离各个城市,周边城市对景区依托作用较小	选择高等级、区位条件、可进入性较好的城市为其依托城市,景区开发不宜过早,发展自助旅游
其它	多对一空间匹配状态下,异位管理的景区与城市匹配关系不作论述	

四、多对多城景匹配关系优化思路

多对多城景匹配型状态下,在经济发达区域,多个城市为多个景区提供旅游服务,形成了多对多空间匹配的景区与城市关系。根据城市与景区之间的距离匹配、等级匹配和管理匹配情况,景区与城市关系的基本特征和优化思路,见表5–4。

表5–4 多对多匹配型发展特征与优化思路

匹配类型	基本特征	优化调控思路
$E_4 B_1 C_1 D_1$、$E_4 B_1 C_2 D_1$	区域旅游比较发达,城市旅游设施相对较完善,城市之间交通便捷性良好,出现了多个区域旅游集散中心,景区依托城市有可能打破行政区界线	以政府为主导,加强城市间互动,促进区域旅游合作,搞好市场联动,实现信息互送,推进快速便捷的区域交通圈建设和区域旅游网络化建设
$E_4 B_1 C_3 D_1$ $E_4 B_2 C_1 D_1$ $E_4 B_2 C_2 D_1$ $E_4 B_2 C_3 D_1$	在经济发达、交通便捷性良好、城市旅游服务功能基本上都能满足景区要求的区域,这四种情形一般不可能出现	—
其它	多对多空间匹配状态下,异位管理的景区与城市匹配关系不作论述	

第二节 景区资源驱动的旅游城镇化

一、景区资源驱动型旅游城镇化的概念

2012年12月,中央经济会议提出:"积极稳妥推进城镇化,着力提高城镇化质量,城镇化是我国现代化建设的历史任务,也是扩大内需的最大潜力所在。"旅游业作为世界最大的产业,因其在产业、生态、文化、就业、形象等方面的综合效应和爆发式增长的态势,使得旅游城镇化在新型城镇化进程中扮演

重要角色,旅游引导下的产业发展促进了城镇化进程,被广泛关注。以景区资源驱动为动力的旅游城镇化,就是依托于景区优质的资源及其环境条件,吸引资本、劳动力等经济要素向景区景点靠拢,外来旅游从业者不断加入,促进了旅游产业的发展,并作为支柱产业,直接催生了旅游商业区和接待服务区,伴随着相当规模建筑群的出现,拉动城镇地域扩展、产业结构升级,推动景区与城市关系发展,加快了城市化的步伐,被称为景区资源驱动型旅游城镇化。如,美国的拉斯韦加斯、奥兰多,澳大利亚的黄金海岸、阳光海岸,法国的尼斯,墨西哥的坎昆,泰国的巴塔亚,古巴的巴拉德罗,我国的丽江、张家界、黄山、青岛、桂林、曲阜、武夷山、三亚等都具有旅游城市化的特征。

景区资源驱动型旅游城镇化成为目前旅游城镇化最为重要的路径选择,也是景区支撑城市构筑大旅游,进行综合开发、整体打造区域发展的重要途径,其主要特征表现为区域景区质量提升与景区数量增多,城市旅游产业得到较大发展,从而加快旅游城镇化进程(如图 5-1 所示)。

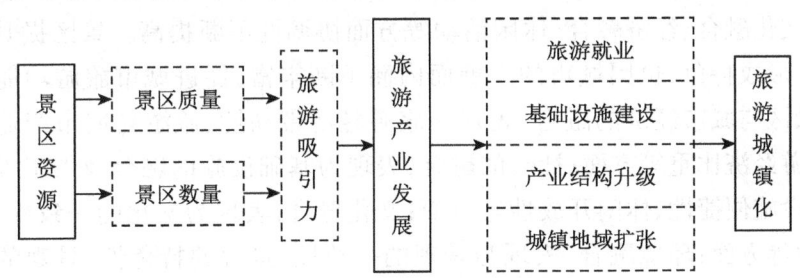

图 5-1　景区资源驱动型旅游城镇化过程图

二、景区资源驱动型旅游城镇化的类型

景区建设加快旅游城镇化,根据景区与城市空间上位置关系,主要以三种方式促进旅游城镇化(如图 5-2 所示):第一,景区与城市融合发展,促进旅游产业在城市空间区块上集聚,加强了城市旅游化,加快了城市化进程;第二,是景区与周边社区和依托城镇互动发展,或者在景区地域空间内,建设旅游集散中心与旅游综合体,形成景区就地城镇化;第三,是景区与城市在空间上没有明确的空间重合关系,往往是景区与城市处于 1 日游距离内,但城市与景区相互作用紧密,促进了区域旅游业的发展,从而加快了旅游城镇化进程。

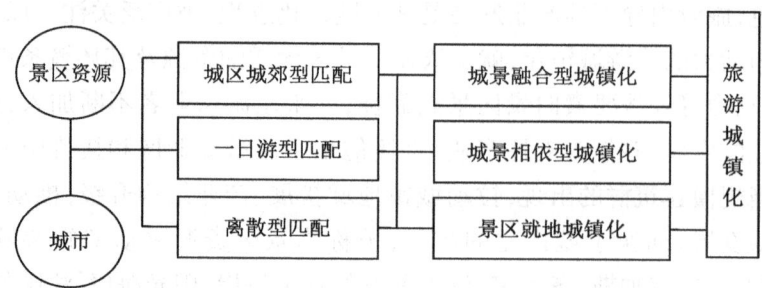

图 5-2 景区资源驱动型旅游城镇化路径类型

(一)"景城融合"型旅游城镇化

1."景城融合"型旅游城镇化的内涵

"景城融合"型旅游城镇化的路径,是指通过景区与城市空间上的融合,城市联动景区发展,不断提高景区与城市的融合性水平,在基础设施规划、景观融合、文化融合、经济融合、休闲活动等方面协调性不断提高。景区提升城市形象并形成特色,也因城市的发展而内涵不断丰富,促进城市旅游功能的提升。景区与城市经济的融合,表现为旅游经济带动性、旅游与城市产业融合性、旅游经济比重等方面;社会的融合,表现为基础设施的融合及人工设施合理度、设施便捷性、休闲开放性等方面;文化融合,表现为文化的一致性、文化传承性等方面;环境融合,表现为景观的一致性、景观的特色性、景观的开放性、景观的比例、生态的融合性、旅游区(点)森林覆盖率、旅游区(点)噪声水平、旅游资源利用强度及城景环保的差异性等。以提升景区与城市融合性推进旅游城镇化的路径,通常以景区与城市空间上相邻近为条件,以发展旅游经济为动力,以政府重视和规划保障为手段,以景区与城市融合发展为导向,在景区与城市之间的经济、社会、环境等方面高度融合,促进城市向高质量优秀旅游城市转变。随着景区与城市关系的优化,提高了优秀旅游城市的建设质量,促进和带动了区域旅游与周边景区的发展。

这类发展路径具备两个基本条件:一是景区与城市在地域空间上接近,景区位于城市之中或与城市相邻,景区与城市建成区相交地带的城市化现象明显;二是景区资源等级高,一般有国家风景名胜区或 AAAAA 级景区以上等级资源的支撑。如,桂林、杭州等城市都是国内有影响的优秀旅游城市,都是以提高景区与城市融合性为手段,推进旅游城镇化的建设。

2."景城融合"型旅游城镇化的特点

第一,大多是我国优秀旅游城市的旅游发展路径。从景区与城市融合程度看,景区与城市融合性程度是不同的。景区与城市相近,城市因景区而提升了城市品位,彰显了城市特色,甚至促进了整个城市的景区化,成为国内外著名的旅游目的地。景区即使不是城市的象征,但对城市形象的提升也起到了积极作用。如,当人们提到美丽的西湖时,就会立刻联想到杭州;而当人们提到杭州时,则大多会想到西湖美景,西湖也成为杭州的城市象征。又如,桂林与市区二江四湖景区,景区提升了桂林城市的品位,并且促进了桂林整个城市的景区化。

第二,景区与城市的空间格局和土地利用相交叉。景区与城市在空间地域上相互交叉较多,或是被城市三面围合甚至包围,城市的发展建设直接关系到风景区的保护与利用。城景特点是景在城中、城在景中。如,桂林漓江风景区、扬州蜀岗瘦西湖风景区、惠州西湖风景区、南京钟山风景区、长沙岳麓山风景区、承德避暑山庄外八庙风景区、连云港云台山风景区、武汉东湖风景区、厦门鼓浪屿万石山风景区、杭州西湖风景区、泉州清源山风景区、昆明滇池风景区、广州白云山风景区、青岛崂山风景区、岳阳楼洞庭湖风景区、秦皇岛北戴河风景区、丹东鸭绿江风景区等。

第三,旅游景区综合功能强,城市旅游化程度十分突出。景区资源旅游吸引力的高等级性带来了较大的城市旅游规模和城市旅游经济。由于景区与城市景区邻近,景区与其所依托的城市在社会生活的各方面都有一定程度的叠加。这种叠加效应在市民日常休闲游憩、旅游开发与建设等方面表现得尤为明显,景区成为满足城市居民需求的重要场所。旅游景区的市民生活休闲功能非常突出。同时,城市活动对土地利用较充分,而景区提供了城市的绿色屏障,发挥着重要的环境保护功能。

第四,旅游景区受城市文化的影响大。相比于一般风景区,城市相邻的景区在发展过程中受人类活动影响更大,景区与城市互动发展的时间较长,人文景观资源极其丰富,景区内文化气息更加浓厚。如,杭州西湖中,雷峰塔、断桥、白堤、苏堤等景点,处处洋溢着城市文化的气息。秦皇岛北戴河风景名胜区内诸多景点周边建有许多度假村、宾馆、疗养院,海滨浴场旁还设有街头广场等城市风格景观绿地。

3.旅游城市与景区融合的内容

景城一体化规划。旅游景区的健康发展必须与高级空间系统链接,才能防止孤立和封闭。旅游景区在城市化过程中，获得的最大收益就是与蓬勃发展的城市旅游融为一体，分享旅游景区所依托城市基础设施的便利及由此带来的更多客源，与城市其它旅游资源、商业吸引等形成一种合力，借助城市系统中的接待设施，为避免旅游景区的城镇化提供了可能。要以景区为空间载体，完善城市休闲旅游功能，使景区与城市在产业上一体化，推动城市产业的转型升级，促进以旅游为核心的复合产业业态，如，依托景点发展形成旅游观光产业与高端度假产业，依托城镇发展形成现代休旅服务产业。

基础设施规划融合。做到景区与城市的基础设施统筹规划，形成景区建设与城市基础设施和公共服务设施建设的一体化，并以景城一体化战略为指导，城区道路、给排水工程、电力电信等基础设施和住宿、餐饮、汽车站、公厕、游憩公园、休闲广场等服务设施的容量、标准和布局，不但考虑了城市居民的需求，同时也考虑到游客承载力的需求。建设项目必须考虑景区资源完整性保护及风景名胜区自然环境的保护，选址时还应为避让景区作出适当调整。随着城市居民生活质量的提高，城市公园式休闲已经不能满足居民的需要，城市的近距离景区成为居民休闲的一种普遍性选择。景区休闲与城市公园休闲相互融合，是景区与城市高融合性发展的重要表现。如，杭州西湖景区、桂林二江四湖景区等，表现出景区与城市休闲活动的高融合性，提升了城市居民生活质量。

景观与环境融合。城市旅游景区是城市环境和城市景观的亮点，是城市旅游目的地、引领旅游业发展的龙头，也是城市旅游产业的核心与王牌。旅游景区往往融生态观光、养生度假、避暑休闲、文化体验、科考探险、户外运动等多功能于一体。景区与城市相邻地段风貌协调，对城市和风景区建设都有促进作用。因此，从景城一体化战略出发，整个城市建筑风貌改造和园林绿化提升都必须围绕旅游目的地建设，围绕成为宜旅宜居的现代生态文明城市进行综合整治。景区与城市高融合发展就是要实现城市建筑、城市交通等与景区的融合发展。城市风貌应与景区环境相协调，城市建筑形式尊重地方传统形式、建筑尺度与山水尺度；在城景过渡地带保持一定规模的城景协调区，区内应注重控制建筑的密度、体量、形式、色彩等。城景结合部则应结合城市规划、建设、管理进行景观整治，利用景观视觉原理来确定其景观控制范围。

文化融合。城市景区作为城市文化、自然和人文景观的主要聚集地和重要载体，不仅在优化城市生态、保护环境和生物多样性、发展地方经济及可持续发展等方面发挥着重要作用,而且在延续所在城市社会文化、彰显城市文化特性、进而反过来促进和提升城市文化、加快经济社会和谐发展方面具有极其重要的作用。避免景区建设对城市文化遗迹的破坏、文化传承不一致及表现形式相背离现象。在城市建设中,更加注重多元文化的挖掘与提炼,将文化建设、生态文明建设融入整个城市建设之中,构筑城市生态文化之魂。

经济融合。景区与其所依托城市在经济发展方面也存在一定程度的融合特征,景区作为我国主要的旅游目的地,吸引了来自世界各地的游客。现在许多城市都将旅游业作为支柱产业之一,高融合性发展模式的景区与城市更是将发展旅游作为经济发展的重中之重,有些城市,如秦皇岛、大连、青岛、杭州等已将"风景旅游城市"写入城市总体规划的城市性质中,高融合性的经济发展表现得较为突出。

城景空间的融合。城市交通干线、过境交通、城市管线等重大基础设施的建设,会产生对景区的分割。景区也可能限制了城市不同片区的联系,限制了城市的发展方向。城市交通干线、过境交通、城市管线、垃圾填埋场等基础设施建设可能会造成对景区植被的破坏,影响景区动物的生长和繁衍,也给风景区带来视觉污染和噪声污染,降低景观环境质量和人文价值,应尽可能避免其穿越、分割、包围风景区。应把景区与城市纳入区域旅游发展规划之中,处理好城市与风景区界限的对接关系,做好景区与城市的旅游功能区规划。

建立城景过渡。城景过渡区处于城市建成区与景区交界处,起到过渡作用,但不属于景区法定范围的地区,称之为城景过渡区。该地区城乡关系混杂、各种空间景观相互交织;土地权属复杂,利益关系多元,要协调区域土地功能分区,在明确现状用地性质和土地权属的基础上,对未来可能的开发方式进行分析,确定合理的功能区之间的关系,划分多样化的功能空间,实施有效的用途管制。在确定城景过渡区的范围时,需要参考城市发展边界、景区保护界限、周边乡村范围、旅游活动范围、其它自然界限等因素综合划定。城景过渡区可分为风景区外围严格保护区、农业发展保留区、村镇居民点建设控制区、旅游服务配套区和城市建设空间协调区。每个功能区内要规划控制的内容,包括土地使用、游赏项目开发、设施配套、建筑建造、植物种植、行为活动控制、保护控制等方面,其控制内容和控制强度则有所区别。

(二)"城景相依"型旅游城镇化

该路径是指以城市为中心、城市与周边乡村景区共同形成的旅游区域,以城乡旅游一体化为导向,景区与城市相互依托,构建有影响力的旅游线路、提高旅游产品竞争力,并能够形成区域旅游网络和较完善的旅游目的地,吸引不同层次游客市场,促进区域旅游经济发展的过程。由于景区与城市是区域旅游线路中的两个重要节点,也是旅游产品的重要组成部分,我国绝大部分景区与城市促进区域旅游发展都属于这种发展路径。这类发展路径具备两个条件:一是景区与城市交通连接性好;二是景区资源具有一定等级,景区吸引市场范围较大,景区对于区域旅游规模和旅游经济具有支撑作用。该模式中的景区与城市之间虽有一定的空间距离,但二者各司其职,共同构成旅游线路的重要空间载体,是旅游产品六要素的主要提供者,如,贵阳与黄果树景区、黄山市与黄山景区等。"城景相依"型旅游城镇化的主要特点是:

第一,路径建设以城市旅游一体化为突破口。由于景区位置通常在乡村区域,城市与景区具有 1 日游的距离,必须通过交通建设,加快城乡一体化,才能促进城景相依型旅游城镇化。

第二,景区与城市构成旅游产品的组成部分,相互依托程度高。如,黄山、华山、黄果树等景区分别与它们的依托城市黄山市、西安、贵阳组成了旅游线路,城市以为旅游产品提供餐饮、住宿和交通等为主,景区则以提供游为主,吸引周边、全国,甚至国际游客,使得市场具有较大吸引力。

第三,旅游产品具有一定的层次性。随着旅游市场的扩大,各地政府充分挖掘本地旅游资源,十分重视以旅游经济为导向的旅游发展路径,开发出不同的旅游景区类型,而旅游产品设计是旅游景区转化为游客市场愿意购买的必要环节。因此,景区与城市整合的旅游产品开发模式是大部分景区发展的主要模式。由于景区资源等级的差异性,旅游产品质量具有层次性,以吸引不同层次的游客市场。

第四,景区资源必须具备一定的竞争力。作为旅游产品,必须要让游客市场愿意支付。按照游客的行为规律,高等级景区能够吸引远距离游客,而低等级景区则只能吸引近距离游客。城市要整合景区形成旅游产品,只有在景区等级较高时,才能吸引空间范围更大的市场;如果景区资源等级低,则只能满足近距离的休闲游憩游客的需要。

(三)景区就地旅游城镇化

景区就地旅游城镇化,是指以景区资源为吸引力,以景区或与周边社区共同组成地域空间,以旅游休闲为导向进行土地综合开发而形成以度假酒店集群、综合休闲项目、休闲地产社区为核心功能构架，整体服务品质较高的旅游休闲聚集区。有些形成规模相对较小的城镇，如，雁荡镇；有些形成了小城市，如，千岛湖镇。

景区就地旅游城镇化路径主要须具备两个条件：一是具有高质量的景区资源优势。从一般意义上说，旅游产业对客源市场和旅游资源有一种趋近性，景区资源质量越高，驱动旅游产业规模的可能性就越大，推动城镇化的驱动力就越大。二是景区与城镇空间距离不宜过远。由于组织旅游活动的可操作性，以城市为依托的旅游线路实现1日游，按照游客行为规律，交通距离应在2小时以内。而且景区与该城市的匹配吸引力较强，周边城市对景区辐射能力弱。

通常来说，景区就地旅游城镇化路径的特点有以下几个方面：

第一，旅游产业具有突出地位。旅游城镇化是以人口城镇化和地域城镇化为标志，而人口城镇化和地域城镇化都必须以产业城镇化为基础。这个路径适用在工业基础比较薄弱的区域。旅游业是推动区域城市化的支柱产业或主要产业；旅游城市化前期，工业化不仅没能加速发展，反而还相对缓慢或者停滞；旅游产业的发展为新型城镇化的发展注入强大动力，以旅游业植入的新型城镇化，有助于提高土地收益率，赋予土地旅游经济价值，延伸土地生产价值，实现土地生产力的多重立体利用，激活土地资源的多重价值。没有旅游产业的发展，旅游城镇化是不可持续的。

第二，景区推动城镇转型和功能转变。景区是旅游业发展的基础，城市旅游景区促进城市品位的提升和城市环境的优化，提高城市人居环境水平，增强了城市居住的集聚性；同时，对城市人口的吸纳、集聚和消化，能发挥比其它产业更大的作用，因而景区建设能够提高城市就业水平，促进非城市人口向城市转移和聚集；景区建设促进城市区域的扩大，通过旅游的产业集聚、景区吸引的拉动，促进城市设施建设向景区方向延伸，解决城市开发区空间的"孤岛效应"，实现景区空间与中心城区的空间对接和城市规模的不断扩大。

第三，景区驱动类型具有多样性。从旅游城镇化发生的地域与景区位置的重合性看，可以分为同地旅游城镇化和异地旅游城镇化。从支撑旅游城镇化的景区数量来看，可分为单景区旅游城镇化和多景区旅游城镇化。如，黄山与黄山市、武陵源与张家界市，景区与城市约1小时距离，城市与景区之间形成了异地旅游城镇化，但黄山周边还有西递和宏村等景区支撑，而张家界市则主要就是武陵源 AAAAA 级景区的支撑。由于景区资源驱动,促进匹配城市的旅游城市化发展,形成了景区与城市匹配关系的演变和发展,旅游作为城市化的一种动力,既可在城市化中、后期发生作用,使城市经济转型或城市功能多元化,也以作为城市化的原动力,使城市从无到有、从小到大发生质的飞跃。

三、景区资源驱动的阶段性与差异性

(一)景区资源驱动的阶段性

受城市居民旅游需求的影响,我国旅游业发展导向大致可分为:资源导向、市场导向、产品导向和形象导向几个发展阶段,与此相对应的旅游景区开发导向可分为:资源导向、市场导向、环境导向、社区导向、比较利益导向几个阶段。

第一,资源导向阶段。在旅游业发展的初始阶段,旅游活动处在观光游览的基本层次上,内容单一、花费小、逗留时间短。由于游客总体规模较小,设施简单,旅游对环境的破坏作用微乎其微,加上环境自身的调节能力,对旅游景区环境压力不大。旅游景区的发展主要着眼于自身的资源特点和开发利用条件,实现资源使用的合理化和高效化。

第二,市场导向阶段。随着旅游业的进一步发展,旅游活动以提高层次为主,游客构成变得复杂。游客到达旅游景区后,在游览观光之余,希望能参与更多的娱乐项目,以丰富和提高旅游活动的内容。根据市场需求的变化,为满足既定目标市场的需要,在经济利益的驱动下,旅游景区的大规模开发建设相伴而来。旅游的发展对景区环境构成严重的威胁。游人数量常常接近,甚至超过景区容量临界值。

第三,环境导向阶段。当游客规模日益扩大并直接威胁到旅游景区的可持续发展时,经济效益不再是唯一的目标,控制游客规模、加强环保措施,使旅游活动对自然环境的消极影响最小化成为首要任务。

第四,社区导向阶段。重视旅游业发展的社会环境,提倡地方对旅游业的发展过程实行更多的控制,保证当地人的利益,强调社会效益。

第五,比较利益导向阶段。根据区域内的资源供给与需求状况,在经营方向的选择上形成比较利益,追求经济效益、社会效益和环境保护的最佳平衡点:实现旅游景区的绿色 GDP。

以上五种旅游景区的发展模式,在不同的历史条件下对旅游业的发展、壮

大发挥着重要作用。资源导向和市场导向深受经济至上思想的影响;环境导向以生态主义为背景;社区导向带有浓厚的人文主义色彩;比较利益导向体现了可持续发展的时代主题。旅游景区的空间优化在不同的发展模式下,具有很大差异性。在资源导向和市场导向下,旅游景区的空间优化主要服务于旅游经济发展的需要,以最大限度地满足旅游者的需求、取得最大经济效益为目标;环境导向下的旅游景区空间优化注重生态效益,以环境保护为目标;社区导向下的旅游景区空间优化则尽可能地满足当地居民的要求,实现社会效益最大化;比较利益导向下的旅游景区空间优化,以实现可持续发展为目标。在区域旅游发展系统中讨论旅游景区发展方向选择问题,要充分考虑景区多元的区域性和综合性。只看重经济效益而不注重资源保护的发展模式,只谈保护而忽视开发的发展模式,其结果只会使保护失去动力。比较利益价值取向应该是旅游景区正确的道路选择,只有在比较利益导向的发展模式下,旅游景区才能实现真正意义上的空间优化。

(二)景区资源驱动的差异性

景区资源驱动旅游城镇化过程中,景区的不同区位和不同发展阶段的景区主导功能会有所不同,景区发展定位要体现各景区的主导优势功能。在市场需求不足、空间闲置的情况下,突出主导优势功能,有利于主题宣传、扩大市场;在资源供给紧张、内部各项功能出现冲突的前提下,突出主导优势功能,弱化次要功能,目的在于优化空间关系,缓和供需矛盾。

高级别景区旅游功能定位。高级别景区具有垄断性的旅游资源优势,如,黄山、华山、杭州西湖拥有世界级旅游资源,再加上政府开发极为重视,旅游服务设施较好,旅游景区综合功能较为突出,不仅对国内市场吸引力强,而且能够吸引国际游客市场。从游客角度,针对高等级景区的旅游行为,对于景区价格不会产生过多的弹性,即便价格偏高,游客也不会轻易放弃高等级景区的旅游。而与大尺度旅游者相比,景区附近居民的游憩者对价格则比较敏感,对游憩目的地的选择上没有明确的指向性,更看重就近方便,可替代的弹性较大。运用价格杠杆,加强周边免费开敞空间的建设,调控无指向性游憩流的流向。高等级景区如果用来满足附近居民的游憩功能,就显得"大材小用"。可见,在多种旅游功能中,高等级景区吸引大尺度游客的旅游吸引功能应该是高等级旅游景区的主导优势功能。因此,在高等级景区的功能定位,强化旅游功能,弱化游憩功能,减少周边城市居民对高等级景区的游憩活动数量,降低景区容量压力,避免旅游旺季时人满为患的景区超载现象。

低级别景区兼顾旅游和游憩功能。区域内旅游资源间的空间相互作用可分为两种:互补增强作用和抑制替代作用。由于资源性质的趋同性和级别的差异性,区域范围内的旅游资源存在明显的空间竞争。知名度较高的旅游资源吸引大量的游客,而其它品位稍逊一筹的旅游资源则少有游客光顾,利用效益低下,难以实现旅游价值,处于知名度较大旅游资源的阴影之中。这就是区域内旅游资源空间竞争的遮蔽效应。遮蔽效应的产生,低级别景区大尺度游客相对较少,游客到访率没有高等级景区高,景区经济效益相对较差。但是低等级景区可以为高等级景区空间分流,减少旅游旺季时高等级景区的压力;同时也能够满足近距离游客的需要,满足附近城市居民游憩功能的需要。

因此,要通过人为政策干扰、价格调节,着力开发低级别景区的旅游资源,拓宽空间分流渠道,克服空间遮蔽效应,有效发挥低级别景区的旅游和游憩功能,在区域内实现资源整合和市场共享,形成整体优势。

四、景区资源驱动的旅游城镇化措施

(一)完善旅游空间布局

空间结构组成要素,包括区域旅游中心城市和景区依托城镇的选择,始终是区域旅游发展中城市与景区空间结构优化的基础。从空间结构来看,形成点轴——旅游带发展模式、旅游中心——旅游极核——旅游圈发展模式和复合式旅游板块发展模式等,促进相对独立的城市和景区在旅游功能上的整合,使城市与其周边旅游地共同构成一个旅游区域,不断完善旅游功能区。根据旅游资源情况,因地制宜,注重对旅游资源的整合,注重景点系统内部交通结构的网络化,实现旅游资源有效配置,形成区域城乡一体化旅游空间格局。

(二)提升旅游产业层次

从保护旅游景区和维护城市生态环境出发,建立"风景为主,城市为从"的观念,将旅游产业作为区域的主导产业之一,发挥旅游产业关联带动功能的特点,推进景区及周边区域内所有制结构、经济结构、企业结构和劳动力分布结构的调整,发展休闲度假、文化娱乐、商务会展等服务业,以及利用旅游业与其它产业的高度关联性,为区域经济作出重要贡献。配合旅游业的发展,结合区域传统文化特色和民俗民风,发展有特色的旅游商品,形成旅游工艺品、纪念品、旅游食品、旅游日用品等生产系统,优化产业布局与景区空间。

（三）加快旅游设施建设

旅游服务设施空间结构优化,是提高城市与景区互动关系的一大需求,没有良好的旅游服务设施,城市与景区关系就很难优化。旅游服务设施空间结构优化的一大要求是完善"吃、住、行、游、娱、购"旅游六要素,改善旅游服务功能。对旅游服务设施空间结构的研究,关键在于如何根据城市与景区空间结构进行旅游服务设施要素的配置,使旅游服务设施获得更高的利用率,实现一定的旅游经济效益。特别是,旅游交通是实现城市与景区联系的先决条件,改善风景旅游区之间的交通条件,可以使游客在更大的空间范围内合理流动。

（四）优化区域旅游线路结构

旅游线路优化,是城市与景区关系优化的重要内容,是合理组织和有效分流旅游客源的一种重要方式。旅游线路的建设往往依托城市基础交通设施建设而进行,因此,对旅游线路空间结构优化的关键,在于如何协调好区内旅游线路与区域基础交通体系的衔接,使得旅游线路能够匹配于旅游景区、旅游服务设施等要素。

第三节 城市休闲需求与景区的转型发展

随着城市社会经济的快速发展和居民家庭收入的不断递增,休闲已成为当前社会的重要特征之一和城市居民日常生活的重要组成部分,在许多地区已经把休闲设施和休闲地建设等城市环境要素,作为衡量城市人居环境适宜性评价的新指标[113],并把休闲产业的发展作为城市发展的目标。城市休闲研究作为人居环境研究的一项重要内容,越来越被国内外学者所重视。张顺对城市休闲产业组成体系进行分析,把休闲产业分为旅游度假、酒水美食、文化娱乐、体育活动、个性愉悦等五类[114];郑胜华对城市休闲发展评估指标体系进行了探索,把城市休闲发展评估系统分为城市休闲发展实力系统、城市休闲发展动力系统、城市休闲发展能力系统、城市休闲发展魅力系统四个要素构成[115];杨国良对成都市民消费结构与休闲活动关系进行研究,认为城市居民消费水平、消费结构会影响其休闲消费能力、消费意愿、消费方式、消费态度和休闲时空结构[116];颜晓强等从城市空间环境资源的角度阐述了杭州构建休闲城市所具备的资源条件[117]。不同休闲项目对城市休闲适宜性影响不同,由于景区休闲对城市居民具有强大的心情愉悦、释放紧张感的功能,而且不同城市的景区拥有性具有较大差异性,因而,许多城市把景区建设作为提高城市人居环境的重要手段。

一、城市游憩活动空间与旅游圈的形成

(一)休闲游憩市场的发展

我国的游憩活动,最初是在名山大川及邑郊游憩地等处进行的,由祭祀、封禅、宗教、游览、探险等活动所构成,参与范围较小,祭祀、封禅等活动大多限于王族与官员;而对名山大川的游览与探险受限于当时的交通状况和科技水平,也不是一般平民所能够负担的,只有每年于固定时段(节庆等)在邑郊游憩地举行的庙会类等各种带有公众性质的活动中才有平民参与进来。从活动的数量与频度来讲,古代游憩活动的开展也是有限的。从活动的目的来看,审美、礼仪与宗教占到了主导的地位。时至今日,游憩活动的开展无论是从其展开的范围、参与的人群、频度、数量,还是目的而言,都发生了巨大的变化。受惠于工业革命与技术革新,工作时间大大缩减,人们拥有了更多的闲暇时间,休闲游憩活动表现出极为旺盛的市场需求。

城市化的发展,人口高度集中、环境高度人为化,个人及家庭都生活在各自有限的固定空间里,使人产生烦闷、压抑的感觉。人们迫切需要到开阔的空间,渴望回归自然。现代城市的生活方式正经历着一场从人工环境向自然环境回复的生态觉醒。人们的空间需求已从狭小的城市空间发展到大自然以山水、绿色为主的生态空间,从对摩天大楼的崇尚,发展到对大自然田园风光的追求。同时,随着区域一体化和城乡一体化的深入,城市之间和城乡交通方便性程度提高,城市居民休闲距离不断增大。而且由于景区具有优质旅游资源,自然环境往往较好,景区休闲成为城市居民休闲活动的主要方式。

(二)城市居民游憩活动空间

城市居民的旅游空间行为,主要是指城市居民旅游者对于旅游目的地的选择、周边旅游景区旅游线路的选择、旅游景点的选择。为研究城市居民的出游规律,有学者提出"等游线"(isotourist)和"等时线"(isochronic)作为研究中心城市市民出游空间分布规律的两个重要变量。"等游线",是指出游范围内由出游率相同的点组成的连线。它一般围绕着客源地呈同心圆或由其变形的圈层所组成。"等时线",则与"等游线"的趋势相反,是指从客源地到目的地旅行时间相等的点连接成的同心圆或其变形圈层。等游率越低,等时线值越大。多根"等游线"("等时线")形成的趋势面称为游憩活动空间。运用"等游线"技术进行规划区域的游憩活动空间分析,有助于区域旅游规划,特别是中心城市周边地区旅游开发规划的编制和旅游产品的开发管理。

根据吴必虎等学者对上海市民游憩活动空间的研究发现,市民出游量在距离上具有不同的分布概率。通常情况下,距离越近,分布概率越大;距离越远,流量分布的可能性越小。这就是距离衰减规律。据调查统计表明,我国城市平均出游市场的约37%分布在距城市15公里的范围内,约24%分布在15~50公里的范围内,约21%分布在50~500公里的范围内。500公里之外的广大空间仅分割了城市出游市场的18%左右,其中500~1500公里之间约占12%,1500公里以外约占6%。这符合"二八规律"(中心城市周边20%的旅游地接待了80%的客流)。近年来国内关于客源市场的研究也证明,500公里范围内集中了旅游地80%的客源市场。国内地理学研究证实,城市周围250公里范围内是50%左右的客源市场分布区域,也是外地旅游者以中心城市为据点向外扩散的可能范围。另外有研究也发现,客源市场随距离的变化在近距离段比较敏感,到一定距离(220~260公里)后,敏感程度变得相对迟钝。这说明一个旅游中心地的吸引范围是有限的。这些研究证明国内市场的主导地位不容置疑,中心城市周边的旅游地必须首先立足于区域内的本地客源市场,特别是中心城市居民出游市场。

由于城市市民出游量在空间上随距离衰减的规律受多种因素的影响,如,城市居民的收入状况、闲暇时间、交通状况、旅游安全因素、对旅游的态度和习惯、游客支出成本(包括经济成本、时间成本、摩擦成本)及旅游目的地对城市居民的吸引度等。随着各种因素的变动,人们的出游规律发生相应变化,距离衰减曲线也有所不同,这是需要进一步研究的问题。所以,对某个城市市民出游量随距离衰减曲线的研究只在一定时间范围内具有稳定性,随着上述因素的变动,距离范围或衰减比例会随之发生变化。另外,随着国际航空业的发展和旅游签证制度的放宽,旅游者求异的心理驱使他们跨国追求异域风情,由此导致某个城市出游某些国家和地区的游客量反而比国内相对较近的景区(点)更大。如,"新马泰"旅游线,杭州市民到这三国的出游率比出游到国内远距离的很多景区(点)高,甚至比距杭州市 500 公里范围内的还高。

(三)中心城市旅游圈形成

中心城市旅游圈,是圈层结构理论在城市旅游规划中的应用。旅游资源、地域文化、交通区位和城市圈是城市旅游圈构成的四大要素[118]。由于受到所处地理位置、交通条件、闲暇时间、可自由支配收入和消费行为等多方面条件的限制和影响,从长时间统计,出游空间总存在于一定的地域范围。每个旅游者在单次旅游购买中都表现出较大的随机性,若把他多次购买旅游产品的地点(即风景区)进行描点,那么他所购买的点集合则构成一个个人旅游购买面。若把每个人的购买面(圈)进行复合,则构成一个社会群体的旅游购买圈,或称作一个社会群体的旅游需求空间。不难理解,因为中心城市居民集中,出游力较强,重复购买率高,故所有中心城市居民的个人旅游购买面(圈)复合在一起,形成的中心城市居民旅游购买圈(或称旅游需求空间)(如图 5-3 所示)。根据学者调查统计,中心城市居民的旅游购买圈大致可以划分为 5 个圈层:

第一个圈层,城市旅游区,出游半径 $R<20$ 公里,即市区,旅游购买点密集度大,即出游率很高,是中心城市居民工作以外休闲时间的主要消遣地。这些消遣地一般为城市的公共休闲娱乐空间,基本上不以营利为目的。

第二个圈层,近郊休闲旅游带,20 公里 $<R<60$ 公里,即城市近郊,出游率也很高,是中心城市居民节假日外出休闲娱乐的主要目的地。这个区域内的旅游者以自驾车或自主安排为主体,团队游客比例较小,通常当天返回。成都市周边兴起的"农家乐"就是这类性质。

第三个圈层,乡村旅游带,60 公里 $<R<250$ 公里,即中心城市远郊,重游率较高,客流中散客和自驾车均有较大比例。旅游目的有近距离观光、度假休闲、宗教朝拜、探亲访友、会务商务等多种,从时间上推算以 1~3 日游为主,游客接待带有一定季节性。

第四个圈层,偏远旅游带,250 公里 $<R<500$ 公里,即远游,有一定重游

率,客流中团队游客比例较大,出游目的以中距离观光为主,表现出较强的季节性。因此,旅游地的资源级别、价值、知名度和市场促销力度对吸引中心城市居民具有重要影响。

第五个圈层,远距旅游带,R>500公里。通常是远距离观光,甚至跨境(国)旅游,以团队客人为主,一般为 4~7 日游,重游率较低,消费水平高。旅游地的类型、资源的独特性、观赏性、知名度和旅行社的促销力度,是中心城市居民作出出游决策的决定性因素。

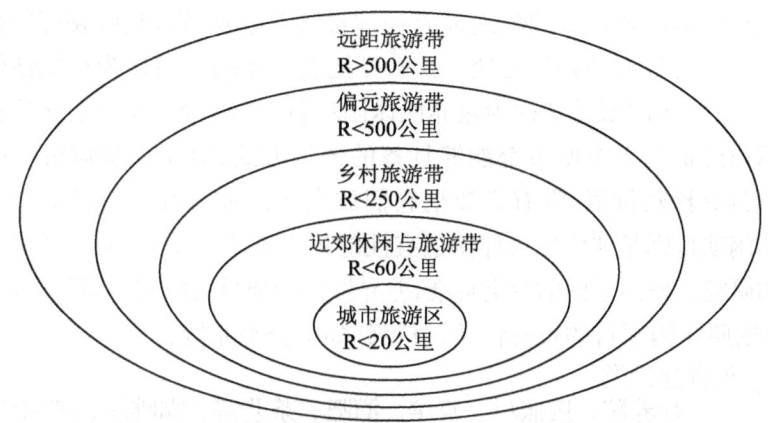

图 5-3 中心城市居民旅游购买圈模型

综合考虑行政区、旅游交通时间和城市旅游服务功能等要素,一个城市对周边区域旅游的影响程度依次是城市旅游区、近郊休闲与旅游带、乡村旅游带递减,而且,在城市 2 小时内的乡村旅游带内基本上能够实现 1 日游旅游活动。因此,这几个区域受城市直接影响大。

借用物理学"场"概念,将中心城镇的吸引范围称为城镇影响力的"力场",影响力的大小称为"场强"。城市辐射功能和依托能力从城市中心向周边呈现递减,把靠近城市的腹地称为紧密腹地,把远离城市的腹地称为竞争腹地。如果以该城市为服务中心能够实现 1 日游的距离内,城市及周边紧密腹地所组成的圈层空间,称为直接影响圈;而以该城市实现中转的圈层空间则称为间接影响圈。一些省位城市,具有较大的中转功能,间接影响圈就较大。如果把间接影响圈也作为该城市的旅游圈,则城市旅游圈范围就可能较大,甚至超出 1 日游范围。

二、不同休闲项目对城市休闲适宜性的影响

(一) 城市休闲项目的构成

城市居民休闲,主要是指人们在日常闲暇时间里进行的满足放松、愉悦、安逸、刺激的心理和生理需求的各种活动。城市休闲不仅能增强体质,而且能保持心理健康,有益于生活质量的提高,而休闲项目,是形成城市休闲的载体,是构成城市休闲适宜性评价的最基础的元素。城市居民休闲项目是多种多样的,如看电视、泡歌舞厅、网聊、逛商店等,但是,看电视、打球、网聊等项目在不同的城市中具有较大的相似之处。我们可把这些休闲项目作为相似性休闲项目,除此之外的休闲项目则称为差异性休闲项目。看电视、在家上网等相似性休闲项目已经成为每个城市都能够具备的休闲方式,对于评价城市休闲适宜性程度不具有比较价值,没有必要把它们放在休闲适宜性评价指标之中。而差异性休闲项目则是评价城市休闲适宜性的核心竞争力要素,有必要进行详细的探讨和研究。按照不同的分类标准,差异性休闲项目可以有不同的类别系统。

(1) 按照休闲项目的投资性质,可得到如下分类系统:

差异性休闲项目
- 投资建设类:
  疗养院、度假村、宾馆、酒吧、茶艺宫、咖啡厅、啤酒屋、夜总会、歌舞厅、影剧院、游乐场、俱乐部、健身房、球技馆游泳馆、美容院、按摩室、书画斋、博彩城、民俗园、博物馆、高尔夫球场、城市公园、城市广场旅游景区、自然保护区、海滨浴场、森林公园、农业观光园、植物园、游泳场、滑雪场等。
- 非投资建设类:
  城市街道、特色街区、大型购物商场、大型图书市场等。

(2) 按照休闲项目的消费门槛,可得到如下分类系统:

差异性休闲项目
- 高消费类:
  疗养院、度假村、宾馆、酒吧、咖啡厅、啤酒屋、夜总会、歌舞厅、影剧院、俱乐部、美容院、按摩室、博彩城、高尔夫球场等。
- 低消费类:
  旅游景区、自然保护区、海滨浴场、森林公园、农业观光园、植物园、茶艺宫、游乐场、健身房、球技馆、游泳馆、书画斋、滑雪场民俗园、博物馆等。
- 无消费类:
  城市街道、特色街区、大型购物商场、大型图书市场、城市公园、城市广场等。

(3) 按照休闲项目的活动空间和产业特点，可得到如下分类系统：

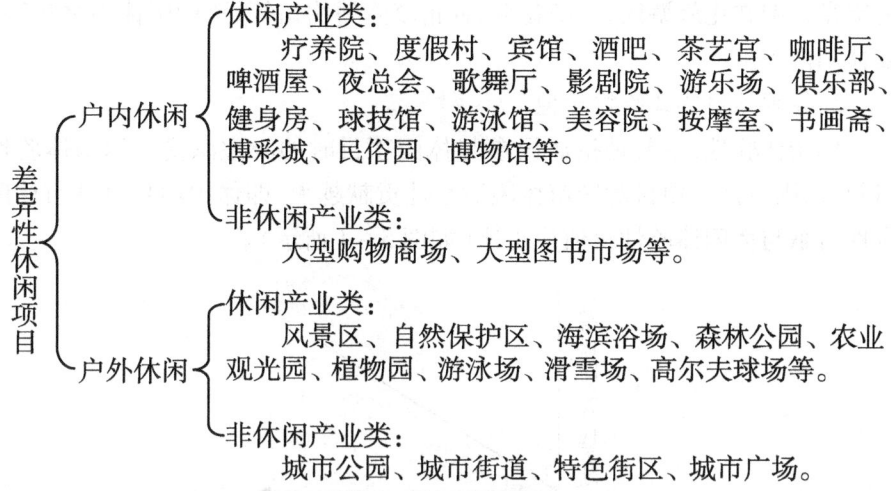

(二)休闲项目对城市休闲适宜性影响分析

城市休闲适宜性，是指城市的休闲设施、休闲场所等休闲项目对居民休闲的满足程度。休闲项目对城市休闲适宜性影响大小主要由该项目的休闲活动对城市居民的重要性、休闲体验性价值和限制性程度三因素来决定。

1. 不同休闲项目休闲特性的差异性

不同休闲项目的规模、适群性、体验性不同，因而具有不同的休闲特征，对城市休闲适宜性的贡献也不同。从金倩对武汉居民针对休闲方式选择的研究中，可以发现，看电视、逛街、外出就餐、旅游活动等是居民休闲的主要方式，不同休闲项目对城市休闲需求的相对重要性不同[6]。同一休闲项目对不同居民群体具有不同的体验性价值，如夜总会、歌舞厅等对年轻人具有较大休闲体验性价值，而对老年人和少年儿童的体验性价值就较小；而城市公园和旅游景区则对老年人具有较大休闲价值。孙樱等对北京市区老年人口休闲行为进行调查，发现城市公园是老人室外休闲的主要场所之一[119]，就足以说明这个现象。

不同区域的居民对同一景区休闲体验项目的感受可能不同，如，对湖滨型景区的感受，西北干旱地区居民比东南沿海地区居民的感受可能要好。根据城市休闲项目的特点，可把城市分为景区型、文化娱乐型、都市设施型等不同类型的休闲城市。景区型休闲城市往往具有较高质量的休闲性，景区休闲项目从一定程度上代表了城市适宜休闲指数的高低。城市休闲性高的城市往往拥有高质量的景区，如，杭州以美丽的西湖景区为休闲特色，以AAAAA级景区、西溪湿地、特色街区等景区构成了"世界休闲之都"的重要休闲场所。成都的宝光桂湖文化旅游区、三圣花乡、杜甫草堂博物馆等是"中国休闲之都"的重要休闲内容。

2. 休闲项目的体验性价值

休闲体验性,主要是指居民参与休闲项目时的心理感受。休闲体验性价值越大,则该休闲项目对城市休闲适宜性贡献越大,即休闲项目对城市休闲适宜性贡献与休闲体验性价值成正比(如图5－4所示)。

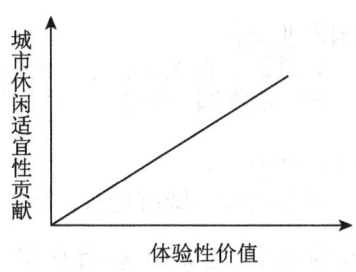

图5－4 体验性价值与休闲适宜性关系图

3. 休闲项目的限制性程度

休闲项目往往具有一定的限制性,通常由于休闲项目活动特征和经济等因素,限制了城市居民对该项目的参与性。门票和休闲项目活动特征是影响休闲项目限制性程度的主要因素。高消费类型的休闲项目比低消费、无消费类型的休闲项目限制性程度要大。户内休闲项目除大型购物商场、大型图书市场等少数项目外,绝大多数休闲项目(如夜总会、歌舞厅)属投资方建设而成,具有高消费的特征,消费门槛较高,休闲限制性程度大。户外休闲项目中旅游景区、森林公园等往往也具有一定的消费门槛,但一般不具有高消费的特征。如果休闲项目的限制性程度越大,表示被限制的人数占城市总人数的比例越大,那么该休闲项目对城市休闲适宜性贡献就越小,如城市中的景区提高景区门票价格,消费门槛就随之上升,则对城市居民参与景区休闲活动的限制性程度加大,景区对城市休闲适宜性贡献就会降低,即使城市中的景区等级较高,当门票高到居民消费心理门槛后,这个景区也就失去了城市居民的休闲价值。因此,休闲项目对城市休闲适宜性的贡献与休闲项目的限制性程度成反比(如图5－5所示)。

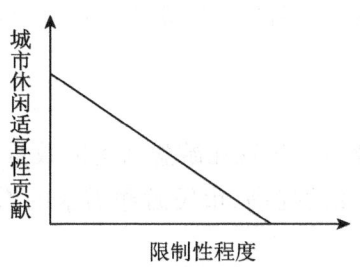

图 5-5　限制性程度与休闲适宜性关系图

三、旅游景区与城市休闲的适宜性

随着景区与城市关系的日益紧密,景区游憩功能与城市发展的关系愈发紧密,景区兼具城市公园的部分功能,以适应游憩功能变化的影响。当周末游憩者不断增加时,城市近郊风景区将逐步成为重要的城市周末游憩地。城市游憩成为城市周边景区游憩功能的一个重要组成部分。因此,在城乡一体化对景区游憩功能变化的影响下,景区的游憩功能是其发展的重要方向。

(一) 旅游景区的休闲功能

对于高等级景区,景区与城市作用模式往往以追求旅游经济效益为导向,而对于大多数城市来说,周边不具备高等级景区的配置条件,从经济效益来看,景区不一定具备高效益的经济开发价值。但随着城市居民休闲需求市场的扩大,我国各个城市都在挖掘周边旅游资源,开发了大量的休闲型景区,以提升城市居民的休闲质量。休闲活动是一种特殊的旅游活动,花费少、时间短。针对休闲旅游活动的需求特征,景区建设不宜大规模投资,或者景区有一定的休闲市场规模,保证景区有较高的利用率,才能实现休闲型景区的开发与运营价值。以提升城市居民休闲质量为导向的旅游发展路径,是指随着居民休闲需求规模的扩大,一些次等级旅游景区的主要功能不是吸引外地游客,而是以满足本地居民休闲活动的旅游发展路径为主。其中的原因是景区资源等级不高,市场竞争力较弱,但为了满足本地居民日益增长的休闲需要生态保护及维护区域环境质量的需要,政府需要扶持这类景区的生存。因此,该路径针对城市规模足够大,区域经济基础良好,景区对旅游经济回报要求不高。

(二) 景区休闲游憩市场结构的变化

随着城市发展和城乡一体化的深入,景区游客结构发生了较大的变化。

主要表现为以下几个方面:数量的变化、类型的变化、时间分布的变化、出游方式的变化。

1. 数量的变化

景区游憩活动的变化首先体现在游憩活动的数量上。由于城乡一体化带来交通的改善、景区可达性的提高、市民游憩需求的增加,景区在游憩活动数量上将会有较大的增加。

2. 类型的变化

受到生活方式变化的直接影响,景区内游憩活动的类型发生了明显的改变,更注重在景区内活动的便利性与舒适性,有越来越多的市内游憩者和景区周边的住区居民进入景区内进行游憩活动,参与体验型、康体休闲型活动将会增加,单纯观光和猎奇性质的游客比例下降。

3. 时间分布的变化

双休日出游增加,主要得益于城乡一体化带来的景区与城市间距离的相对缩减、周边居民的增加及私家车的普及和公交运营时间的延长。周边居民的增加与老龄人口的增加都会为节假日的风景区带来稳定的出游人群。另一方面的表现是游憩者不同于传统的观光型游客,游憩者往往在景区开展游憩活动,停留时间延长。

4. 出游方式的变化

以家庭为单位的游憩活动历来是环城游憩带游憩活动的主体,随着居民闲暇时间的增加,家庭出游也会随之增加。另外,老年群体、高校学生群体、会议度假等群体出游方式发展迅速。

(三)游客结构变化对景区发展的影响

核心景区压力增大。核心景区集中了风景区中最重要的风景资源,经过长期的旅游开发,各项设施得到不断完善并拥有较高的可达性。正是受到风景资源的吸引和较高可达性的影响及相对完善的各项设施带来的便利,增加的游憩者也被吸引到核心景区之中。这一变化将对核心景区带来资源保护、设施维护和活动冲突等方面的压力。

1. 空间分布的变化

核心景区的出游人群除传统游客之外还增加了大量的市内游憩者和周边居民。无论是游客还是市内游憩者都会在主要的景点停留,是游客必经之路和游览的重点,也是商业类活动聚集地。因此,核心景区人类活动干扰大。也由于核心景区内对某些活动的承载力不足,剩余的需求得不到满足而向外寻求发展,同时,游憩活动在景区还存在一种"扩散"的现象。不少的游憩活动发生地由核心景区向非核心景区扩散,形成非核心景区内活动增加的现象。

2. 风景区空间结构变化引起游览路线布局方式的变化

首先,传统风景区的游线设置一般都是呈线状或者环状,部分为枝状布局。其主要依据是风景资源的分布特征和地形地貌的限制。而在游憩功能变化、游憩需求多样化的城市近郊风景区仅以资源和地形地貌为依据进行设计则难以满足需求。因此必须根据不同的游憩需求类型,安排差异化的游览路线,以最大限度地满足多样性的需求。其次,是项目布局的变化。传统风景区中旅游项目都是布置在核心景区以内,并与游览路线存在紧密的联系。但在城乡一体化背景下的景区中,由于游憩活动数量的增长和风景区与城市间关系的变化,项目将不再仅仅局限于此。再次,由于景区与城市的关系越来越紧密,景区边缘用地往往具有较高的开发潜力,一些与城市生活密切相关具有一定经济价值的项目可能被引入。这一变化对风景区而言也是前所未有的。

(四)旅游景区与城市休闲圈关系

1. 景区资源是形成城市旅游圈吸引力的基础要素

城市旅游圈是以旅游资源为核心组成的具有一定地理范围的协作区域,旅游资源的丰度、质量、分布状况和地域组合也会直接影响旅游业的发展规模。而旅游景区是旅游资源的空间载体,旅游景区的数量、质量、规模和分布,决定了城市旅游圈的吸引力,是一个地区旅游产业发展的基础和源泉。其在旅游产品的开发与营销中起到决定性作用。如,武汉、北京、杭州、西安都是以丰富的旅游景区为基础,形成了较为强大的城市旅游圈。

2. 休闲圈的城市体系规模决定了景区基础客源市场的大小

城市体系是由一定地域内一系列规模不等、职能各异的城市所组成,不同地区、不同城市化水平下的城市体系具有不同的城市等级规模分布特征。城市体系中的城市是区域经济的增长中心,从发展旅游业的角度来看,城市既是目的地,又是客源地。城市周边的休闲游憩市场的旅游活动以参与型、娱乐型等为主,游客市场以群体游和家庭游等形式,以近距离旅游活动为主,而不同于追求高品质旅游资源的观光型旅游市场。同时,由于交通便利、信息畅通,在旅游圈内旅游被认为是比较理想的选择。旅游圈内的旅游景区较易在城市体系内推广。因此,休闲市场规模与景区资源等级相关性程度不大,而中心城市和城市体系的规模越大,中心城市所形成的旅游圈本地市场也就越大。

3. 旅游圈网络受城市体系空间结构的影响

城市是交通干线的枢纽或节点,城市间经济联系的加强需要完善的交通体系提供保障。一是城市体系构成区域的空间框架,其空间结构主导着区域旅游城市体系的等级结构及整合方向。二是城市体系空间结构影响旅游圈体制创新联动。在我国,城市间体制上的壁垒屡见不鲜,严重影响了区域的整体发展。要想解除这种体制约束,最有效的途径就是通过城市空间结构体系的优化,基于共同利益,各级政府部门协商制定统一的体制和规则。三是城市体系空间结构影响旅游圈服务体系。随着城市辐射作用的加大和区域服务一体化进程的加快,城市旅游服务空间进一步加大。

4. 城/景匹配变化促进城市旅游同质性程度加强

城市体系的形成与发展,给旅游发展带来新的机遇。各城市都希望能够利用这个机遇促进本地区的旅游发展。但由于利益主体的差异及协调机制的缺乏,往往形成各自为政,各个城市以自身利益和眼前利益为重,尽可能发挥本城市区位优势,提高对周边景区的辐射范围,城市与周边景区的匹配性发生了变化,景区的依托城市数量增多,不同城市与相同景区发生匹配,从而导致城市旅游产品相似性加大,城市休闲旅游竞争性加剧。

四、景区建设与城市休闲圈的融合发展

城市内部形成休闲地的区位,往往是在土地租金和旅行成本的双向力量作用下,投资者和旅游者达成的一种妥协。因为离开城市距离越远,级差地租越低,投资商的资金压力越小;但是离开城市越远,旅游者的旅行成本越大,其出行意愿和实际出游率越低,最终在某个适当的位置形成游憩区域。ReBAM的区位与中心城市的空间关系并不完全受行政界线的制约,有时它会越出市域范围而达到周边省市。市民对周末游憩消费的需求、投资者的投资意愿、政府的区域产业政策调整,是影响环城游憩带形成的最主要因素。在 ReBAM 内公益性和商业性土地利用的不同,产生进入成本的差异;城市居民游憩活动空间在 ReBAM 内呈距离衰减式扩散,并沿交通干线延展。结果 ReBAM 空间呈同心圆状圈层结构,但沿着资源及投资集中地段呈一定偏离趋势。

(一) 参照城市体系建设原则

旅游圈的构建不仅是旅游资源的整合、协作,更有市场、服务、交通、形象

等方面的整合,所以在整合过程中需要考虑旅游资源所在地的社会经济环境。一个城市在城镇体系中的地位和作用,对其在旅游整合中的位置具有参考作用。城市体系对旅游圈的结构、市场规模等具有较大影响。中心城市规模越大,等级越高,则旅游圈范围越大,如,省会城市通常要比地级城市和县级城市的旅游圈范围更大。

(二)参照城市交通体系原则

城市体系的交通建设主要依据于地域之间经济、生活等方面的联系。区域旅游整合的路径与交通网络紧密联系,合理的旅游整合路径应是建立在充分利用现有交通网络的基础上,即交通路线对区域旅游发展路径具有参考意义。同时,旅游圈整合是一个过程。这种整合的主次、先后顺序也与交通路线密切相关。所以,旅游圈整合应参考城市体系的交通建设,充分利用现有交通设施来提高旅游线路的质量和效益,保障景点间连接路线和中转点的合理性。

(三)参照城市体制建设原则

城市体系是一种新的地域方式。它的形成意味着一系列制度的创新。旅游业综合性很强,其它行业的制度创新同样能为旅游整合提供便利。在构建旅游圈过程中,要充分联系相关行业的制度创新,如,餐饮行业、交通行业等,积极利用制度创新给旅游发展带来的便利,从整体上提高旅游整合的可行性和科学性。

(四)景区环境保护优先原则

当游憩者增加后,必然会对核心景区的资源保护造成压力。其中也包含了对生态保护的压力。其二是随着游憩活动的增加,核心景区和已开发的区域逐渐不能满足新增的游憩需求,游憩活动向外扩散。如果在扩散的过程中缺乏合理的引导,则可能导致盲目开发,造成生态上的破坏。另外随着游憩者的增加需要更高的设施水平,不当的服务设施布局和设计也会带来环境的污染。

(五)应以降低景区消费门槛为导向

由于景区消费门槛与城市休闲性水平具有较大的相关性,针对景区吸引力以本地市场为主,远距离市场规模不大的特点,景区应满足城市居民休闲需要,提高景区利用效率。

第四节　区域生态建设与景区发展的融合

一、景区生态功能与生态安全的关系

区域的可持续发展必须以生态环境的可持续发展为前提和保障。构建生态安全格局,是主动协调经济发展与生态环境保护空间冲突的需要。实行区域可持续发展的有效措施,加强区域生态安全保障体系建设,维护国土生态安全已成为国家的战略需求。人类活动在提高生活质量的同时,应有利于环境的平衡与稳定,把自身活动对自然生态环境的影响降到最小。为此,各个国家或地区把建立区域生态安全体系提到议事日程。我国颁布了国家自然保护区、森林公园、国家地质公园、城市湿地、国家防护林体系等生态保护区域,形成了类型多样的国家生态安全屏障保护体系。这些区域对于维护区域生态安全具有重要意义。随着生态经济的兴起,旅游产业与环境保护融合发展。作为人类生态文明的重要组成部分,生态旅游也正为越来越多的人所认可和欢迎。生态型旅游景区不仅具有涵养水源、保持水土、防风固沙、净化空气等生态功能,是区域重要的景观资源和生态屏障,是展示区域形象的重要载体,而且受到游客的青睐。风景名胜区、国家自然保护区、森林公园、国家地质公园、城市湿地等,既是生态安全的空间载体,也是我国重要的旅游景区构成体系,景区体系与区域生态保护体系在地域上具有一致性。

二、景区生态旅游的特点

(一)生态旅游是实现区域生态安全和生态经济融合的重要方式

生态旅游是经济发展、社会进步、环境价值的综合体现,是以良好生态环境为基础保护环境、陶冶情操的旅游活动。生态学视角下的生态旅游以维系生物多样性和保护生态环境为基础,以最大限度地实现资源环境的生态服务功能为目标,以生态化的服务和产品为介质的可持续性的游憩活动。与传统旅游活动比较,生态旅游的重要意义,在于游览地区的生态环境和当地的民族风俗和传统文化得以完整地保存,不至于因为旅游开发而导致当地人文、地理环境的破坏。

(二)景区开发强调生态保护功能

随着城市化的深入,城市居民不满足于城市的热闹环境,出现了市场对旅游产品质量需求的变化趋势,崇尚自然环境的旅游,对景观美感的要求及追求天人合一的境界。据统计,全世界生态旅游的年产值约为2000亿美元,世界旅游组织预测,未来的生态旅游和大自然旅游几乎会占所有国际旅游的20%。同时,随着区域生态安全战略的实施,各地政府强调生态绿色空间建设,出现了将自然保护同经济开发结合在一起的趋势,尤其是在发展中国家,强调国家公园及自然保护区具有的经济价值。只有旅游景区实现生态旅游,才能较好地实现二者的统一。

三、旅游景区建设与区域生态化建设融合的措施

该路径适宜于自然型旅游景区,以生态功能为主、景区经济功能为辅,实现自然型与生态安全保障体系建设在地域上保持一致性。

(一)景区体系与城市生态区体系整合发展

综合考虑区域自然生态、交通、城镇和景区景点布局等资源要素,全面整合山地森林、四旁绿化、平原与水系防护林、城市森林、城镇村庄人居森林,以及湿地、田园等多种资源,把各种生态保护地类型与旅游景区建设相统一。按照生态保护地类型特征不同及环境容量的差异,以旅游景区为骨架构建区域生态空间,即以自然生态环境为基础、以景区为基点,将区域空间通过网络状生态景观带和河流融入自然环境,生态景观带中镶嵌以旅游景区为特色景观的生态斑块,形成主题突出和具有区域特色生态景观,确立可持续发展思路和景区旅游开发模式,构建城市生态环境发展空间,增强区域生态安全功能。

(二)实现景区环境生态化

环境的生态化就是坚持"生态第一"的原则,要求生态旅游开发经营者、当地政府和村民要共同参与、密切配合、利益共享,充分发挥各自在生态旅游发展和资源与环境保护中的重要作用,采取切实有效的措施来保护自然资源和生态环境,避免假生态旅游和杀鸡取卵式开发经营现象的产生,强调景区对区域环境的生态屏障功能,制定相关政策实现生态补偿机制,实现景区持续保护。

(三)加强游客管理和开发管理

在旅游区环境容量超载的情况下,政府或旅游管理部门有必要制定控制游客承载极限的政策和措施,禁止超过环境容量极限游客的进入。加强景区安全管理,为自助旅游和露营旅游活动提供方便。受经济发展条件和观念所限,避免旅游开发片面地追求经济增长目标,防止景区开发者、管理者对风景旅游区环境保护的必要性重视不够。

(四)提高城市绿色生态空间游憩能力

城市绿地建设,要坚持需求导向原则,强调有效供给。游憩供求通常存在三方面的问题:一是游憩需求规模超过供给规模,求大于供,导致现有游憩地超载,出现环境效益差的状况;二是游憩供给规模超过需求规模,供过于求,出现游憩资源闲置、经济效益差的局面;三是供求相互脱节,所供非所求,出现无效供给、社会效益差的状况。解决以上问题,必须尊重当地居民的游憩行为规律,充分考虑居民的生活习惯和使用意愿。使用价值优于美学价值,经济性先于高档性,绿地环境中的活动场地与绿化比例要适当。建设城市绿色空间,分担风景旅游区游憩压力。

(五)推进全域化旅游,降低景区生态容量的压力

从空间上看,城市只是区域的部分空间单元。广大的乡村拥有丰富多彩的乡村风俗民情、各具特色的乡村自然风光、充满情趣的乡土文化艺术、风格迥异的乡村民居建筑,富有特色的乡村传统劳作。通过建设,可以成为城市居民的游憩空间,同时可以促进新农村建设与乡村旅游的融合,因而,可以降低高等级的景区生态影响。

第五节 城市旅游职能与"飞地型"景区建设

城市职能(urban function),是指城市在一定地域内的经济、社会发展中所发挥的作用和承担的分工,包括经济职能、交通职能、行政职能和旅游职能等。随着城市环境的改善及各种配套服务设施的完善,旅游活动在城市经济活动中的地位和作用越来越强,城市的旅游职能越来越突出。在一些城市,旅游活动上升为城市的主要职能。近年来,我国很多城市,如,成都、杭州等,把城市

建设与旅游业发展相结合,在推进城市建设中充分考虑旅游功能,植入旅游基因,赋予旅游内涵,不仅有效地提升了城市的形象和品位,而且大大提高了城市的实力和竞争力。一些城市旅游资源相对丰富,基本上能满足城市旅游职能资源基础的需要;但另一些城市内没有高质量的景区,缺少旅游职能提升的资源基础,或者是市内景区资源满足不了城市旅游职能提升的需要。为了进一步加强城市旅游职能,近些年,许多大城市中出现了脱离城市区域,选择在一些环境优美、交通便捷的地域建设提供城市休闲、会议和度假等功能的旅游景区,以满足城市旅游功能的需要,被称为城市旅游职能"飞地型"发展模式。这种模式,如,湖北荆门的彭敦农业观光园、奉化的海上长城景区、北京的蟹岛度假村等。这些旅游综合体的功能并不是吸引大众化的观光市场,而是城市旅游职能向乡村景区或景区型区域的"飞地"。

一、"飞地型"旅游的形成与概念

"飞地",原本是政治地理学的概念,指隶属于某一行政区管辖但不与本区毗连的土地。后来被引申到区域经济学及旅游学之中。"飞地理论"是建设在增长极理论的基础之上得到的新理论。由于城市地域受到限制,土地资源十分紧张,土地级差地租相对较高,城市化过程中城市部分职能以"飞地"形式选择在周边景区跳跃式扩张,出现了空间上与建成区断开,职能上与中心城市保持联系的城市扩展方式,促进了旅游业的发展,包括景区房地产开发模式、度假会议中心和景区型新农村等类型形成的旅游综合体。这种旅游综合体是一种特殊的新型城镇化形态,既不是传统的旅游景区,又不是纯粹的住宅社区,也不是建制型城镇,更不是新型农村社区,而是基于城乡之间(可能是城市郊区、也可能是乡村地区、还可能是大景区外围区域)具有一定旅游资源与土地空间的地块,依托良好的交通条件,通过旅游的"搬运效应",将城市的旅游消费力搬运到开发地块,从而带动该地块的土地综合开发,实现泛旅游产业聚集、旅游人口聚集和相关配套设施的发展,形成旅游休闲导向的景区型城镇化聚落。旅游综合体以泛旅游产业的整合为根本支撑,以休闲化消费的聚集为核心动力,以设施和配套的配置为重要基础,以服务和管理的创新为基本保障。

按照空间扩展形式,城市化可分为向心型城市化和离心型城市化两种类型:离心型城市化,又包括外延型和飞地型两种。随着我国城市化进程的加快,飞地型城市化正越来越多地出现,而在飞地型城市化过程中,开发区飞地城市化和旅游飞地城市化是主要形式。旅游飞地,是指城里人或者外来投资商占据了旅游业中的经营者地位,并且占有绝对或者绝大部分的受益权,使得乡村旅游目的地形成了城里人的飞地。景区与周边社区条件不同,而与城市保持部分职能上的联系。

可见,飞地型城市旅游需要具备以下几个条件:一是城市经济具有较大实力,城市旅游职能变得越来越重要,但城市内部又缺少高等级旅游资源;二是近郊区具有能够建设旅游项目的环境条件;三是投资商具有一定的开发实力。

二、"飞地型"景区的发展路径

（一）景区区域作为城市向乡村扩散的一个增长极

飞地发展模式,往往借助景区及周边区域,把城市原来的会议中心、高档次住宅、城乡一体化据点,选择在偏离城市的景区附近来发展,形成了城市向乡村扩散的一个增长极。这类景区以综合性旅游度假区为主要类型,而且必须有土地利用的足够空间。但是,景区与当地社区联系比较少,对当地经济发展的带动作用不是很明显。

（二）政府行为影响"飞地"景区区位选择

城市周边往往有多个景区,选择在哪一个景区附近,虽然要考虑到景区自然环境和区位条件等因素,但是,如何落实到具体位置,类似于经济开发区的选择,受到政府行为的影响较大,也受到城市区域经济发展的制约。

（三）景区开发与房地产、会议和度假相结合

旅游功能是旅游景区的基本功能,但是,高等级景区游客市场保证率较高,而低等级景区游客市场的季节性强,以单一的观光市场带动景区发展,旅游景区价值效益没有得到充分发挥。由于景区资源具有较高的环境价值,政府经常把一些等级不高的景区开发与房地产、会议和度假市场开发相结合,获取景区较大的开发价值。

三、案例分析

（一）以北京为依托的蟹岛度假村旅游开发

蟹岛度假村,在北京首都机场附近,总占地面积220公顷,集种植、养殖、

旅游、度假、休闲、生态农业观光为一体。度假村以产销"绿色食品"为其最大特色，以餐饮、娱乐、健身为载体，以让客人享受清新自然、远离污染的高品质生活为经营宗旨。投资 6000 万元兴建的蟹岛仿古农庄，以展现中国北方自然村落为宗旨。"蟹岛农庄"是复原老北京风情，展现 50 年前农村各阶层生活情境的四合院群落，有豪华宅邸、书斋雅室、勤武会馆、茅屋草堂、酒肆作坊等。另外还有四季可垂钓的"蟹宫"，综合性大型康乐宫、特色农家小院及观赏各种动物的"宠物乐园"。在布局上采取"前店后园"的方式。

（二）以杭州为依托的桐庐红灯笼乡村家园旅游开发

红灯笼乡村家园风景区，由红灯笼小木屋度假村、观光农艺园、红灯笼外婆家组成。总面积约 2 平方公里。地处天目溪畔，是一处具有田园乐趣和乡村风情的休闲度假旅游区。红灯笼外婆家依据山势地貌和小桥流水的自然乡村环境，构建了茶楼酒肆、戏院书场、乡村私塾、百姓宗祠等乡村景观和一条有百工演示、杂耍表演、土特产作坊为特色的乡村购物街市。红灯笼小木屋度假村，木屋群背依青山，面临碧水，造型古朴雅致。还有乡村酒吧、野味烧烤、民俗表演等娱乐节目和游泳池、多功能厅等配套设施。景区规划从功能安排、场景设计、服务设施、活动安排等均较好地迎合了顾客的心理需求，从而取得了较好的开发效果。

（三）以深圳为依托的华侨城旅游开发

华侨城，是深圳近郊的一个经济开发区，其面积为 4.8 平方公里，是一个大型国有企业的经济开发区。华侨城旅游业是在没有任何旅游资源的情况下，从兴建中国第一个主题公园——锦绣中华微缩景区起步，相继成功开发建设了锦绣中华、中国民俗文化村、欢乐谷等四大主题公园及深圳湾大酒店、海景酒店、威尼斯水景主题酒店、何香凝美术馆、暨南大学中旅学院、华夏艺术中心、欢乐干线高架单轨车、华侨城生态广场、华侨城高尔夫俱乐部、华侨城雕塑走廊、华侨城燕含山郊野公园等一批旅游文化项目设施，形成一个集旅游、文化、购物、娱乐、体育、休闲于一体的文化旅游度假区。华侨城的成功因素之一，是旅游与地产相结合，地产高规格的设计理念一切源于华侨城主题公园的成功经验，在旅游地产理念的影响下，居民自然就对华侨城主题公园有了莫名的亲切感。

（四）以湖北荆门为依托的彭墩乡村世界

"彭墩乡村世界"休闲农业观光景区，位于湖北省钟祥市石牌镇彭墩村，距所在地级荆门市中心城区以东 15 公里。2011 年被农业部、国家旅游局授予"全国休闲农业与乡村旅游示范点";同年又荣获"全国生态文化村"称号;现为国家 AAAA 级旅游景区。该景区以农业休闲观光为主线,建成风格独特的农民新居、农耕文化博览园、千弓荡情人岛、彭墩文化艺术中心广场、垂钓乐园、野外烧烤、有机果蔬采摘园、太空水莲基地、香樟园、枇杷园、桂花园等十多处,集休闲、观光、美食、采摘、垂钓、健身、拓展训练及会议培训于一体的综合性旅游目的地。

本章小结

本章主要对区域旅游发展中城市与景区发展关系优化的路径进行了研究。认为在不同的旅游区域中,由于旅游资源特点、城市经济等差异,其发展路径不同。景区资源驱动型旅游城镇化路径是目前旅游城镇化最为重要的路径选择,也是旅游城市与景区匹配关系优化的重要路径,包括"景城融合"型旅游城镇化、"城景相依"型旅游城镇化、景区就地旅游城镇化等方式。二是提高城市休闲性为导向的城市与景区匹配关系优化路径,该路径要参照城市体系建设原则、参照城市交通体系原则、参照城市体制建设原则、景区环境保护优先原则、以降低景区消费门槛为导向原则。三是以区域生态安全为导向的生态旅游发展路径,要把景区体系与城市生态区体系整合发展,实现景区环境生态化,加强游客管理和开发管理,提高城市绿色生态空间游憩能力,推进全域化旅游,降低景区生态容量的压力。四提高城市旅游职能的"飞地型"景区建设路径,把景区区域作为城市向乡村扩散的一个增长极,景区开发与房地产、会议和度假相结合。

第六章 浙江省景区与城市匹配关系优化研究

第一节 浙江省旅游景区发展现状

一、浙江省主要旅游景区分布

浙江省旅游资源丰富,至2012年8月,A级旅游景区(点)279个,其中AAAAA、AAAA、AAA级旅游景区(点)分别为9个、97个和72个。浙江省拥有国家级旅游度假区1处,省级旅游度假区18处;国家级风景名胜区18处,省级风景名胜区41处;全国重点文物保护单位132处,省级文物保护单位748处;国家级森林公园37处,省级森林公园72处;国家级自然保护区9处,省级自然保护区9处;国家级历史文化名城7处,省级历史文化名城11处,国家历史文化名镇16处,国家历史文化名村14处,省级历史文化街区和村镇79处;国家级爱国主义教育基地12处,省级爱国主义教育基地129处;全国重点寺庙院落14处。拥有如此众多的旅游资源,为旅游业的进一步开发提供了坚实的基础,为旅游产业的快速发展提供了重要的保障。浙江省下辖11个地级行政区,各地旅游资源十分丰富,选取世界地质公园、国家重点风景名胜区、国家AAAA级旅游区、国家自然保护区、国家森林公园、国家地质公园、国家水利风景区、国家城市湿地等八类为浙江主要旅游景区。旅游景区总量达到450个(如图6-1所示)。

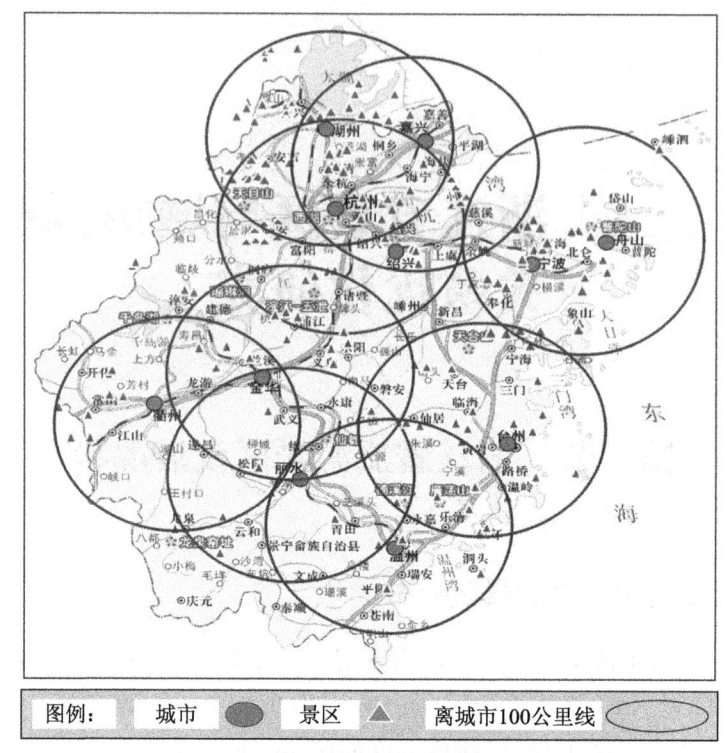

图6-1 浙江省主要旅游景区分布情况图

(一)杭州市景区分布情况

位于浙江省西北部,东临杭州湾,钱塘江入海口,南距绍兴100公里内。下辖:上城区、下城区、拱墅区、江干区、西湖区、滨江(高新)区、萧山区和余杭区8个区,富阳市、临安市、建德市、桐庐县和淳安县5个县(市),全地区总面积达16 596平方公里。主要旅游景区包括国家风景名胜2个,国家AAAAA级景区3个,AAAA级景区24个,国家水利风景区1个,国家城市湿地1个,国家级森林公园6个,国家自然保护区2个。杭州市景区相对集中(见表6-1)。

表6-1 杭州市主要旅游景区基本情况

景区类别	景区名称	与城市距离(公里)	大致位置
国家AAAAA级景区	(1)杭州西湖风景区	市区	杭州市西湖区
	(2)杭州西溪湿地旅游区	市区	杭州市西湖区
	(3)杭州淳安千岛湖风景区	约170	杭州市淳安县

续表

景区类别	景 区 名 称	与城市距离(公里)	大致位置
AAAA级景区	(1)杭州宋城景区	市区	杭州市西湖区
	(2)杭州乐园	约20	杭州市萧山区
	(3)临安天目山	约60	杭州市临安市
	(4)杭州野生动物世界	约40	杭州市富阳市
	(5)杭州雷峰塔景区	市内	杭州市上城区
	(6)杭州东方文化园	约20	杭州市萧山区
	(7)杭州双溪漂流景区	约30	杭州市余杭区
	(8)富春桃源风景区	约40	杭州市富阳市
	(9)大慈岩风景区	约140	杭州市建德市
	(10)临安大明山	约60	杭州市临安市
	(11)浙西大峡谷	约60	杭州市临安市
	(12)龙门古镇景旅游区	约40	杭州市富阳市
	(13)柳溪江风景区	约60	杭州市临安市
	(14)杭州市清河坊历史街区	市区	杭州市上城区
	(15)湘湖景区	约20	杭州市萧山区
	(16)瑶琳仙境	约110	杭州市桐庐县
	(17)桐庐垂云通天河景区	约110	杭州市桐庐县
	(18)建德七里扬帆景区	约140	杭州市建德市
	(19)临安东天目景区	约60	杭州市临安市
	(20)建德灵栖洞景区	约140	杭州市建德市
	(21)杭州市良渚博物馆	约20	杭州市余杭区
	(22)杭州市超山景区	约30	杭州市余杭区
	(23)杭州市极地海洋公园	约20	杭州市萧山区
	(24)杭州市桐庐严子陵钓台	约110	杭州市桐庐县

续表

景区类别	景区名称	与城市距离(公里)	大致位置
国家级风景名胜区	(1)西湖风景名胜区	市区	杭州市西湖区
	(2)"两江一湖"风景名胜区	市区	富阳、桐庐
国家级自然保护区	(1)天目山国家级自然保护区	约60	杭州市临安市
	(2)清凉峰国家级自然保护区	约60	杭州市临安市
国家级森林公园	(1)千岛湖国家森林公园	约170	杭州市淳安县
	(2)大奇山国家森林公园	约110	杭州市桐庐县
	(3)午潮山国家森林公园	约40	杭州市富阳市
	(4)富春江国家森林公园	约40	杭州市富阳市
	(5)青山湖国家森林公园	约60	杭州市临安市
	(6)山沟沟国家森林公园	约20	杭州市余杭区
国家水利风景区	富阳市富春江水利风景区	约40	杭州市富阳市
国家城市湿地	西溪国家湿地公园	市区	杭州市西湖区

(二)嘉兴市旅游景区分布情况

嘉兴市位于长江三角洲南翼的杭嘉湖平原,东接上海大约100公里,南濒杭州湾,西连杭州80多公里,至湖州约100公里。下辖嘉善、平湖、海盐、海宁、桐乡和秀城、秀洲等7个县(市、区),总面积3915平方公里。嘉兴景区数量相对较少,主要旅游景区包括国家AAAAA级景区2个,AAAA级景区6个,国家水利风景区1个,国家城市湿地1个,国家级森林公园1个(见表6-2)。

表6-2 嘉兴市主要旅游景区基本情况

景区类型	景区名称	与城市距离(公里)	行政位置
国家AAAAA级景区	嘉兴南湖旅游区	市区	嘉兴市区
	乌镇古镇	约30	嘉兴市桐乡市

续表

景区类型	景区名称	与城市距离(公里)	行政位置
AAAA级景区	(1)西塘景区	约20	嘉兴市嘉善县
	(2)海宁中国皮革城景区	约35	嘉兴市海宁市
	(3)东湖旅游景区	约35	嘉兴市平湖市
	(4)嘉兴市嘉善碧云花园十里水乡	约20	嘉兴市嘉善县
	(5)南北湖风景区	约55	嘉兴市海盐县
	(6)海宁盐官观潮景区	约35	嘉兴市海宁市
国家水利风景区	海宁市钱江潮韵度假村	约35	嘉兴市海宁市
国家城市湿地			
国家级森林公园	九龙山国家森林公园	约35KM	嘉兴市平湖市

(三)湖州市旅游景区分布情况

湖州市地处浙江省北部,南接杭州约80公里,西依天目山,北濒太湖,与无锡、苏州隔湖相望,是环太湖地区唯一因湖而得名的城市。下辖德清、长兴、安吉三县和吴兴、南浔二区,总面积5818平方公里;湖州景区数量相对较少,主要旅游景区包括国家级风景名胜区1个,AAAA级景区9个,国家水利风景区4个,国家城市湿地1个,国家级森林公园1个,国家级自然保护区1个(见表6-3)。景区资源本底值排名全省第7位,与城市配置效度全省排名第8位,景区与城市配置相对劣势。南部的德清、安吉内景区区位与杭州较近,接受杭州城市辐射较明显。

表6-3 湖州市主要旅游景区基本情况

景区类型	景区名称	与城市距离(公里)	行政位置
AAAA级景区	(1)安吉竹博园	约80	湖州市安吉县
	(2)太湖旅游度假区	市区	湖州吴兴区
	(3)南浔旅游区	约35	湖州市南浔区
	(4)金钉子远古世界景区	约62	湖州市长兴县
	(5)湖州新四军苏浙军区旧址群景区	约62	湖州市长兴县
	(6)安吉江南天池景区	约105	湖州市安吉县
	(7)德清下渚湖湿地风景区	约53	湖州市德清县
	(8)中南百草园景区	约77	湖州市安吉县
	(9)德清莫干山风景区	约53	湖州市德清县

续表

景区类型	景区名称	与城市距离(公里)	行政位置
国家级风景名胜区	莫干山风景名胜区	约53	湖州市德清县
国家级自然保护区	长兴地质遗迹国家级自然保护区	约62	湖州市长兴县
国家级森林公园	竹乡国家森林公园	约80	湖州市安吉县
国家水利风景区	(1)湖州太湖旅游度假区	市区	湖州吴兴区
	(2)安吉县天赋旅游区	约80	湖州市安吉县
	(3)安吉县江南天池水利风景区	约80	湖州市安吉县
	(4)安吉县老石坎水库水利风景区	约80	湖州市安吉县
国家城市湿地	仙山湖国家湿地公园	约55	湖州市长兴县

(四)宁波市旅游景区分布情况

宁波地处浙江中部沿海,钱塘江湾南岸,总面积9365平方公里,是全国历史文化名城。下辖象山、宁海二县及余姚、慈溪、奉化三个县级市。市区设海曙、江东、江北、镇海、北仑、鄞州六个区和东钱湖旅游度假区。主要旅游景区包括风景名胜区1个,AAAAA级景区1个,AAAA级景区25个,国家水利风景区4个,国家级森林公园4个(见表6-4)。景区资源本底值排名全省第2位,与城市配置效度全省排名第4位,说明宁波的景区与城市配置相对优势。

表6-4 宁波市主要旅游景区基本情况

景区类型	景区名称	与城市距离(公里)	行政位置
国家AAAAA级景区	宁波奉化(溪口-滕头)旅游景区	约130	宁波市奉化市

续表

景区类型	景区名称	与城市距离(公里)	行政位置
AAAA级景区	(1)宁波梁祝文化公园	市区	宁波市鄞州区
	(2)宁波市前童古镇	约80	宁波市宁海县
	(3)慈城古县城旅游景区	14	宁波市江北区
	(4)宁海温泉风景区	约80	宁波市宁海县
	(5)宁波天一阁博物馆	市区	宁波市海曙区
	(6)宁波五龙潭风景名胜区	约35	宁波市鄞州区
	(7)石浦中国渔村景区	约150	宁波市象山县
	(8)丹山赤水	约50	宁波市余姚市
	(9)宁波天下玉苑景区	约50	宁波市余姚市
	(10)宁波雅戈尔动物园	市区	宁波市鄞州区
	(11)宁波保国寺古建筑博物馆	约50	宁波市余姚市
	(12)宁波博物馆	市区	宁波市鄞州区
	(13)宁波市郑氏十七房景区	市区	宁波市镇海区
	(14)宁波天宫庄园休闲旅游区	市区	宁波市鄞州区
	(15)宁波市镇海区招宝山旅游风景区	20	宁波市镇海区
	(16)宁波九龙湖度假区	20	宁波市镇海区
	(17)宁波市海洋世界	市区	宁波市江东区
	(18)宁波市老外滩景区	市区	宁波市江北区
	(19)松兰山旅游区	约150	宁波市象山县
	(20)宁波大桥生态农庄	约60	宁波市慈溪市
	(21)绿野山庄	市区	宁波市江北区
	(22)宁波雅戈尔达蓬山旅游区	约60	宁波市慈溪市
	(23)宁波九峰山旅游区	20	宁波市北仑区
	(24)象山石浦渔港古城景区	约150	宁波市象山县
	(25)凤凰山海港乐园	20	宁波市北仑区

续表

景区类型	景 区 名 称	与城市距离(公里)	行政位置
国家级风景名胜区	雪窦山风景名胜区	约35	宁波市奉化市
国家级森林公园	(1)天童国家森林公园	20	宁波市鄞州区
	(2)溪口国家森林公园	约130	宁波市奉化市
	(3)四明山国家森林公园	约50	宁波市余姚市
	(4)双峰国家森林公园	约80	宁波市宁海县
国家水利风景区	(1)宁波天河生态风景区	约80	宁波市宁海县
	(2)奉化市亭下湖旅游区	约130	宁波市奉化市
	(3)慈溪市杭州湾海滨游乐园	约60	宁波市慈溪市
	(4)余姚市姚江风景区	约50	宁波市余姚市

(五)绍兴市旅游景区分布情况

绍兴,位于浙江省中北部,与杭州、宁波二城市距离100公里以内,北濒杭州湾,下辖绍兴县、诸暨市、上虞市、嵊州市、新昌县和越城区,面积8256平方公里,人口436万,其中市区面积362平方公里,人口65万,是首批中国历史文化名城、首批中国优秀旅游城市、国家园林城市。主要旅游景区包括风景名胜区2个,AAAAA级景区1个,AAAA级景区10个,国家级风景名胜区2个,国家地质公园1个,国家水利风景区5个,国家城市湿地2个,国家级森林公园3个。主要景区分布在距离市区20公里内的绍兴市区及绍兴县内,其次是诸暨和新昌(见表6-5)。

表6-5 绍兴市主要旅游景区基本情况

景区类型	景 区 名 称	与城市距离(公里)	行政位置
国家AAAAA级景区	绍兴市(沈园/鲁迅故里)景区	市区	绍兴市越城区

续表

景区类型	景 区 名 称	与城市距离(公里)	行政位置
AAAA级景区	(1)柯岩风景区	约15	绍兴市绍兴县
	(2)新昌县大佛寺景区	约100	绍兴市新昌县
	(3)诸暨市五泄风景区	约50	绍兴市诸暨市
	(4)会稽山景区	市区	绍兴市越城区
	(5)兰亭景区	市区	绍兴市越城区
	(6)东湖风景区	市区	绍兴市越城区
	(7)诸暨市西施故里风景区	约50	绍兴市诸暨市
	(8)诸暨华东国际珠宝城	约50	绍兴市诸暨市
	(9)大香林风景区	约15	绍兴市绍兴县
	(10)新昌达利丝绸世界旅游区	约100	绍兴市新昌县
国家级风景名胜区	(1)浣江—五泄风景名胜区	约50	绍兴市诸暨市
	(2)天姥山风景名胜区	约100	绍兴市新昌县
国家地质公园	新昌	市区	绍兴市新昌县
国家级森林公园	(1)兰亭国家森林公园	约15	绍兴市绍兴县
	(2)五泄国家森林公园	约50	绍兴市诸暨市
	(3)南山湖国家森林公园	约100	绍兴市嵊州市
国家水利风景区	(1)新昌县沃洲湖水利风景区	约100	绍兴市新昌县
	(2)绍兴市环城河风景区	约100	绍兴市新昌县
	(3)浙东古运河绍兴运河园	市区	绍兴市越城区
	(4)上虞市曹娥江城防水利风景区	约30	绍兴市上虞市
	(5)绍兴市曹娥江大闸水利风景区	市区	绍兴市北部
国家城市湿地	(1)镜湖国家城市湿地公园	市区	绍兴中心城市
	(2)白塔湖国家湿地公园	约50	绍兴市诸暨市

（六）台州市主要旅游景区分布情况

台州，位于浙江沿海中部，下辖椒江、黄岩、路桥3个区，临海、温岭两市，玉环、天台、仙居、三门4县。全市陆地面积9411平方公里，海洋面积8万平方公里。主要旅游景区包括国家级风景名胜区3个，AAAA级景区7个，国家地质公园1个，国家水利风景区3个，国家城市湿地2个，国家级森林公园2个（见表6-6）。景区资源本底值排名全省第6位，与城市配置效度全省排名第9位，说明台州的景区与城市配置相对较差。

表6-6 台州城市及周边主要景区基本情况

景区类型	景区名称	与城市距离（公里）	行政位置
AAAA级景区	（1）玉环大鹿岛景区	约80	台州市玉环县
	（2）天台山风景旅游区	约100	台州市天台县
	（3）临海江南长城景区	约50	台州市临海市
	（4）长屿硐天	约40	台州市温岭市
	（5）神仙居风景旅游区	约90	台州市仙居县
	（6）台州市海洋世界	市区	台州市椒江区
	（7）玉环漩门湾观光农业园	约65	台州市玉环县
国家级风景名胜区	（1）天台山风景名胜区	约110	台州市天台县
	（2）仙居风景名胜区	约90	台州市仙居县
	（3）方山—长屿硐天风景名胜区	约40	台州市温岭市
国家级森林公园	（1）华顶国家森林公园	约110	台州市天台县
	（2）大溪国家森林公园	约40	温岭市
国家水利风景区	（1）天台山龙穿峡水利风景区	约110	台州市天台县
	（2）玉环县玉环水利风景区	约75	台州市玉环县
	（3）天台县琼台仙谷水利风景区	约110	台州市天台县
国家城市湿地	（1）临海市三江国家城市湿地公园	约58	台州市临海市
	（2）台州市鉴洋湖国家城市湿地公园	约20	台州市黄岩区

(七)金华市主要旅游景区分布情况

金华,位于浙江省中部,东邻台州,南毗丽水,西连衢州,北接绍兴、杭州,总面积为10 917平方公里,现辖婺城区、兰溪市、义乌市、东阳市、永康市、金华县、武义县、浦江县、磐安县。主要旅游景区包括国家级风景名胜区2个,AAAAA级景区1个,AAAA级景区9个,国家级自然保护区1个,国家级森林公园2个(见表6-7)。主要景区分布较为分散,景区与城市配置指数处于全省的第10位。

表6-7 金华市主要旅游景区基本情况

景区类型	景区名称	与城市距离(公里)	行政位置
AAAAA级景区	横店影视城景区	约95	金华市东阳市
AAAA级景区	(1)金华双龙风景旅游区	约15	金华市城北
	(2)兰溪诸葛八卦村	约40	金华市兰溪市
	(3)义乌中国国际商贸城购物旅游区	约60	金华市义乌市
	(4)百杖潭景区	约150	金华市磐安县
	(5)浦江仙华山景区	约80	金华市浦江县
	(6)横店红色旅游城	约95	金华市东阳市
	(7)横店华夏文化园	约95	金华市东阳市
	(8)横店明清民居博览城	约95	金华市东阳市
	(9)东阳中国木雕城	约80	金华市东阳市
国家级风景名胜区	(1)双龙风景名胜区	约15	金华市城北
	(2)方岩风景名胜区	约60	金华市永康市
国家级自然保护区	大盘山国家级自然保护区	约150	金华市磐安县
国家级森林公园	(1)双龙洞国家森林公园	约15	金华市城北
	(2)牛头山国家森林公园	约100	金华市武义县

(八) 衢州市旅游景区分布

衢州位于浙江省西部,与福建、江西、安徽三省毗邻,素有"四省通衢"之称,历史上一直是四省边际交通枢纽和物资集散地,地域面积 8841 平方公里。下辖龙游、开化、常山 3 县、柯城、衢江 2 区和江山 1 市。主要旅游景区包括国家级风景名胜区 1 个,AAAA 级景区 7 个,国家地质公园 1 个,国家水利风景区 4 个,国家城市湿地 1 个,国家级森林公园 4 个,国家级自然保护区 1 个(见表 6-8)。

表 6-8 衢州市主要旅游景区基本情况

景区类型	景区名称	与城市距离(公里)	行政位置
AAAA 级景区	(1) 江山市江郎山风景区	约 45	衢州市江山市
	(2) 龙游石窟景区	约 35	衢州市龙游县
	(3) 衢州市开化中国根艺美术博览园	约 65	衢州市开化县
	(4) 衢州市江山清漾景区	约 45	衢州市江山市
	(5) 衢州市江山廿八都景区	约 45	衢州市江山市
	(6) 衢州市药王山景区	约 30	衢州市城南
	(7) 衢州市天脊龙门风景区	约 35	衢州市城南
国家级风景名胜区	江郎山风景名胜区	约 45	衢州市江山市
国家地质公园	常山		
国家级自然保护区	古田山国家级自然保护区	约 65	衢州市开化县
国家级森林公园	(1) 仙霞国家森林公园	约 45	衢州市江山市
	(2) 钱江源国家森林公园	约 65	衢州市开化县
	(3) 紫微山国家森林公园	市区	衢州市衢江区
	(4) 三衢国家森林公园	约 50	衢州市常山县
国家水利风景区	(1) 衢州市乌溪江水利风景区	约 15	衢州市南部
	(2) 衢州市信安湖水利风景区		衢州市境内
	(3) 江山月亮湖水利风景区	约 45	衢州市江山市
	(4) 江山市峡里湖生态风景区	约 45	衢州市江山市
国家城市湿地	乌溪江国家湿地公园	市区	衢州市衢江区

(九) 丽水市主要旅游景区分布情况

丽水位于浙江西南部,全市总面积 17 298 平方公里,是浙江省面积最大而人口最稀少的地区。下辖莲都区及景宁畲族自治县、缙云、青田、遂昌、云和、庆元、松阳七县。主要旅游景区包括国家级风景名胜区 1 个,AAAA 级景区 14 个,国家水利风景区 2 个,国家城市湿地 1 个,国家级森林公园 3 个,国家自然保护区 2 个(见表 6 - 9)。

表 6 - 9 丽水市主要旅游景区基本情况

景区类型	景 区 名 称	与城市距离(公里)	行政位置
AAAA 级景区	(1)仙都	40	丽水市缙云县
	(2)神龙飞瀑景区	约 100	丽水市遂昌县
	(3)黄龙景区	40	丽水市缙云县
	(4)丽水云和梯田景区	约 70	丽水市云和县
	(5)遂昌金矿国家矿山公园	约 100	丽水市遂昌县
	(6)中国"畲乡之窗"景区	约 90	丽水市景宁
	(7)丽水景宁云中大漈景区	约 90	丽水市景宁
	(8)丽水市云和湖仙宫景区	约 70	丽水市云和县
	(9)南尖岩景区	约 150	丽水市遂昌县
	(10)中国青田石雕文化旅游区	约 70	丽水市青田县
	(11)丽水市遂昌千佛山景区	约 100	丽水市遂昌县
	(12)浙江龙泉山旅游区	约 120	丽水市龙泉市
	(13)丽水东西岩景区	约 28	丽水市西北
	(14)丽水市青田石门洞景区	约 85	丽水市青田县
国家级风景名胜区	仙都风景名胜区	约 40	丽水市缙云县
国家级自然保护区	(1)凤阳山 - 百山祖国家级自然保护区	约 190	龙泉、庆元两县境内
	(2)九龙山国家级自然保护区	约 100	丽水市遂昌县
国家级森林公园	(1)遂昌国家森林公园	约 100	丽水市遂昌县
	(2)石门洞国家森林公园	约 40	丽水市青田县
	(3)松阳卯山国家森林公园	约 80	丽水市松阳县

续表

景区类型	景区名称	与城市距离(公里)	行政位置
国家水利风景区	(1)丽水市南明湖水利风景区	/	丽水市境内
	(2)遂昌县十八里翠水利风景区	约100	丽水市遂昌县
国家城市湿地	九龙国家湿地公园	约100	丽水市遂昌县

(十)温州市主要旅游景区分布情况

温州市,位于浙江东南部,南接福建宁德福鼎市,西与丽水市相连,北与台州市毗邻,总面积11 784平方公里。下辖鹿城、龙湾、瓯海3区,瑞安、乐清2市和洞头、永嘉、平阳、苍南、文成、泰顺6县。主要旅游景区包括国家级风景名胜区3个,国家AAAAA级景区1个,AAAA级景区10个,世界地质公园1个,国家级森林公园5个,国家级自然保护区2个(见表6-10)。

表6-10　温州市主要旅游景区基本情况

景区类型	景区名称	与城市距离(公里)	行政位置
国家AAAAA级景区	温州乐清市雁荡山风景区	约80	温州市乐清市
AAAA级景区	(1)中雁荡山风景区	约80	温州市乐清市
	(2)铜铃山国家森林公园	约150	温州市文成县
	(3)南雁荡山景区	约60	温州市平阳县
	(4)江心屿景区	市区	温州市鹿城区
	(5)温州市洞头景区	约65	温州市洞头县
	(6)寨寮溪风景名胜区	约40	温州市瑞安市
	(7)楠溪江风景名胜区	约40	温州市永嘉县
	(8)温州文成龙麒源旅游景区	约150	温州市文成县
	(9)温州乐园景区	市区	市区
	(10)温州市文成县百丈飞瀑景区	约150	温州市文成县

续表

景区类型	景区名称	与城市距离(公里)	行政位置
国家级风景名胜区	(1)雁荡山风景名胜区	约80	温州市乐清市
	(2)楠溪江风景名胜区	约40	温州市永嘉县
	(3)百丈祭飞云湖风景名胜区	约150	温州市文成县
国家级自然保护区	(1)南麂列国家级自然保护区	约60	温州市平阳县
	(2)乌岩岭国家级自然保护区	160	温州市泰顺县
国家级森林公园	(1)雁荡山国家森林公园	约80	温州市乐清市
	(2)玉苍山国家森林公园	约80	温州市苍南县
	(3)铜岭山国家森林公园	约150	温州市文成县
	(4)花岩国家森林公园	约40	温州市瑞安市
	(5)龙湾潭国家森林公园	约40	温州市永嘉县
世界地质公园	雁荡山世界地质公园	约80	温州乐清市

(十一)舟山主要旅游景区分布

舟山市位于长江口以南、杭州湾以东的浙江省北部海域。舟山群岛岛礁众多,星罗棋布,共有大、小岛屿1390个,约相当于我国海岛总数的20%;分布海域面积22 000平方公里,陆域面积1371平方公里。下辖2区(定海区、普陀区)2县(岱山县、嵊泗县)。主要旅游景区包括国家级风景名胜区2个,AAAAA级景区1个,AAAA级景区2个(见表6-11)。旅游景区数量少,城市与资源配置总量低,但海岛旅游资源特色性突出。

表6-11 舟山市主要旅游景区基本情况

景区类型	景区名称	与城市距离	行政位置
国家AAAAA级景区	舟山普陀山风景区	海岛	舟山市普陀区
AAAA级景区	(1)桃花岛风景旅游区	海岛	舟山桃花岛
	(2)朱家尖风景旅游区	海岛	舟山群岛东南部
国家级风景名胜区	(1)普陀山风景名胜区	海岛	舟山市普陀区
	(2)嵊泗列岛风景名胜区	海岛	舟山嵊泗列岛

二、浙江省旅游景区发展特征

(一) 旅游景区功能呈现多元化

从旅游景区经济功能型为主,向环境与社会综合功能型转变,从观光型旅游为主,向观光、休闲度假和商务会展型发展转变。浙江省长期致力于各类旅游资源的保护与开发,针对旅游资源基础条件和市场需求多样性,逐步推进旅游产品的多元化发展。

(二) 旅游景区由数量增加向质量提升转变

各级政府对旅游业经济发展的贡献较为重视,或将其作为支柱产业来培植,或将其作为先导产业来发展,因而各地大力进行旅游资源开发,形成了一批又一批的新旅游景区。但是,随着旅游景区数量的增加,相互间竞争越来越激烈,质量提升是旅游景区可持续发展的关键。旅游景区也需要进行经营和管理的创新,根据游客需求的变化,寻求自身与竞争对手的差异,满足游客对差异性的诉求,形成自身的特色,逐步挖掘自身的文化内涵,整合多方面的资源,最终形成旅游景区的品牌,提高景区的竞争力和吸引力。

(三) 经营模式多样化

浙江旅游发展从城市旅游为主向城市旅游与乡村旅游互动转变,景区质量稳步提升,从规模小、功能弱趋向规模扩张、功能叠加的复合化态势。以往单纯功能的森林公园、地质公园、自然保护区、文保单位等,景区丰富观光、休闲、度假复合功能;省内还涌现出一批大规模、高功能的,在国内甚至国际上很有影响的景区典范,为风景名胜区、古镇、主题公园、旅游度假区、城市旅游综合体等类型的景区经营发展创立了一定的模式。以往单纯的门票经济已开始变化,外部环境改变使景区自觉或不自觉地走向综合性赢利模式,通过产品创新来增加回头客的重复购买率;通过挖掘细分市场吸引新兴的潜在客源市场;通过信息化手段创新销售渠道、改革销售方式来降低宣传成本;通过组建配套酒店和旅行社等多种方式实现综合化赢利模式。

第二节 浙江省旅游景区发展态势

一、水体旅游景区星罗棋布

(一)浙江省水体旅游资源特点

1.分布的广泛性

已开发的和具有相当潜力有待开发的水体旅游资源遍布浙江境内。1965年和1987年,国务院分别公布的第一、第二批国家级风景区中,浙江有7处,而在这些风景区中,水体旅游资源具有重要作用。下面先着重简介这7个旅游资源。

(1)杭州西湖风景区。景区核心为西湖;西湖有十景,其中五景少不了水体这一构景要素。它们或以水为主体,或因水的映衬而显其美。古人赞美西湖,主要是赞美西湖之水。宋朝大诗人苏东坡有云:"水光潋滟晴方好,山色空濛雨亦奇。欲把西湖比西子,淡妆浓抹总相宜。"明朝大地理学家王士性也赞美西湖之水"微波如玉"。正是西湖水色湖光,才映出苏堤、白堤的秀丽和孤山的挺拔。景区外围有三大名泉(虎跑泉、龙井泉、玉泉)、九溪十八涧等景点,水体都是重要构景实体。

(2)富春江——新安江风景区。此景区位于钱塘江中上游,夹江两岸连绵数百里,山水相映成趣,美不胜收。南朝梁吴均在《与宋朱元思书》中描写富春江:"风烟俱静,天山共色,从流飘荡,任意东西。自富阳至桐庐一百许里,奇山异水,天下独绝。"自称遍游天下名山大川的唐代大诗人孟浩然赞美新安江:"湖经洞庭阔,江入新安清。"由此可见,这个风景区还是一个以水景为主,山水兼胜的综合风景区。

(3)雁荡山风景区。它是我国风景秀丽的名山之一。灵峰、灵岩、大龙湫为雁荡观赏之"三绝"。其中大龙湫是以飞瀑流泉为主景。清代诗人袁枚咏道:"龙湫山高势绝天,一线瀑布兜罗绵;五丈以上尚是水,十丈以下全是烟。"可见,雁荡山虽以名山著称,但它是以峰奇水胜为旅游特色,尤其具有风情韵致的飞流瀑布是其重要构景要素。

(4)天台山风景区。天台山是佛教名山,有八个主景,其中双涧回澜、螺溪钓艇、石梁飞瀑三景是以水体为构景实体。如"石梁飞瀑",是以石梁、飞瀑共同搭配而成的一大奇观。唐朝李郢有一句诗:"南国天台山水奇!"天台山的罕水怪瀑是吸引历代文人墨客前来观赏的重要原因。

(5)普陀山风景区。普陀山,位于舟山群岛上,是我国四大佛教名山之一,素有"海天佛国"之称。它以海浪、海滩、海岛、海声、海味等所构成的特有景色和风物给旅游者带来无数情趣和联想。宋代文学家王安石描写普陀山:"缥缈云飞海上山,石林水府隔尘寰。"普陀山旅游区具有海岛风光旅游资源优势。

(6)嵊泗列岛旅游区。此旅游区除与普陀山风景区具有基本相似的海岛旅游资源优势外,还以岛屿风光、山海风光取胜,是观看日出和避暑的好地方,有"海上仙山"之誉。

(7)楠溪江风景区。此风景区位于永嘉境内,溪流在青山之间穿行,形成36湾、72滩,水清见底,素以曲折、清静、幽雅著称。游人置身于此景区,如入"桃源仙境"。

再从次一级或新开发的水体旅游资源来说,还有金华双龙洞风景区、诸暨五泄风景区、奉化溪口风景区、台州海滨旅游线、温州南麂列岛旅游区,等等。

由此可见,浙江各大小景点几乎都是有水体旅游资源参与构成,也就是说,水体旅游资源遍布浙江东南西北。

2. 类型多样性

水体旅游资源主要包括海洋、河川、湖泊、泉水、瀑布五大类型,这五大类型在浙江无不具备。

(1)海洋旅游资源。海洋旅游资源类型多样。海水、海浪、海上日出、潮汐等可形成海上奇观,经过海水冲刷,形成新奇的海岸岩石,也可成为旅游一景。当然,海岛风光也是海洋旅游资源的重要组成部分。浙江东临辽阔海面,海岸线6100公里,海岛500平方米以上的有3061个,约占全国岛屿总数的1/2,具有多种海洋旅游资源。风光优美的海滨段、千奇百怪的海岸岩石、风格迥异的海岛随处可见。从已开发的浙江海洋旅游资源看,普陀山、嵊泗列岛为国家级风景区,游客量逐年增长。而待开发的海洋旅游资源,有台州海滨旅游线、温州南麂列岛旅游区等。这些旅游区将利用海岛旅游资源优势,把海上观日出、海滨浴场、避暑作为旅游开发方向。

(2)河川旅游资源。浙江有八大河川,都发源于丘陵、山地,东流入海。河川通过自身成景,或与其它景观要素相结合而构成重要旅游资源。

其一,河流通过形(弯曲状态)、声(水声)、色(水色)等构景要素吸引游客,给人们多种美感。如,温州的楠溪江及台州的永安溪、始丰溪等处于丘陵、山地之间,河谷或狭窄曲折,或水流湍急、汹涌澎湃,给人以气势雄伟的美感;或水清见底,给人以清静幽雅的感觉。又如钱塘江下游,河面宽阔,水天相连,使人胸襟为之大开。

其二,河川与其它景观相结合形成优美的风景。如,富春江素以"日出江花红胜火,春来江水绿如蓝"而闻名于世。碧水、青山、沙洲、渔舟白帆等共同构成了非常典型的河川风光。

(3)瀑布旅游资源。瀑布是从河床跌水(或陡崖)处飞泻而下的水流。瀑布旅游资源是自然山水相结合的产物,具有形、声及动态的景观特色,美学特征突出,是水景中最富有吸引力的旅游资源之一。浙江著名瀑布有天台山石梁飞瀑、诸暨五泄瀑布、雁荡大龙湫瀑布、建德葫芦瀑布、文成百丈际瀑布、奉化溪口千丈瀑布等。王士性描写雁荡大龙湫飞瀑:"刚见一飞瀑从天下,然无水状,仅如烟云搏聚而落,落地为珠玑;或朔风久盘桓不下,忽迸裂音如震霆。"此外,他还描写了天台石梁飞瀑:"上游涧水二,并流堕石梁下,如震霆书夜鸣。"

(4)湖泊旅游资源。湖泊是陆地表面洼地积水形成的比较宽广的水域。湖泊旅游资源通过水体的形、影、声、色、奇等构景因素而显强烈的震撼力。浙江名湖很多,杭州西湖、鄞县东钱湖、绍兴东湖、鉴湖、嘉兴南湖、萧山湘湖、上虞白马湖、临海东湖。湖泊景观是浙江的重要旅游资源。

(5)泉水旅游资源。泉是地下水的天然露头,是地下水涌出地表的自然景观。它不仅可供饮用和疗养,而且可以造景,具有观赏价值。杭州三大名泉就构成了西湖景区的重要景点。

海洋、河川、瀑布、湖泊、泉水等旅游资源中,水体是旅游资源的构景实体。除此之外,水体还参与辅助作用形成其它旅游资源,主要有名山旅游资源和岩溶地貌旅游资源。浙江名山很多,有雁荡山、天台山、天目山、普陀山、莫干山等,都以秀美为特色,而秀美离不开水及由它所滋养的花草树木。

浙江还有岩溶洞穴地貌,如,桐庐瑶琳洞、富阳灵山洞、金华双龙洞及兰溪六洞等。这些洞穴说到底也是水的杰作,水体参与整个洞穴形成的化学反应,同时水体也是构成洞穴奇美、静美、幽美的重要因素。

3. 构景的完美性

水体旅游资源的构景要素主要有自然要素、美学要素、文化要素三大类型。浙江水体旅游资源构景完美,首先表现在水体通过多种构景因素给游人以多方面的美感。如,静如明镜的西湖、宛如银带的新安江——富春江及各地喷珠溅玉的瀑布等,以各种各样的形态风韵展示形态美。海浪的击岸声、瀑布的轰鸣声、泉流的淙淙声,给人以听觉美。蓝天碧海、湖光水色、飞花溅玉的瀑布等,又给人以视觉美。山、石、白云、蓝天、岸边建筑在水中倒影则又给人以水影美。总之,浙江水体旅游资源美感特征突出。其次,水体能独立构成主景。东海的海洋景观、钱塘大潮、杭州西湖、众多瀑布景观都能独立构景。再次,水体有动态造景,又有静态造景。浙江众多江河、瀑布、滴泉、涧溪、海洋都是以动态水体构成重要观赏内容,湖泊风景则给人以静态美。

4. 季节变化不明显性

水体旅游资源属自然旅游资源。一般来说,要受到季节变化的影响,尤其受气候变化的影响。如,黄河壶口瀑布的规模和观赏性,就是受到季节变化的影响较大。浙江处于亚热带季风气候中部,年降水量季节变化不很显著,且海洋旅游资源不少,使得浙江水体旅游资源季节变化不明显,旅游资源吸引力和观赏效果不会因季节的变化而有较大差异。所以王士性描写杭州西湖一年四季的景观:"晴雨雪月,无不宜者。"其它如富春江、新安江景观,夏天水温低寒,凉风习习,可避七月炎暑;秋天,霜染溪枫叶叶丹;冬天,山多松柏,依然满目苍翠。又如,雁荡山大龙湫瀑布,春季瀑布悠悠忽忽婀娜多姿;盛夏如银龙狂舞;秋冬则潇洒悠荡,如白雪纷纷扬扬。即使有少数景点水体旅游季节变化稍大,钱塘潮,最佳观赏时间是农历八月十六日至十八日,但常年也基本上能达到观赏效果。

5. "山水浙江"旅游的重要载体

从旅游客源市场看,随着社会的进步、经济的发展及科学技术水平的提高,人们的旅游需求越来越复杂化。昔日的自然风光、文物古迹、民风民俗、城镇风貌、博物展览等观光旅游已远不能满足旅游者的需求。而保健型旅游、参与型旅游、休闲度假型旅游在兴起,水体则是开展这些新型旅游项目的重要场所。从旅游项目的多样化看,浙江拥有广阔海域和众多的河川湖泊,为开展垂钓活动、海上作业活动、水上漂流活动、水下游人观看海底世界活动等参与型旅游活动提供场所。从目前浙江水体旅游资源开发状况看,杭州西湖已成为全国和世界的旅游热点,一批水库景区、水利旅游地、江河旅游地都已相继得到开发,成为"山水浙江"的重要组成部分。但除此之外,浙江众多水体旅游资源仍处于有待开发的状态。浙江众多岛屿又为开展休闲疗养提供了良好场所,随着海洋经济发展战略的确立,浙江海洋旅游资源将会得到进一步的开发利用和保护。

(二)浙江水利景区"五位一体"生态旅游开发模式

水利景区开发是水体旅游资源开发利用的重要形式。浙江省是我国水利旅游资源丰富的省份之一,其水利旅游资源还具有自己的特点。浙江省水工程有水库、塘闸、运河、引水渠等,其中最具潜力、目前开发最多的是大中型水库。2001年水利部公布18个单位为首批国家水利风景区,浙江省占其中3个,即海宁市钱江潮韵度假村、宁波天河生态风景区和奉化市亭下湖旅游区。目前,浙江水利景区已达到24个。

"五位一体"生态旅游发展模式,是指在生态学理论指导下,树立生态理念,通过生态保护、生态规划、生态管理、生态教育、社会和谐五个途径,实现水库景区的旅游者、管理者、规划者、社区、景区环境的五个主体在生态旅游发展中的统一(如图6-2所示)。

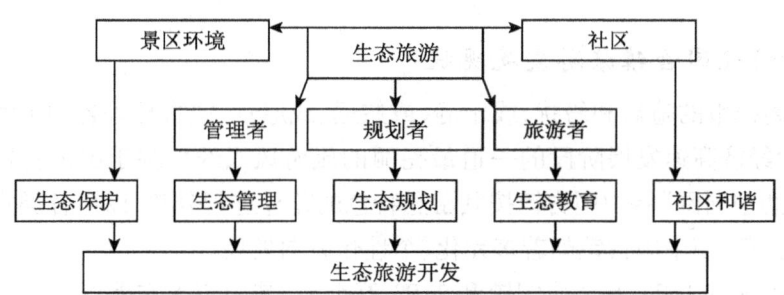

图6-2 水利景区"五位一体"生态旅游开发模式图

1. 加强旅游者生态教育是实现生态旅游的根本

旅游者是实现生态旅游的主体,一方面要求水库景区提供满足其需要的设施、产品和服务,并做到"物有所值",通过自由选择购买,依靠消费者协会、依靠舆论监督和法律等方式获得其需求和权益。但是,另一方面,由于水库景区对环境要求的特殊性,必须牺牲部分应该得到的经济利益,要求旅游者开展活动的同时,必须高要求保护环境,让游客接受生态教育,自觉遵守环境保护规划与制度。

2. 规划者的生态规划理念是实现生态旅游的前提

生态旅游强调的是对自然景观的保护,是可持续发展的旅游。规划指导景区开发的全过程,在规划过程中,规划师要把生态理念贯彻始终,在规划、建设、运营、管理、游客、技术、知识、交通、景观、标识、节能、垃圾、污水处理等各个环节都应突显保护优先理念,在开发中保护、保护中开发。在规划中强调自然修复能力与区域自我调节,不要过多引进外来物种,减少人工干扰。合理确定水库景区容量,坚持适度性进入,以环境承载力为基准。坚持可持续性开发,不以牺牲后人利益为目的。

3. 管理者生态保护职责是实现生态旅游的重要因素

水库管理机构是地方政府及其相关部门的派出机构,代表政府对水库旅游景区进行直接管理。其利益要求,首先,要与地方政府的利益要求相一致,即对景区资源环境进行有效保护、合理开发,谋求景区的社会环境效益,同时还要谋求自身的建设与发展。景区管理机构的职责主要通过景区规划的管理、项目审批及对景区经营企业的监督来实现,不应过分谋求经济利益。

二、古镇旅游景区备受青睐

(一)我国古镇旅游发展现状

远离都市的喧嚣和纷扰,或宁静、或悠远、或厚重、或古朴等各种类型的古镇,成为经济高速发展阶段的一道最亮丽的旅游风景线。基于国内古镇游现状,"游憩中国网"将中国古镇按其游憩特色的差异进行分类,以期各类古镇坚守自身特色,使中国古镇朝着多元化、个性化方向发展。

我国现有 1.78 万个建制镇和 2.93 万个乡,其中不乏有着百年历史以上的古城和古村镇,为便于研究,我们在本文中统称其为古镇。这些传承历史文化,沿袭民间习俗的古代聚居地,蕴藏着许多精美绝伦的艺术珍宝,深厚悠远的历史文化,闪耀出灿烂的光芒。按照各自不同的游憩特色,我们将其归纳为以下三类:

古镇型旅游地,共 118 个,分布在中国的 17 个省市区。中国现有 19 522 个建制镇和 14 677 个乡,其中不乏有着百年历史以上的古村镇。表 6 - 12 列出了中国 17 个省区市的古镇型旅游地数量和所占比重。从表 6 - 12 中可以看出,浙江古镇型旅游地数量最多,有 18 个,排在前三位的分别是浙江省、安徽省、贵州省。

表6-12 中国古镇型旅游地在各省区市的数量分布

省份	总计	比重/%	累积比重/%	省份	总计	比重/%	累积比重/%
浙江	18	15.25	15.25	福建	4	3.38	86.47
安徽	13	11.06	26.31	上海	4	3.39	89.86
贵州	13	11.06	37.37	江西	3	2.53	92.39
江苏	12	10.16	47.53	山西	3	2.53	94.92
四川	11	9.32	56.85	湖南	2	1.69	96.61
云南	9	7.62	64.47	湖北	2	1.69	98.30
广西	8	6.77	71.24	河北	1	0.85	99.15
重庆	8	6.77	78.01	内蒙古	1	0.85	100
广东	6	5.08	83.09				

资料来源：中国古镇旅游网．古镇列表．http://www.guzhen.com/#．

（二）浙江古镇旅游类型

1. 文化深厚型古镇

文化深厚型古镇，历史悠久，文化底蕴深厚，规模不一定大，但各种类型建筑一应俱全，除民居外，还保留有书院、牌坊、祠堂、风水阁楼、寺庙、衙门等建筑，记录了古代人民的日常生活及经济活动。古老质朴的古镇建筑、风味独特的美食佳肴、缤纷多彩的民俗节日、深厚的人文积淀和亘古不变的生活方式使文化深厚型古镇成为东方古老文明的活化石，如，乌镇、蟠滩等古镇。

在文化深厚型古镇的开发过程中，应重点突出其独特的文化内涵，将其特有的古镇文化定位为旅游产品的主题及整体风格，并将文化内涵作为旅游产品的核心竞争力着重宣传。此外，还应强调在开发过程中对古代文物的保护，将保护与开发有机结合，在合理保护的基础上，整合旅游产品，以突显古镇的文化特色；注重非物质文化遗产的传承，为当地各类民俗表演、戏曲表演、手工艺术等提供发展平台，并开展相应的旅游节庆文化活动，以进一步提升其文化内涵。

2. 民俗特色型古镇

民俗特色型古镇,有着鲜明的地方特色和个性特征,并蕴涵着极具民族特色的文化内涵。既有浪漫奔放的艺术风格,又蕴藏着人类无穷的想象力。在建筑风格上各有其民族特色,建筑形式不受约束,与大自然紧密地联系在一起,极富地理特征。

如,诸葛八卦村,位于浙江中西部兰溪市境内的群山中。据考证,该村是由诸葛亮27世孙诸葛大师于元代中后期开始营建的,至今已有600余年的历史。诸葛八卦村各家各户,面面相对,背背相依,巷道纵横,犹如迷宫。话说诸葛大师(诸葛亮第二十七世孙)在高隆安家落户后,运用自己学到的阴阳堪舆学(即俗称的风水学)知识,按九宫八卦构思,精心设计了整个八卦村的布局:以钟池为核心,八条小巷向外辐射,形成内八卦;妙的是村外刚好有八座小山,形成环抱之势,构成外八卦。村内房屋分布在八条小巷,虽然历经几百年岁月,人丁兴旺,屋子越盖越多,但是九宫八卦的总体布局一直不变。据说这是中国第一座八卦布局的村庄。整个村子就是一个巨大的活文物,是中国古村庄与古民居完整保留的典范。来到这个奇村,闭上眼睛随便一指,都会指到一座百年以上的屋子。

"民俗特色"作为此类古镇吸引游人的首要因素,应作为其旅游开发的重点。在民俗特色型古镇开发过程中,要注重其自身的空间形式、艺术风格及民族传统的保护与传承,并深刻挖掘古镇的文化内涵,把握其自身民族文化的不可复制性,将独特的民俗风情积极转化为旅游产品,从而彰显民俗特色型古镇独特的魅力。

3. 时尚休闲型古镇

时尚休闲型古镇,商业化程度较高,店铺、餐厅、酒吧等密集,其休闲度假功能大于观光游览功能,不仅具备安逸、闲适的特征,还具有时尚、娱乐的元素,是旅客休闲或长期居住的度假中心。如,绍兴、古堰画乡等古镇。

时尚休闲型古镇的灵魂在于古镇所特有的安逸,而并非都市的浮华,游客到此类古镇休闲度假,是为远离都市的嘈杂,寻觅一份宁静。因此,在古镇开发过程中,首先要把握其文化内涵与商业行为的和谐,进而在维持古镇原始风貌及居民原始生活习俗的基础上,引入一些高品位、有特色、与古镇气质相吻合的休闲商业行为,以打造时尚休闲型古镇。开发过程中,还应强调将商业活动保持在一定的限度内,其内容及风格要有统一的标准,避免过度商业化破坏其原有的古镇文化本质悠闲祥和的氛围。

三、农家乐发展如火如荼

(一)浙江省农家乐旅游的主要特点

1. 旅游产品特色化

"农家乐"旅游以农村、农业、农事为主要发展载体,重点在于最大程度地保持和突出原汁原味的农家风味。特色是"农家乐"旅游的灵魂,有特色才有生命力。浙江省在农家乐发展初期时自由发展;随着农家乐数量的增多,进入政府引导阶段,市场开发模式强调开发特色,有的借景发展特色餐饮,有的创造了农事体验,有的提供优良生态环境体验,在建筑、区位选择和农家环境营造方面形成了不同的风格和特色。总体来看,各地农家乐特色性是较明显的,如,滨海渔家乐和山区农家乐的特色差异性就较大。在规划与建设时不仅反映了农家特色,而且大多依照区域地理文脉的特点,于农家乐中体现区域特色,也连接了农家乐点与区域旅游网络。

2. 消费水平层次化

浙江省农家乐点多、发展迅速,但由于农家乐主体经营水平不一,经营能力不同,开发方式也不同,形成的农家乐旅游产品消费层次具有较大的差异性。发展初期形成的个体型"农家乐"总量大,个体小,往往仅仅是餐饮和住宿的消费,产品档次低;而由企业或较大的投资公司开发的农家乐,如,奉化的黄贤农庄,则是集餐饮、住宿、娱乐、购物、会议等于一体的乡村休闲旅游方式,消费档次高。

3. 空间分布全境化

浙江省11个地级市域中,每个地级市域中的农家乐特色村和星级经营户都在20个以上,呈现出分布广、全境化的特点。截至2011年,浙江省已评定省级农家乐特色村(点)352个和省级四、五星级经营户(点)160个。此外,根据2010年浙江省国民经济和社会发展统计公报,浙江省农家乐休闲旅游业发展较快,全省累计发展农家乐休闲旅游特色村(点)2490个,从业人员8.77万人,年营业收入54.43亿元。

4. 经营模式多样化

从浙江省农家乐旅游发展过程看,经营主体出现了农户、农户联营、公司等构成,投入模式出现了农户个体投资型、农户合股投资型、乡村集体主导型的企业投资型,投资主体呈现出多元化特征。因而,经营模式形成了个体农户经营模式、社区型的农户+农户经营模式、公司+农户模式、公司+社区+农户模式、政府+公司+农民旅游协会+旅行社模式等多种形式。

5. 非核心业务的服务外包化

随着农家乐旅游的不断发展,游客消费需求品质不断提高,对农家乐的服务品质提出了新的挑战。农家乐旅游服务外包是指农家乐以价值链管理为基础、以供应链为载体,将其非核心业务通过合同或者契约方式转包给本企业之外的服务提供者,以提高农家乐服务品质和优化农家乐资源配置的生产组织模式。农家乐旅游服务外包内容包括营销外包、餐具消毒外包、人力外包、食物外包等方面。农家乐的服务外包既可以提高农家乐经营质量、提高游客满意度,而且能够降低农家乐运作成本,从而提高了农家乐的竞争力。所以,服务外包成为农家乐经营发展的一个特点。

(二)主要开发模式

农家乐是以经济发展导向而发展起来的,追求经济效益是其主要动力。根据区位条件,可分为景区周边型与城市依托型。根据其经营形式与投资主体差异,浙江省农家乐主要有分散型个体农家乐、社区型农家乐和公司开发型3种模式,主要差异,见表6-13。

表6-13 浙江省主要农家乐旅游模式比较

开发模式	分散型个体农家乐	社区型农家乐	公司开发型农家乐
经营主体	农户	农户	公司
区位条件	城市周边为主	景区周边为主,或特色乡村	优良乡村环境
开发规模与旅游功能	规模小,功能单一	规模相对较大	综合型开发,功能多样
旅游产品内容	餐饮、体验乡村为主	餐饮、住宿、体验乡村为主	休闲、度假、娱乐、会议
市场定位	大众型游客	大众型游客,有时与旅行社合作	度假体验型游客为主

1.分散型个体农户农家乐开发模式

分散型个体农户农家乐模式,是最简单最初级的一种模式,主要以农民为经营主体。农民自主经营,通过对自己经营的农牧果场进行改造和旅游项目的建设,使之成为一个完整意义的旅游景区(点),能完成旅游接待和服务工作。通常呈规模小、功能单一、产品初级等特点,受管理水平和资金投入的影响,旅游带动效应有限。

2.社区型农户农家乐模式

此模式大多位于景区周边的社区,与景区发展互动作用明显,由政府引导,扶持"示范户",农户带动农户,农户之间自由合作,共同参与农家乐开发经营,是典型的旅游新农村发展模式。由于社区农户相对集中,联合经营可扩大接待能力,统一形成营销,相对来说,在区域旅游构成中容易形成一定的知名度和影响力。这种模式与公司、旅行社联合,可提升发展空间,如,通过引进旅游公司的管理,规范对农户的接待服务,提高旅游产品服务质量,扩大游客市场。

3.公司开发型农家乐度假模式

此模式的主要特点是,公司开发、经营与管理。这种模式的形成通常是以股份制形式,以公司与政府或村委会合作,买断农户的土地经营权,以土地功能整体开发形式进行,有时与旅游房地产开发等功能结合,形成房地产、休闲、娱乐、农家乐等功能于一体的地块开发。农家乐只是土地整体开发的一部分功能,通过分红的形式让农户受益。这种模式开发程度深刻,投资规模大,旅游产品具有综合性功能。

四、滨海带景区深度发展

(一)浙江滨海带概况

浙江滨海带,指嘉兴、杭州、舟山、绍兴、宁波、台州、温州7个地级市形成的沿海区域,包括杭州湾沿海产业带、温台沿海产业带。随着我国"实施海洋开发"的重大战略部署,浙江省委提出"创业富民、创新强省"总战略,以建设"海洋经济强省"为目标,把沿海产业带作为重点开发的区域。产业园区建设是产业带发展的重要标志,已经形成几十个产业园区(包括经济开发区、工业区块、工业园区等),各类产业园区竞相出现,产业集聚度不断增大,成为浙江沿海产业带经济的重要支撑,也是我国重要的现代制造业集聚区之一。同时,沿海产业带旅游资源十分丰富,沿海37个县市区拥有1个世界地质公园和国家级海洋自然保护区、4个国家级风景名胜区、2个国家地质公园,还有几十个省级的旅游景区,空间分布上与产业园区呈现出匹配性特征(见表6-14)。目前,以海滨城市为依托、以重点景区为支撑,以滨海综合交通网为骨架的滨海旅游网络正在形成。

表6-14 浙江省滨海带主要产业园区与旅游地匹配情况

产业带	主要产业园区	主要旅游地
北组团	乍浦经济开发区、海盐经济开发区	南北湖、钱塘江潮观景区等
北组团	之江国家旅游度假区、南阳经济开发区	六和塔景区、九溪景区等
北组团	绍兴滨海工业区	绍兴生态农业观光园
中组团	宁波经济技术开发区、大榭开发区、镇海石化工业园区、象山港工业园区	东钱湖景区、雁苍山风景区、松兰山海滨旅游度假区等
中组团	舟山经济开发区	普陀山、嵊泗风景区
南组团	三门滨海新城、健跳工业区块、三门沿海工业城	蛇蟠岛、健跳港、扩塘山岛等
南组团	临海东部区块	桃渚古城、临海国家地质公园等
南组团	椒江滨海工业区块、台州经济开发区滨海工业区块、路桥滨海工业区块	大陈岛、章安古街、路桥十里长街等
南组团	温岭东部产业集聚区、玉环滨港工业区块、玉环漩门工业区块、玉环大麦屿港区	长屿硐天、石塘、大鹿岛等
南组团	乐清湾临港产业基地、乐清经济开发区	雁荡山、方山等
南组团	大小门岛石化产业基地、状元岙临港产业基地、半岛产业基地、温州民营经济科技产业基地、温州滨海工业园区	楠溪江、南麂列岛旅游景点、江心洲、瑶溪景区等
南组团	瑞安东工业区、瑞安经济开发区、平阳临海产业基地、苍南临港产业基地、苍南工业园区	渔寮景区、铜盘岛、南雁荡等

(二)滨海旅游业对沿海产业带的促进作用

滨海旅游业不仅作为沿海产业的主要构成之一,而且对沿海产业带发展具有多方面的促进作用。第一,优化区域产业结构。从产业联动理论来看,在一个区域的产业发展中,不同地区通过产业结构的战略调整,形成合理的产业分工体系,实现区域内产业的优势互补。产业园区与旅游区是产业带内重要的空间结构单元,是产业带多元化经济的表现。休闲旅游产业的发展有利于区域经济结构优化、产业结构升级,也是实现产业带低碳经济,发展低碳产业的良好选择,从而促进区域经济、社会、环境协调发展,提高沿海产业带区域竞争力。第二,实现空间功能的协调性。产业带中发展休闲旅游地是保证区域环境质量和主体功能区协调的重要途径,产业园区建设为休闲旅游产业提供经济基础和更好的支撑条件,产业园区与旅游地的合理布局是因地制宜和科学发展观思想的重要体现。第三,实现区域物流、信息流和人流的互惠性。旅游发展可以共享区域基础设施,加快产业园区人流、物流、信息流与国内外交汇的过程,园区的发展为休闲旅游地增加游客量,也为民营经济考察等旅游项目提供了资源条件。第四,实现区域形象宣传的一致性。良好的区域旅游形象既为产业带招商引资、产品营销等带来较大的促进作用,产业园区的形成也为旅游市场开拓起到推动作用。

(三)海滨带旅游景区发展主要模式

浙江省沿海产业带,从北到南的各个区域都把海洋海滨旅游作为主体功能之一,按照旅游地在区域经济发展中的带动功能差异,产业带的旅游地发展模式可分为旅游主导功能的精品景区型、旅游辅助功能的旅游产业融合型、旅游互动功能的景区—产业园区互动型三种模式(见表6-15)。

表6-15 浙江省滨海带旅游景区发展模式

发展模式	资源基础	主要特点	功能定位	发展方向
精品景区型	旅游资源具有突出优势	有特定景区界线,以环境保护为前提,以吸引观光、度假型游客为目标	旅游经济为主导功能	严格控制工业项目进入,依法实施生态保护,完善旅游要素,发展生态旅游产品,逐步发展成为沿海地区的海滨旅游重要目的地
旅游产业融合型	海滨旅游资源与海洋文化资源	旅游产业与农业、海洋文化产业、海滨城镇、海港融合发展	产业融合的辅助功能	优化开发区域,加强旅游引导开发,促进城镇、农业、海洋文化与旅游产业融合发展,提升旅游城镇层次

续表

发展模式	资源基础	主要特点	功能定位	发展方向
景区/产业园区共生型	海滨旅游资源、邻近产业园区	园区化经济与旅游地互动发展	与产业园区互动发展的附属功能	发挥休闲旅游地综合功能,加强与园区经济互动,提升园区发展环境,优化产业空间功能结构

1. 精品景区型模式

精品景区型模式,是指旅游资源较好,旅游开发潜力大,适宜进行大规模旅游开发的海滨区域,以发展旅游经济为主体功能,通过开发古渔村、海外小岛等或凭借靠近滨海风景资源的优势来开辟旅游线路,增设配套设施,完善吃、住、游等服务项目,打造精品景区型或休闲度假型旅游模式。该模式以旅游景区为空间载体,既追求旅游经济效益,又是产业带重要的生态区,包括普陀山、嵊泗列岛、朱家尖、雁荡山4处国家级风景名胜区,南麂列岛国家级海洋自然保护区(我国唯一加入联合国世界人类生物圈保护组织的海岛)、大鹿岛(我国唯一的国家级海岛型森林公园)、九龙山国家级森林公园、临海桃渚国家级地质公园,长屿硐天、南麂列岛、滨海—玉苍山、岱山岛、桃花岛、洞头岛等一系列省级风景名胜区。这些景区是浙江省滨海旅游开发的代表性旅游地,品牌知名度高,开发层次高,是带动沿海产业带旅游发展的龙头。

2. 旅游产业融合型模式

旅游产业融合型模式,是指以产业融合理论为基础,通过资源融合、技术融合、市场融合、功能融合等途径,寻找与农业、工业、购物、节庆、海洋文化产业等相融合的旅游发展模式。随着旅游产品类型的多样化发展,浙江滨海旅游业发展也呈现出许多新型业态,旅游与生态经济区、滨海山地丘陵区、滨海农业区、渔业区、渔村、海滨城镇、海洋文化体验区等各种不同形式的旅游融合类型竞相出现。旅游产业融合不仅满足了旅游市场需要及旅游产业自身发展的需要,同时也适应了融入产业的某方面需要。该模式充分发挥了民间资金和当地社区居民积极性,以民间自发模式推动旅游业的发展。

3. 景区与产业园区互动型模式

景区与产业园区互动型发展模式,是以产业联动理论为指导,以园区经济发展为主体功能,以旅游经济发展为附属功能,合理配置产业园区周边地区休闲旅游系统要素,促进游憩系统与园区产业系统的共生发展。浙江沿海产业带中分布着众多的产业园区。从园区居民日常休闲活动来看,城市与城郊的产业园区,凭借着城市休闲游憩系统满足居民休闲活动;而分布在远离城市的海滨区域产业园区休闲游憩系统的建设则基本被忽视。即使邻近产业园区拥有休闲旅游地,也处于互相独立的发展状态,很少考虑休闲旅游地在产业带发展中的地位及优化配置。因此,产业带的发展客观上需要产业园区与周边环境有一个良好的协调关系,否则,产业园区经济的发展将会受到制约。在生产要素上,以资金、劳动力等要素,实现园区与旅游地之间相互流动或形成一些统一的要素市场;在企业层面上,实现企业之间的互相投资、并购等经营活动及形象宣传、市场开拓的共同合作;在政府层面上,为了区域的共同发展而采取的共同制定产业规划、产业政策等产业合作行为;在社会层面上,实现社区、园区、景区对环境保护、社会风貌的共同遵守、相互协调,形成和谐发展的态势。

第三节 区域性旅游中心城市的选择与提升（以浙东南为例）

区域旅游中心城市的选择,是区域景区寻找合适的城市为其依托,有利于区域旅游更富有竞争力。旅游区域是由互相影响、互相对应、互动发展的多个城市与多个旅游地所组成。在旅游区域的多个城市中,旅游中心城市与其它城市相比,在服务功能、辐射功能和区位选择等方面具有特殊性,是区域旅游业的协调管理中心、旅游交通中心、旅游服务中心和旅游景点集中分布区。中外旅游发展的历史都表明,旅游中心城市的发达程度是制约该区域旅游发展的重要因素。根据辐射区域的大小,旅游中心城市大致可分为全国性、省际和区域性三个等级。通常来说,大部分旅游中心城市除是该区域内的旅游中心外,还是区域内的经济中心、政治文化中心、交通集散中心、综合服务中心。行政区中心城市往往是区域旅游最高层次的中心旅游地。但是,当行政区中心城市与区域旅游景区结构中心错位时,合理选择区域性旅游中心城市,对区域旅游开发就具有重要意义。

一、构建旅游中心城市的理论基础和条件

(一) 构建旅游中心城市的理论基础

从理论上看,"增长极理论"和"中心地理论"为构建旅游中心城市提供了理论依据。"增长极理论"认为:区域是一个经济空间,而经济空间是不均衡的。一个区域内客观上存在区域经济的不平衡性,一个地区的经济增长不可能均衡地同时在所有的地点发生,总是在一些条件较好的地点先开始,带动周围地区经济的全面增长。这一理论应用到区域旅游开发中,区域内各旅游景区也不可能同时均衡发展,先选择条件有利的景区,使旅游中心城市对该区域旅游开发起到依托作用,从而带动整个区域旅游的全面开发和建设。每个完善的旅游区,都应当拥有一个旅游中心城市,以作为其旅游活动的依托。旅游中心城市体系的构建符合区域经济开发理论。

"中心地理论"认为:中心地,是指向周围地区居民提供货物和服务的地方,由中心地提供的货物和服务称之为中心地职能。一般来说,中心地的等级愈高,其所能提供货物和服务的种类也愈多,即担负的中心地职能愈多。把它应用到区域旅游开发中,旅游区内多个旅游城市,必然存在服务功能大小的不同,高等级城市比低等级城市服务功能要大。所以,旅游区域内一般都有一个中心城市或市县级中心城镇,把它作为客源出入口岸及交通和基础服务设施的依托中心和保障地。吴必虎认为,旅游中心地就是供给中心吸引物职能分布的场所[120]。柴彦威等认为,中心地是旅游中心性达到某一强度的城镇中心。该理论将旅游中心地视为旅游活动的重要节点,认为旅游中心地呈现等级规模差异[121]。卞显红对"中心地理论"在空间结构研究上的作用和意义进行了总结,认为该理论提供了划分旅游地区等级规模的依据,有利于研究城乡旅游的相互作用,有利于研究地区旅游业的空间布局等[122]。

旅游中心城市具有以下几个特点:

1. 旅游中心城市是区域旅游发展的依托

这是因为中心城市的旅游基础设施和服务设施比较完善配套,其物流、人流、资金流、信息流比较集中和顺畅,可以带动其周边旅游地相关"流"的传递与交换。

2. 旅游中心城市在区域旅游规划中地位突出

中心城市的地理位置、经济发展状况、基础设施质量和完善程度、人口规

模、旅游产业定位、区域产业布局和政府对旅游发展的政策措施等,对以中心城市为中心的区域旅游发展具有直接的影响。

3.旅游中心城市是区域旅游客源流动的枢纽

旅游中心城市是国内外旅游者访问中心城市周边旅游地达到的第一站,所以它成为游客的中转站和口岸。外来游客以中心城市为桥梁向城市周边旅游地扩散。在此,中心城市也是旅游目的地,而且是一级旅游目的地。其周边旅游地成为二级目的地。

4.旅游中心城市本身具有十分强大的旅游市场潜力

其市民的经济收入在区域内相对较高,旅游消费能力比周边地区强,因此,中心城市又成为其所在区域内旅游地的一级客源地。实际上,国内很多风景区在目标市场选择中均将其所依托的中心城市作为一级客源市场。

(二)构建旅游中心城市的条件

根据城市与旅游地空间关系和旅游中心城市的主要特征,构建旅游中心城市必须具备两个基本条件:第一,区域内旅游资源丰富;第二,该城市既是旅游城市(即城市本身成为重要的旅游目的地),又是区域旅游的集散地。只有这样,旅游中心城市才具有良好的区位条件,有利于区域旅游线路的组织,有利于增强区域旅游的可进入性,有利于区域旅游活动的开展,有利于区域旅游的全面开发及可持续发展。

二、浙东南旅游中心城市的发展现状

(一)浙东南景区与城市的匹配关系分析

浙东南位于我国沿海中部,主要包括台州、温州两大行政区,旅游资源丰富,拥有4个国家级风景名胜区,1个国家级历史文化名城,1个世界地质公园,1个国家级地质公园,还有多个AAAA级旅游区和省级风景区(如图6-3所示)。在20世纪80年代初至90年代初,浙东南旅游发展开始被政府重视,雁荡山、天台山、江南长城、神仙居、楠溪江、长屿硐天等多个景区得到不同程度的开发和利用,并与相应城市形成了空间匹配关系,但由于整个区域交通条件较差,任何一个城市对周边景区的服务功能都较弱。因此,这个阶段浙东南旅游发展水平呈现出一对一空间匹配关系的特征。90年代以来,浙东南经济发展迅速,区域内多个景区得到开发,景区数量不断增多,并随着甬台温及金台高速公路的贯通和区域交通的整体改善,城市和景区各节点间的时间距离大大缩短,临海成为浙东南北部的旅游集散中心,温州成为浙东南南部的旅游集散中心,景区与城市的关系呈现出多对一空间匹配关系的特征。目前,浙东南正在向着旅游网络化方向发展。

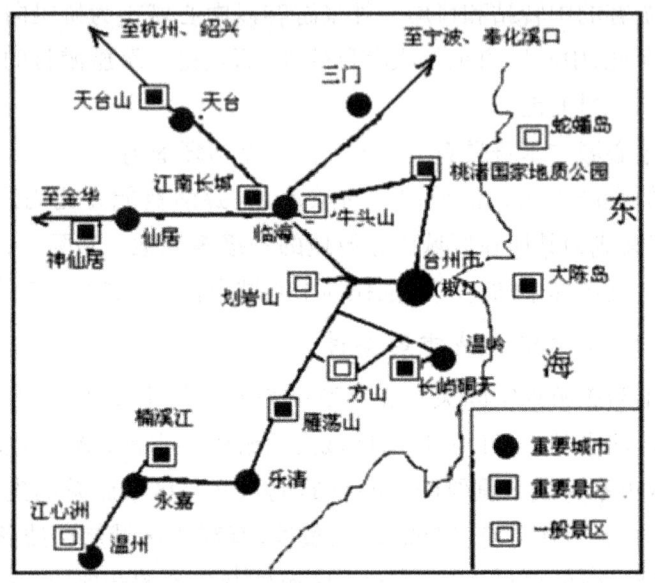

图 6-3 浙东南主要旅游景区分布示意图

(二)旅游中心城市尚未形成,影响了浙东南旅游区的网络化建设

我国旅游业蓬勃发展和各地旅游产业规模不断扩大,我国旅游区域界内的"大联合"竞相出现,成为旅游业一道新的风景线。浙江是中国旅游大省之一。浙江省的旅游开发开始由点线旅游向全省网络化旅游发展,由重点城市向一般城市发展,区域化旅游已成为全省旅游发展的主流。已经形成浙北、浙东南、浙东、浙西、浙中多个旅游网络,杭州、金华、宁波、绍兴等旅游中心城市相继出现。浙东南旅游资源丰富,但目前尚没有一个城市明确地承担起此区域旅游中心城市的作用。各大景点各自为政,单独宣传营销,未能形成浙东南旅游的整体形象观念,影响了浙江旅游网络化的进程。

(三)构建旅游中心城市是浙东南旅游开发的迫切要求

浙东南主要包括台州、温州两大行政区,两大地区经济联系密切。随着区域内各大景点的旅游开发、区域旅游支柱产业的逐步形成,客观上要求构建旅游中心城市,给游客提供优美的可供观赏的城市环境,为区域旅游开发提供依托,加强区域内外的人流、资源流、信息流、物资流,以刺激游客的增长,从而促进浙东南旅游区的网络化建设。

三、浙东南旅游中心城市的选择分析

根据中国旅游中心城市分布现状,区域性旅游中心城市在全国许多旅游区中不一定就位于区域的行政中心。构建旅游中心城市必须有利于区域旅游线路的组织,有利于增强区域旅游的可进入性,有利于区域旅游活动的开展,有利于区域旅游全面开发及其可持续发展。浙东南旅游区中,临海虽不是台州、温州地级行政中心,但目前已经成为浙东南最大的旅游集散中心。那么临海能否以浙东南重要旅游集散中心为基础,建设成为浙东南旅游中心城市呢?

(一)临海成为浙东南旅游中心城市的优势条件

临海具有明显的区位优势。根据浙东南城市和旅游资源分布(如图6-3所示),目前区域旅游服务功能较大的城市有温州、椒江、临海、天台4个。温州是浙东南最大的城市,对外知名度高,对外交通有铁路、高速公路、航空等方式,位于浙东南的最南部,对楠溪江、雁荡山具有一定的城市服务功能,但却远离浙东南旅游资源分布重心。这对组织浙东南北部的旅游线路较为困难。天台是位于浙东南北端的城市,空间位置上相对较接近杭州、上海,城市知名度高,但远离浙东南旅游资源分布重心,城市基础设施相对落后。椒江和临海大致都位于浙东南旅游资源分布重心,对外交通联系基本相似,目前与温州相比相对较差,但随着金台铁路建设及动车铁路通车,与上海、杭州的交通联系将比温州更快捷。椒江和临海相比,目前两城市区外交通都以高速公路为主,但临海距杭州、上海路程比椒江约少50公里。两城市到各景区的公路条件都良好,但临海到雁荡山、天台山、楠溪江、仙居神仙居、临海的江南长城等浙东南到访率最高的5处景点,旅游单程总距离约为320公里,旅程总时间约为6小时;而若以椒江为暂住地,旅游单程总距离约为420公里,旅程总时间约为8小时,而且临海—椒江的路程三次重复。再次,临海城区拥有风光优美的江南长城、巾山、东湖等休闲地,城市旅游功能较好,而椒江的城市休闲性相对较差。综上可见,以临海为浙东南旅游中心城市,更有利于浙东南旅游线路的组织。因此临海是浙东南旅游中心城市的最佳区位选择。同时,临海与区域外

交通有高速公路到上海约 4.5 小时，到杭州约 2.5 小时，到宁波约 2 小时，将来随着金台铁路的建设，临海交通将更为便捷，可进入性优势明显。

临海具备了成为旅游中心城市的基础条件。临海作为台州市的副中心城市，是浙东南唯一的国家历史文化名城，也是 99 座国家历史文化名城之一，有着 2100 多年的历史，古城风貌保持相对完整，龙兴寺、千佛塔、钟鼓楼、紫阳街等古建筑历史文化价值大，旅游资源丰富，城内有全国文物保护单位台州府城墙、历史文化内涵丰富的东湖、一山四塔的巾山；城郊有桃诸国家地质公园、风景秀丽的括苍景区、牛头山省级度假区等旅游景点。天台山、雁荡山、雪窦山等众多国家级风景区距临海都在 2 小时车程内。城市景观优美，江城相拥。城市环境较好，几度被评为全国卫生城市。城市基础设施较好，拥有旅行社 8 家，星级宾馆 10 家及 1800 张床位，各类旅馆共有 5000 多张床位。市政建设良好，基本形成以崇和门广场和东湖为中心的老城区；以三峰景区至南湖景区为中心的新城区；以南湖大道至灵江两岸、东方大道为城市景观轴线的城市总体格局。临海市政府已经作出"一城带六市"的规划，即国家卫生城市、国家园林城市、省教育强市、省文明城市和省文化先进城市。临海成为综合性的人文山水旅游城市优势明显，城市休闲性突出，明显优于椒江、乐清与温州。

临海作为旅游中心城市能满足游客的心理要求，有利于浙东南节点状旅游路线组织。受大尺度旅游空间行为的影响，旅游者到旅游目的地旅游时，首先要选择暂住地。当暂住地附近的旅游点到暂住地距离可以保证旅游者能在一天内完成该点的旅游时，旅游者采用节点状旅游路线，即以暂住地为中心，多次向不同方向作 1 日游。以游客的心理，经长途旅行选定暂住地后，除非暂住地条件特别差，一般不会耗费时间和精力去寻找更好的暂住地。临海位于浙东南旅游资源分布重心，是浙东南交通枢纽，也是台州的交通中心，有方便的公交车直通浙东南各城市和各景点，能够较好地组织浙东南节点状旅游线路，而且到各景点的旅程时间都较短。较短的旅程总时间意味着游客获得最大的旅游效益（最小旅游时间比），从而迎合游客行为心理，也增强了浙东南旅游的吸引力。临海便利的交通为旅游线路组织提供了条件，以临海为暂住地，实现浙东南旅游网络中游客到访率相对较高的 5 处景点时，除了到楠溪江需 3 小时路程，很难实现 1 日游外，其它几个景点都可实现 1 日游，即实现临海—雁荡山、临海—天台山、临海—仙居神仙居三项 1 日游，而且还可组织临海—桃诸、临海—温岭长屿硐天、临海—奉化溪口雪窦山等 1 日游。目前到临海的外地游客中,许多旅行社向他们推销上述三项旅游产品,满意度较高。随着浙东南各旅游景点进一步开发,这些游游线路都是很有前途的,开发潜力较大。一旦临海的浙东南旅游中心城市地位确立,反过来也会促使各景点客源市场进一步扩大,从而加快浙东南旅游网络的形成。

(二)临海成为浙东南旅游中心城市的主要制约因素

临海在国内知名度不高。据专家研究表明,只有被感知的旅游目的地才有可能被游客选中,而旅游目的地的感知主要依靠知名度,通常把知名度作为确定旅游资源等级高低的重要元素。近几年来临海知名度在国内已经大有提高,但作为区域性旅游中心城市的发展和建设,还有待于进一步提高。

管理体制不顺。浙东南涉及台州、温州两地管理。就是在同一行政区内,各旅游景点分属不同部门管理,如,江南长城属市政府管理,东湖、巾山景区属建设局管理,桃渚国家地质公园属土管局管理,括苍景区属当地镇政府管理,云峰国家森林公园属林特局管理等。这些景点旅游开发和营销时各自为政,不利于浙东南的整体旅游形象建设。

地区级行政中心的分离。旅游中心城市可以与行政中心、经济中心分离,但大多数是一致的。从1995年台州行政中心城市移到了黄、椒路后,对临海发展旅游中心城市在对外宣传、市政建设等方面都是不利的。

四、加快浙东南旅游中心城市建设的建议

(一)确立临海为浙东南旅游中心城市的地位

首先,应召集专家通过研讨会等形式,对临海成为浙东南旅游中心城市进行论证。其次,应进一步加强临海与浙东南各景点的旅游合作关系。然后,扩大临海为浙东南旅游中心城市的宣传,树立浙东南整体旅游网络观念,可通过电视、广播、报纸等渠道进行。成立统一的旅游管理委员会,综合规划和开发,统一营销。加强临海城市附近的旅游区开发,增强城市的休闲性。旅游中心城市作为游客的暂住地,需要较强的休闲性,可在望江门对面开发农业观光游、果园风光游、森林浴等休闲型旅游产品。加大旅游市场秩序的整顿力度,改善服务质量。临海旅游业起步晚,市场也不成熟,在浙东南旅游中心城市初期建设中,更须注重旅游市场的规范。为此,旅游购物、旅游经营、导游服务、旅游交通等方面都须规范,提高服务质量,使游客满意。

（二）提升临海的城市品位

理顺旅游管理体制，提高临海的整体旅游形象。加强城市旅游基础设施建设，强化旅游与城市结合的意识。重视旅游与城市互补性的关系，城市建设规划与旅游发展规划紧密结合起来，形成以旅游为先导、城市为中心的旅游聚焦点。做好旅游城市形象建设。旅游中心城市的构建不同于一般的城市构建，其定位标准、规划布局、建设内容、形象塑造与一般城市不同，要以"中国优秀旅游城市"的标准来要求。为此，要发展一批与游客需求相适应的旅游饭店，高、中、低比例要协调，减轻目前临海各大宾馆住客过旺现象；加强广告牌、路标管理和规范，美化城市视觉效果；搞好公园、广场、步行街等建设，增强城市的休闲性；合理布置旅游厕所、旅游电话、旅游购物商店等设施，尽量为游客提供方便。

（三）加快浙东南的旅游网络化建设

第一，在县市域旅游网络层次上，加强旅游景区与依托城市的空间互动关系，顺势连接市区或郊区的景区，保持拓展空间与原有城市空间的一体化，如，天台的国清景区与县城，临海的牛头山景区与古城，仙居的永安溪漂流与县城，温岭的长屿硐天景区与太平城关，楠溪江与永嘉；对远离城市的景区，通过道路、交通等空间发展轴进行线状连接，如，天台的石梁、寒山湖等景区与县城，临海的括苍山、桃渚景区与古城，仙居的神仙居、高迁、景星岩等景区与县城，温岭的石塘、方山等景区与太平城关。

第二，跨县市网络层次上，对浙东南北部的旅游网络，要以"天仙配"作为宣传品牌，由临海、天台和仙居组成的"天仙配"旅游三角形；对浙东南中部的旅游网络，要以台州市市区为顶点，以温岭、玉环、三门海滨旅游线为底线，组成台州东部地质考察、海洋文化、民营经济、商旅文化的"山海经"旅游线；对于浙东南南部的旅游网络，要以温州市区为中心，与江心洲、雁荡山、楠溪江组成山水旅游线。

第三，从浙东南整个旅游地域来说，要增加北部、中部、南部三个旅游集散中心之间和各大景区之间交通的便捷性，促进交通网络化建设，加速永嘉至仙居、仙居至天台的交通干道建设，构建多中心旅游网络，加强区域旅游合作，避免各自为政，突出浙东南旅游的整体形象，把浙东南打造成为"山水浙江"旅游区域的重要组成部分。

第四节 浙江省城市与景区关系优化的典型区分析

一、千岛湖镇景城融合型协调发展研究

(一) 旅游发展概况

千岛湖镇,是淳安县城所在地。淳安是浙江省地域面积最大的县,全省最大的库区县。1982年被列为国家级森林公园后,开始了旅游业发展的历程。1992年后,开始进行大规模的建设,被国家旅游局列入"杭州—千岛湖—黄山"名山名水之旅国家黄金旅游线;1997年被评为"浙江十佳美景"榜首,同年又跻身"全国森林公园十大标兵"行列;2001年被评为首批国家AAAA级旅游区、国家级生态示范区、全国保护旅游消费者权益示范景区和浙江省青年文明号景区;2004年被国家统计局、国家旅游局列为黄金周旅游直播点,养生堂农夫山泉获首批国家工业旅游示范点,被省旅游局评定为浙江省十佳休闲度假胜地之首;2004年10月18日,摘得了第八届国际花园城市b类城市决赛唯一一个金奖桂冠。2005千岛湖又入围了"中国魅力名镇"总决赛并入选"中国最美的地方"。通过几十年的发展,目前已经是浙江省第一批进入AAAAA级的旅游景区。

(二) 景区与城市匹配关系

千岛湖景区与城市地域上基本重合,景区资源等级高,景区本身具有特有优势,属景城融合型发展类型。千岛湖景区受杭州和金华两城市的依托,距离杭州约150公里,位于杭州1.5小时交通圈内;距离金华80多公里,约1小时高速车程。因而与金华和杭州二城市形成了匹配型关系,而千岛湖镇本身城市规模不大,只是作为中心地型旅游目的地。

(三) 发展特征

旅游产业规模不断增大,加快区域产业化进程。1992年,淳安旅游业总收入仅为0.24亿元;而到2012年,全年共接待游客796.6万人,实现经济总收入70.2亿元,分别同比增长19.6%和21.2%,是1992年的292倍,旅游产业规模不断加大(见表6-16)。旅游产业构成从单一的游览向食、住、行、游、购、

娱综合产业转变,旅游产品从单一的观光旅游向集观光、休闲、度假、会议、体育运动为一体的综合性旅游目的地转变,旅游受益范围从千岛湖镇延伸到千岛湖的外围乡镇及全县。旅游与农业融合的新型业态逐步形成,提升渔业层次,发展休闲渔业,乡村旅游景点、休闲观光农业示范园区、农家乐特色村及农家乐经营户数量不断增多。旅游业与工业的融合发展,一方面,体现在通过发展旅游业提高工业产品的知名度,进而增加工业产品的销量和附加值上;另一方面,体现在通过旅游业发展带动相关装备制造业发展,如,千岛湖农夫山泉厂的工业旅游、游艇制造业的发展。

表6-16 淳安旅游业人发展情况表

	旅游总收入	旅游总收入占 GDP 比重
1992	0.24	——
1997	2.83	旅游业占全县 GDP 总值的 7.6%
2004	10.5	旅游业总收入相当于全县经济总量比重提升到 18.7%
2008	30.7	旅游经济占国民生产总值的 33.2%
2012	70.2	旅游经济占国民生产总值的 44.4%

其次,旅游经济推动城市建设。一直以来,淳安县按照"主客共享、景城共建"的原则,将千岛湖镇作为一个城市旅游综合体进行打造提升,优化城市旅游视廊景观,改造提升城中湖、中心湖区滨水景观休闲带,规划建设山地观光运动公园、城市徒步绿道,丰富城市业态,建设多层次的高星级及特色酒店群,五星级度假酒店开元度假村、凤凰度假村、天清岛度假村、温馨岛商务度假酒店城中落地,建设特色街,如秀水街、城中湖明珠路休闲街等主要因旅游而生的商业文化街(区),形成了"城在湖中、湖在城中、城在景中、景在城中、城中有湖、湖中有城、一城山色半城湖"的特色滨湖山城,自然山水与人文城镇有机融合,是千岛湖镇最大的地理特色。另外,因景区环境优越性,促进了旅游业与房地产业的互动发展。可见,千岛湖景区旅游业的发展对于城市布局和城市产业发展具有重要的影响,千岛湖镇旅游城镇化具有旅游景区与城市高融合性发展的特点。

再次,就业的影响。随着千岛湖旅游业的快速发展,淳安居民的就业结构也发生了变化。淳安目前第三产业及很大一部分工农业都围绕着旅游业的发展而发展,淳安市区的就业岗位也主要依赖旅游业。2012年旅游产业所吸纳的直接从业人员达到1.5万人,间接从业人员达到6万人,占全县就业人数的27%,包括旅游开发直接为农民提供导游、保洁和绿化、物业管理及从事餐饮、旅游、畜产品等经营活动,旅游业的发展给丽江城区带来了大量的就业机会,使村民的可支配收入成倍增加。

(四)结论

千岛湖镇旅游城镇化明显,景区与城市融合发展,旅游区内城市规模在原有基础上逐渐增大的现象,旅游业的发展和城市化相互促进,相互影响,呈现出一种共生的关系。其次,从空间上看,在城市空间的范围内城市就是旅游地,旅游地即城市,景区景点则分布在城市旅游区内部,旅游城市化的过程就是一个城市的发展过程。

二、雁荡山景区城镇化研究

(一)雁荡山旅游发展概况

雁荡山,位于浙江省温州乐清市东北,东南面临乐清湾,是括苍山的一支余脉。形成于1.2亿年前,是环太平洋大陆边缘火山带中的一座最具完整性、典型性的白垩纪流纹质破火地,被中外地质学家称为"天然博物馆"。其主要特点是:具有相对高差数十米至上百米的垂直陡壁,是"世界地质公园"、"国家首批重点风景名胜区"和"国家首批AAAAA级旅游景区"。雁荡山风景区总体规划面积为186平方公里。核心景区"二灵一龙"内有响岭头、上灵岩、下灵岩、能仁、松垟5个行政村,39个自然村,人口近万。2014年,雁荡山年接待游客量超过350万人次。

(二)旅游城镇化的表现

1. 城镇性质和功能演变及城镇规模的扩张

雁荡山景区核心区域的村庄在旅游业发展之前,是乐清县典型的贫困山村。随着旅游业的快速发展,一方面,风景区内居民建房需求强烈,修建、改扩建、新建等民居建设活动频繁,其选址、规模体量、建筑风格对风景区的整体风貌、资源保护及合理利用形成了一定的威胁;另一方面,核心景区内的居民由于多种原因一直无法搬迁至景区外围居住。响岭头村是雁荡山风景区的重要集散服务基地,经过几十年的发展,村容村貌与世界级风景旅游区的要求相距甚远,各式民居混杂在一起,建筑风格迥异,且部分建筑表面风化,墙面粉刷脱落严重,景区内建筑的体量和建筑风格与景区环境不协调,超高、超面积、擅自改变建筑风格等现象严重。因此,政府提出处于敏感地段、影响景观的建筑,必须控制好建筑的高度、体量和数量、建筑的风格,做到与周边环境相协调。在城市性质和功能上,旅游城镇功能不断突出,这在雁荡山镇城镇规划中得到了很好的体现。

2. 城镇景观的影响

重点按照江南民居建筑风格,对屋面、屋顶、屋檐口、广告牌、门窗、墙面、外挂空调、雨披等进行改造,建造了生活污水集中处理池,清理河沟,增加村庄、庭院绿化面积,切实改善了民居与周边环境的协调性,保护了风景区资源的完整性和统一性,从而提升了风景区的整体形象。能仁村东园自然村,位于大龙湫景区的入口区,结合周边环境特点,进行统一设计,采用双披廊的民居形式,同时保留了块石围墙,与周边环境融为一体。通过改水、改厕、改电、改路、改善居住环境及绿化村道等改造工作,来为旅游营造良好的环境氛围。如梅溪村,村口设有"状元坊",通村大道两旁为仿宋古建筑,共建新房740间,其中别墅6座。

3. 对居民生活方式的影响

雁荡镇农民原本以出售茶叶、种植业等为生,大多从事第一产业。在旅游发展影响下,当地居民生产方式发生了变化。目前,景区附近居民主要从事第三产业生产活动,产业结构已基本完成了由第一产业为主向旅游业占主导地位的第三产业为主的转变,即由传统的"一二三"向"三二一"型产业结构转变,居民收入主要来自第三产业,而且集中于旅游业。旅游餐饮业和旅游住宿业是居民重要的就业渠道,摄影业就业数量也较大。

三、"城景相依"型发展路径实证研究(以临海市为例)

(一)临海旅游业发展概况及周边景区的匹配情况

临海,地处浙江中部沿海,东临东海,是浙东南地区的重要城市之一,距离杭州、宁波、温州、金华4个城市3小时车程,是国家历史文化名城,中国优秀旅游城市、国家园林城市,也是全国首个获得"中国宜居城市"称号的县级市。距离奉化溪口、温州雁荡、仙居神仙居、缙云仙都、天台山、长屿硐天、雁荡山、楠溪江、新昌大佛寺等国家级旅游风景区均在1小时左右车程。临海城市与这些景区形成了"众星捧月"型的城景匹配空间形态，具有一对多的景区与城市匹配特征，周边景区加速临海城市城镇化现象明显，形成了典型的"城景相依"型旅游城镇化发展模式。

（二）旅游城镇化表现

1. 旅游经济的增长

临海旅游业起步于1998年，以区域内旅游资源优势和交通区位优势，加大投入，开发和建设了江南长城、桃渚景区和括苍景区三大旅游板块，同时，根据周边的区域旅游发展形势，与周边的仙居神仙居、天台山、长屿硐天、雁荡山、新昌大佛寺等国家级旅游风景区开展区域旅游合作，提出把临海市建设成为浙东南旅游中心城市的奋斗目标。旅游业从无到有，从小到大，完成了产业起步阶段的各项主要工作，旅游产业达到了一定的规模，旅游品牌逐渐形成，旅游基础设施条件大为改善，旅游市场不断得到拓展，旅游总收入以平均每年20%以上的速度增长。2013年，临海市共接待国内游客1007.01万人次，全年实现旅游总收入95.86亿元，其中国内旅游收入95.67亿元，旅游经济对临海国民经济增长的贡献不断提高，2013年旅游总收入占全市GDP总收入5%。

2. 城市旅游化功能不断彰显

目前拥有国家AAAA级景区1处（江南长城）、AAA级景区3处（桃渚龙湾海滨公园、江南大峡谷、羊岩山茶文化园）、国家地质公园1个（桃渚景区）、全国重点文物保护单位2个（江南长城、桃渚古城）、省级风景名胜区1个（桃渚景区）、省级旅游区1个（括苍山景区）、省级旅游度假区1个（牛头山旅游度假区），星级酒店11家，其中四星级3家（远洲国际大酒店、国贸大饭店、君泰大酒店），三星级1家（华侨宾馆），以及2家按五星级标准建设的高档酒店。宾馆总数达459家，床位数19 000张，旅行社14家。其中交通旅行社是临海首家四星级品质旅行社，进入省百强旅行社行列。旅游"吃、住、行、游、购、娱"六要素齐全，服务接待能力较强。可以说，旅游业已经成为临海市第三产业的龙头和新的经济增长点，在优化产业结构、助推经济发展、提升城市形象和知名度中发挥着越来越重要的作用。通过景区建设，城市旅游功能越来越突出，城市旅游化不断加强。

3. 城市地域景区化更加突出

历史上临海市作为台州地区的行政和运输中心一直是兵家必争之地，而且时常受到倭寇的侵扰。因此，早在晋代时期统治者就在临海修建了古城墙，至今已有1600年的历史，后经唐、宋、元、明、清诸朝不断修筑增扩，其主体部分一直保留至今。随着临海旅游业的迅猛发展及城市化进程的加快，临海的城市建设用地发生了很大的变化。在城市向外扩展过程中，景区型地块不断进入城市化地域，建成区约30平方公里内，拥有东湖、灵湖和牛头山湖三处，融合"山、水、湖、城"元素，形成"城在水边，湖在城中"的城市空间布局特色，巾山、北固山、江滨公园等景区与城市融合性高，户外休闲性场所面积10平方公里以上，建成城市生态绿道20公里长，城市人均公共绿地达14.73平方米。

（三）推动因素

资源（自然资源和文化资源）、资本（经济）、政府、市场是影响旅游城镇发展的基础性和显著性的三个主要因素，为区域旅游发展提供了原生性的动力。

1. 资源比较优势

临海市域内拥有江南长城AAAA级景区、江南大峡谷、桃渚国家地质公园等景区，享有国家历史文化名城、中国优秀旅游城市称号，浙东南旅游集散中心，具有一定的资源优势。同时周边旅游景区众多，形成众星捧月型的旅游景区空间布局。

2. 地方政府推动

地方政府加强对交通、城建、环境保护、教育文化、卫生等旅游基础设施的投资，出台了《关于加快发展现代农业、扎实推进社会主义新农村建设的实施意见》、《关于加快现代服务业发展的若干意见》、《关于加快发展农家乐休闲旅游业的实施意见》等一系列政策措施，切实加大扶持力度，制定了一系列鼓励、促进旅游发展的政策措施，成立了旅游投资有限公司。

3. 民营经济参与

民营经济逐步成为临海市固定资产投资和旅游投资的主体。个体私营投资日趋活跃，投资主体由国有经济投资占绝对优势转变为国有经济、非国有经济共同投资的局面，多种形式吸纳社会资金投资参与旅游项目开发与建设，建立多元投资体系机制，资本市场已经形成，民间资金乐于投资旅游业。

4. 旅游市场拉动

临海市位于浙东南区域的核心区域，区域人口密度大，仅台州就有600万人口，区域经济发展水平较高，为旅游发展提供了较大的市场潜力。

第五节 浙江省景区与城市空间关系优化的思路

一、城市与景区协调发展的原则

旅游景区的等级与差异性,导致在此基础上形成的旅游产品对另一地居民具有较强的吸引力。城市人均收入和人口规模、政府状况对旅游景区经营门槛收入和生存发展的影响状况,表明对旅游景区发展和生存的支持程度。空间匹配情况也是影响景区与城市配置的重要因素。影响景区与城市空间配置水平的因素主要包括旅游景区等级、类型与差异性,城市等级与属性,距离匹配、管理匹配、数量匹配和等级匹配等情况。在各种配置要素中,距离、等级、管理等匹配因素不能改变,但从区域旅游发展来看,景区、城市和空间匹配的许多要素均可以调控。

(一)区域可持续发展导向原则

旅游景区涉及多方面的旅游利益相关者,包括游客、旅游企业、社区及管理者等方面,需要实现多方面的目标。这些目标相互交叉,也会相互冲突,如,旅游企业需要在短期内使利润最大化的举措,可能导致设施的过度开发,因而影响游客的心理感受,并使旅游地走向衰落。区域可持续发展导向的原则,就是要求景区与城市关系优化,各个利益相关者相互协调,促进区域旅游的可持续发展。

(二)地域功能整体优化原则

景区与城市是区域旅游空间结构中的核心组成部分。其空间关系不仅要实现区域旅游系统的功能最大化,而且要实现区域内部社会、经济、自然效益、生态功能的整体最优,体现其核心职能,实现旅游区域与周边整体社会和生态功能的对接。

(三)空间层次性原则

区域旅游结构具有空间多层性特征,空间结构优化要遵循多层优化原则。所谓多层优化,一是宏观层次,即从区域角度,针对旅游城市体系的结构优化,以及旅游景区系统与整个区域空间系统形成有机联系和同步协调的发展格局;二是中观层次,即从城市旅游(游憩)系统的角度,针对景区与旅游区域范围内其它旅游景点、游憩场所的关系机制方面进行调整与重新布局;三是微观层次,即从旅游景区个体角度,针对风景旅游区内部空间结构进行调整与重新布局。

(四)空间差异性原则

景区与城市的空间位置关系,在不同的区域表现出不同的特征,有些区域大多数景区分布在城市附近,而有些景区则远离城市,即区域空间特征对景区与城市的数量匹配和距离匹配将产生较大的影响。景区与城市空间关系在各种因素的综合作用下,呈现出和谐和失衡两个截然相反的变化方向,而旅游景区系统由于自身的脆弱性和扰动因素的复杂性,时刻存在着逆向演化的可能。

(五)主导功能原则

旅游景区具有观光、度假和城市地域等功能,应该按照城市发展总体规划和区域旅游发展布局要求,体现各景区的主导优势功能。在不同的条件下,突出主导、优势功能包含了不同的意义。在市场需求不足、空间闲置的情况下,突出主导、优势功能有利于主题宣传、扩大市场;在资源供给紧张、内部各项功能出现冲突的前提下,突出主导、优势功能,弱化次要功能,目的在于优化空间关系,缓和供需矛盾。城市定位也要根据景区级别和区域旅游业的发展潜力,既不能否定景区旅游业的带动功能,也不能盲目夸大旅游业的带动作用。

二、推进全省全域化旅游建设

(一)坚持城乡景区错位发展原则

错位发展,是指凭借区域内旅游资源的差异性,优化组合不同的旅游产品,发挥旅游产品之间的协作功能,增强产品竞争力,做到相互带动、相互影响,旅游冷点与热点地区协同发展。城市与旅游景区单元应根据自身的资源和市场特点,准确定位,彰显特色,在区域大系统中实施错位发展的战略。要根据景区与城市的自然和人文旅游资源类别,提炼特色,打造精品,错位发展,避免同质化开发与恶性竞争行为。旅游景区保持其民俗风情、村寨风光及自然特色,城市需要加强商务旅游、会展旅游、都市风情的开发,并与自然旅游资源互补,错位整合,增强区域旅游吸引力,形成区域整体优势与核心竞争力。

（二）构筑便捷畅通的旅游交通网络

为促进景区与城市空间匹配优化，交通距离匹配是影响其关系的主要因素，必须构筑便捷畅通的旅游交通网络，形成一体化的旅游格局。主要对策包括：兴建并修缮旅游景区通道，提高城市与景区的连接度，增加城市之间的交通网络密度，形成便捷畅通的旅游交通网络；设计合理的旅游交通线路，改善旅游交通工具，缓解旅游交通压力；对一般交通与旅游交通进行分流，同时引导外地旅游车辆和自驾车的游客换乘公共汽车，减轻风景区主要道路上的交通压力。

（三）实现制度创新

我国现有的城乡"二元"经济结构与社会经济发展制度是造成城乡发展不均衡的主要原因。浙江省景区与城市协调发展离不开体制机制的变革与创新，特别是景区与城市的交通保障制度、旅游景区生态补偿制度、景区建设财政支持制度等，构建以城市带动景区发展的长效机制，以基础设施建设作为财政投入的主攻点，全力改善旅游景区发展条件，通过对资源的重新整合，在各个空间板块上形成不同特色的旅游产品或业态集群，推进全域旅游化。对于一些旅游经济效益不佳而社会效益、环境效益突出的景区，政府要制定相应的保护政策。

（四）优化浙东海滨旅游景区结构

按照海陆联动原则，科学布局滨海旅游空间格局。从全省来看，拥有海岸线和滨海带的7个地级市，按照区位条件和旅游线路特点，应构建"一带三组团"旅游空间新格局。"一带"，是指以沿海高速公路、连岛公路为发展主轴线，依靠轴线上的城市、产业区、交通节点，促使旅游景区的整体优化和协同发展，构筑"S"形滨海旅游产业发展带。"三组团"，包括嘉兴、杭州、绍兴形成的北组团，宁波、舟山组成的中组团，台州、温州组成的南组团。各个组团内因地制宜，合理安排点状分散型、团块状集中型、滨海条带状等空间类型。

三、加快旅游景区转型升级

（一）加强各旅游景区空间合作，促进旅游景区集聚区建设

浙江省是一个旅游资源大省，各种类型的旅游资源分布于全省范围内。凭借优越的旅游资源条件，全省各县市区都已拥有各具特色的旅游景区和景

点。据初步估计,目前全省各类旅游区点的数量已经超过 3000 个。虽然拥有众多的旅游景区、景点,但是对游客具有较大吸引力的还是知名度较高的景区。2012 年,浙江省 9 个 AAAAA 级景区旅游接待约占全省接待游客总人数的 20%;杭州雷峰塔等 AAAA 级景区共接待国内外旅游者约占全省接待游客总人数的 30% 以上。但是一般来说,大部分旅游区点的旅游接待量较少,发展速度缓慢,只有知名度较高的旅游区点对游客吸引力才较大。全省 AAAA、AAAAA 级景区接待的游客量达到全省接待量的 50% 以上,占全省近半数的旅游接待量。所以需要合理整合优秀旅游资源,形成旅游产品体系,才能使全省的旅游资源得到最大程度的综合利用,促进旅游业的进一步发展。

旅游景区集聚可以提高区域旅游空间结构的连通性,提高城市与旅游景区的距离配置水平。而且,通过景区集聚,旅游企业、旅游相关企业和组织集聚在同一特定地理区域内建立紧密的联系,促进旅游产业集聚。要加快杭州西湖、天台山、雁荡山、普陀山旅游景区集聚区建设,发挥集聚区的综合带动功能。

(二)开展旅游功能区规划,加强旅游功能区协调

根据旅游资源性质,可将全省划分为杭州湾休闲旅游区、浙东商务会展旅游区、浙北水乡古镇和文化旅游区、浙东海洋宗教旅游区、浙东南山水风情旅游区、浙中商贸影视旅游区和浙西南生态休闲旅游区等八大旅游功能区。

1. 杭州湾休闲旅游区

以西湖风景名胜区为核心,依靠之江国家旅游度假区、湖州太湖度假区、嘉兴九龙山度假区、嘉兴湘家荡度假区、绍兴会稽山度假区和宁波松兰山度假区等,1 个国家级旅游度假区和 5 个省级旅游度假区,发展各类休闲度假产业,包括都市休闲度假、滨海休闲度假、山水生态度假等。特别是以"最具幸福感城市"为引力,吸引国内外旅游者来此观光度假,打造长三角地区居民首选的休闲度假目的地。

2. 浙东商务会展旅游区

依托杭州和宁波两个省级城市、小型商贸城镇及港口优势,商务活动、会展活动与旅游业相结合。该旅游区以现有的西湖博览会和浙江投资贸易洽谈会为基础发展会展、商务考察、商务游憩和商务度假等相关旅游产业。

3. 浙北水乡古镇和文化旅游区

水乡古镇以嘉兴乌镇古镇和西塘古镇、湖州南浔古镇和绍兴安昌古镇等为主,凭借便利的交通和华东地区广阔的客源市场,打造水乡古镇旅游目的

地。同时,还可加强与周庄、同里等周边古镇的合作,提升旅游目的地的知名度。浙北地区发展历史悠久,具有文化特色的旅游资源密布,如,良渚遗址、下菰城遗址、马家浜遗址及各类名人故居和建筑群。通过整合文化旅游资源,重点开发遗址文化、水乡文化、名人文化等旅游产品。

4. 浙东海洋宗教旅游区

浙江省东部沿海具有非常丰富的海岛、海岸旅游资源。浙江省的海岸线长度和海岛数量均居全国第一,海洋和滨海旅游资源丰富,如,嵊泗列岛、南麂列岛、洞头列岛等,还拥有较大的宗教旅游资源,如,全国闻名的普陀山、佛教天台宗的发祥地"国清寺"、中国四大清真寺之一的"凤凰寺"、宁波天主教堂等。根据沿海区域海岸条件特色、区位、经济发展条件及与园区的空间关系,以海岸带、海洋和海岛为平台,建设大陈岛、蛇蟠岛、岱山等海岛度假基地、东海海洋旅游活动基地和海滨休闲体验基地,立足当地资源基础,挖掘内涵,理顺管理体制,明确发展方向,突出不同地区的发展重点与特色,进行合理的功能分区与产品项目策划,明确各个阶段的发展目标和先导项目、重点项目及储备项目,如,海滨海岛度假、海滨休闲、海上娱乐、海中探险、海鲜美食、海洋文化体验、海洋观光等多种旅游项目,以项目带动战略促进海滨旅游的发展,开发出不同模式的旅游发展类型,满足不同市场需要,实现旅游经济与产业经济的良性互动,构筑海滨、海岛观光、休闲度假旅游产业带。

(三)发挥景区综合功能,促进产业集聚区与周边旅游景区协调

全省14个产业集聚区中,有杭州城西、绍兴、丽水3个集聚区明确以旅游业作为主导产业,有9个集聚区产业发展中提及包括了旅游业在内的现代服务业。从产业集聚区与旅游景区空间关系来看,产业集聚区与旅游景区二者都是我省经济发展的重要经济单元,而且多数具有地理邻近性和空间匹配性特征,旅游景区—产业集聚区组合地域类型较为普遍,但二者互动程度低,主要表现为以下几方面问题:

(1)二者各自为政,孤立发展,功能协调性差,甚至引起用地功能冲突现象;

(2)没有把地理邻近的景区与产业集聚区作为地域整体来考虑,集聚区休闲要素和地域环境建设滞后,导致产业集聚区生活舒适性低,招工难,企业留不住人才;

(3)偏离城市中心的产业集聚区城镇化发展较慢,形成了相对隔离的"孤

岛园区";

（4）工业开发强度过大，区域自然环境质量下降，影响旅游景区环境质量。从利益共赢、信息共享、形象共生、功能互补、要素互动等层面，发挥旅游景区与产业集聚区之间的产业功能互补性，土地利用功能协调性的特征，促进景区与集聚区的区域形象共享性效应，进一步提高物流、信息流和人流的互惠性。

（四）加快旅游产业融合，促进景区转型升级

积极探寻旅游产业与社会文化、生态环境的协调发展模式，促进旅游区与产业园区、农业发展区、城镇发展的联动发展。推进旅游与农业融合，打造浙江"四季田园"旅游品牌，精心布局海滨农业观光带，形成四季不同景观的海上田园。推进旅游与林业融合，打造"森林氧吧"旅游品牌，大力开发森林游乐、森林度假、森林探秘、森林科普教育、森林康体保健等多类型森林旅游产品。推进旅游与园区工业融合，以园区景区化建设为要求，充分发挥民营经济优势和三门核电、温岭潮汐资源优势，打造"阳光海岸"旅游品牌，形成富有特色的工业旅游产品。推进旅游与文化融合，打造"文化旅游"旅游品牌，积极开发农家乐、特色古村、民俗文化体验等旅游产品。推进旅游与新农村建设融合，打造"宜居家园"旅游品牌，形成一批新农村示范村与旅游城镇。推进旅游开发与生态治理相结合，发展可持续旅游业。

（五）旅游景区建设推进环境保护区建设

风景名胜区良好自然环境带来的生态辐射效应，景区往往作为旅游休闲城市的区域绿心为城镇空间结构提供生态保障。浙江省旅游景区体系主要由世界地质公园、国家重点风景名胜区、国家AAAA级旅游区、国家自然保护区、国家森林公园、国家地质公园、国家水利风景区、国家城市湿地八类组成，以"山水浙江"为特色，旅游景区体系与我省的生态保护体系具有较大的一致性。因此，要以景区建设为抓手，进一步提高景区环境效应，促进景区建设与环境保护互动发展。在空间共生发展的目标下，应在充分保存维育景区生态环境的基础上，通过组织景区对外辐射的线性绿楔通道，作为分隔周边城镇无序蔓延的增长边界，进而建构以景区为本底，城镇地区为板块，廊道网络互通互联的共生发展空间结构。

四、完善旅游中心城市体系

城市的人口规模、人均收入、居民旅游偏好等要素影响旅游景区游客规

模,因而影响旅游景区的生存与发展。按照游客出游心理,景区的80%游客集中在100公里以内的城市内,景区周边城市是构成景区的主要客源市场。因此,要加快城市经济发展,提高城市居民人均收入,提升城市质量,合理布局城市的旅游服务企业和旅游交通,将会提高景区与城市的匹配水平。

(一)明确各级旅游中心地定位,发挥各级旅游中心地优势

浙江省的旅游业发展形成以杭州为第一等级旅游中心地;宁波、金华、温州为第二等级旅游中心地;嘉兴、湖州、绍兴、舟山、台州、衢州、丽水为第三等级旅游中心城市的空间结构体系。但是各级旅游中心地的定位还待进一步明确。杭州市不仅具有丰富、高品位的旅游资源,坚实的经济实力为旅游业发展提供助力,同时还具有便利的对外交通,其旅游发展综合实力位居全省第一,并大大高于其它地市。凭借其丰富和高品位的旅游资源,杭州可构建西湖游览观光、休闲度假、商务会展等旅游产品,以建设成为国际化的优秀旅游城市。杭州作为省域的第一等级旅游中心地,其影响范围不仅限于本市,还对整个省域的所有地市都产生影响,所以杭州在发展其自身旅游业的基础上,还需发挥增长极的作用,辐射带动全省旅游业的发展,发挥全省旅游集散中心、旅游交通枢纽、旅游服务管理中心和旅游信息中心的作用。同时杭州还须做好与国家级旅游中心地的承接,加强与同等级旅游中心地的联系。

宁波市旅游资源丰富,据《浙江省旅游资源普查》显示宁波市拥有63个旅游资源集合区,包括各类自然山水、古建筑、古村落和海滨旅游资源。宁波可依靠其独特的滨海旅游资源和商务会展优势,发展休闲度假和商务会展旅游,建成中国东南沿海重要的国际化旅游城市。温州是浙江南部的中心城市,也是海西经济区北部中心城市,以自然旅游资源为特色,如,雁荡山、楠溪江等自然山水,可发展以雁荡山—楠溪江为主题:南山水文化旅游。金华市位于浙江省中部,旅游发展实力较为突出,拥有自然山水、影视文化、商贸购物等特色旅游产品,可将发达的商贸产业与旅游购物相结合,建设旅游购物城市。同时结合影视文化,凭借其区位优势,力争建成浙赣闽皖交界地带的旅游集散中心。第二等级旅游中心地受到上一级旅游中心地的辐射带动,同时辐射周边下一级旅游中心地,因此,要加强第二等级旅游中心地与上、下级旅游中心地的互动,发挥区域旅游中心地的作用。

嘉兴、湖州、绍兴、舟山、台州、衢州和丽水市作为第三等级旅游中心地旅游发展综合实力较低。这与旅游资源匮乏、品位度低、经济实力和城市化水平

落后、交通可达性弱等密切相关。其最主要的任务是发挥各自的特色旅游产品,形成旅游品牌,同时加强与上级旅游中心地的联系,接受其辐射带动。

(二)强化浙南和浙西的旅游中心地,缩小全省旅游发展差异

浙江省的旅游业发展全省较不均衡,全省形成"北强南弱"的格局:浙江北部和东部旅游发展实力较强,南部和西部的旅游业发展较弱。形成这样的空间结构与旅游资源、交通条件、城市发展水平等众多因素有关。为了全省旅游业的整体协调发展,需要提升南部和西部的旅游发展综合实力,使得旅游空间结构更加优化,适合旅游业的长期快速发展。

温州、金华是浙江省的二级旅游中心地,在区域旅游发展中,对周边地区的旅游发展起着辐射作用,带动周边地区的旅游发展。但是温州、金华相对于浙江省另两个高等级旅游中心地杭州、宁波来说,对周边地区的辐射力度不足。所以需要加强温州、金华对周边地区的辐射扩散能力,以提高该区域旅游业的全面发展。温州和金华的旅游资源较为丰富,且品位度较高,温州的旅游资源丰度和品位度分别位居全省第五和第六,高于全省平均水平;金华的旅游资源丰度较低,低于全省平均水平,但其旅游资源品位度较高,位居全省第三,仅次于杭州和宁波。同时温州和金华还拥有雁荡山、横店影视城等高品质的旅游景区,这些高品质的景区对国内外旅游者都具有较强的吸引力。温州和金华还是浙江省的经济中心,基础设施完善,交通网络较为发达,所以温州、金华的旅游业发展具有较大的提升空间。

为了提高温州、金华的旅游实力,可加强其旅游资源开发,打造更多具有高吸引力的旅游景区,吸引更多旅游者来此旅游,并延长在该区域的旅游时间。在加强旅游资源开发的同时,还要进一步完善旅游接待设施,以全面提高旅游接待能力。

温州和金华两个地区旅游业的全面发展,不仅能强化其自身的旅游发展实力,还能发挥其辐射带动作用,对周边地区的旅游业带来积极的影响。由于较高级旅游中心地的快速发展,通过旅游流、资本、人才、信息等流动,加强台州、丽水、衢州等地区的旅游开发程度,提高旅游接待人数,促进旅游经济的发展,所以温州和金华旅游中心地作用的强化,有利于浙江南部和西部旅游业的整体发展。

浙江南部和西部的第三等级旅游中心地在较高等级旅游中心地的辐射带动作用下,要加强其自身旅游资源的开发,完善旅游基础设施的建设。特别是丽

水和衢州,目前的旅游发展综合实力较弱,一般位于全省的最末位,但其旅游资源较为丰富,特别是生态旅游资源较为丰富,可借助生态旅游发展的热潮,大力发展旅游业,以提升其旅游发展综合实力,从而促进浙江南部和西部旅游业的发展,缩小浙江省北部和南部之间、东部和西部之间旅游发展的差异。

五、强化中心城市的旅游职能

(一)杭州市

1. 加快全域性旅游发展

以产业融合为核心推动旅游与城市融合发展,以旅游景区为据点,以旅游业统筹杭州城乡发展,通过旅游西进战略促进区域旅游业协调发展,扩大城市旅游的内涵和外延,整合周边县市的旅游景区,推进城市与市域景区互动发展,积极辐射带动其它旅游产业的发展,将杭州整座城市打造成中外游客称赞的巨型旅游目的地,实现从"旅游城市"向"城市旅游"的转变。

2. 提升杭州城市对全省的区域辐射功能

杭州是浙江省省会城市,是我国著名的优秀旅游城市,是我省的城市名片,距离绍兴、嘉兴、湖州100公里以内,对这些区域的景区具有互动依托服务功能。应充分利用城市的影响力和区位优势,提升杭州城市对我省区域旅游的带动功能,进一步提高城市景区资源市场效度。

3. 打造旅游集聚区建设

杭州市域内拥有3个AAAAA级景区。应以AAAAA级景区为核心打造旅游集聚区建设,形成杭州西湖旅游集聚区、西溪湿地集聚区、千岛湖集聚区,防止城市化对旅游景区的空间挤压,进一步完善旅游功能、提高服务质量。

(二)嘉兴市

1. 推进南湖景区与城市的融合发展

充分利用南湖知名度和红色旅游影响力,推进休闲度假型、会务型旅游,促进景区与城市的融合。

2. 依托上海、杭州,促进市域景区与特大城市的互动

积极提升南湖、乌镇、西塘、南北湖、盐官观潮等重点景区的知名度和影响力,充分利用嘉兴与上海、杭州等特大城市相邻的区位优势,扩大景区游客量,使嘉兴成为苏浙沪旅游网络中的重要旅游目的地和休闲度假会议基地。

（三）湖州市

1. 提升太湖南景区与城市互动功能

湖州市区缺乏景区，但邻近太湖景区，具有独特的休闲观光旅游资源优势和区位优势，要利用太湖知名度，科学合理布局，加大资源整合力度，尽可能体现太湖旅游休闲度假的特性，着力打造南太湖国内一流的、与国际接轨的、功能完备的生态型、休闲型现代化旅游度假区，进一步促进景区与城市的融合。

2. 加快环太湖旅游区合作

太湖旅游区包括了苏州、无锡等旅游区，周边旅游资源丰富，加快旅游合作，形成竞争力强的环太湖旅游产品。

（四）宁波市

1. 提升宁波对周边景区辐射力

宁波作为浙江副省级城市，知名度大，并具有普陀山风景区旅游的城市中转功能，利用海港、空港、铁路和高速公路等交通枢纽的优势，发挥浙东旅游的组织中心和集散中心作用，建设以现代化城市形象为核心的辐射浙东各市地旅游区。

2. 加快长三角区域旅游合作

宁波作为长三角区域的主要城市，利用交通网络的便捷性，深化长三角区域旅游合作，提高宁波城市旅游竞争力。

（五）绍兴市

1. 加快景区与城市融合发展

加快城市旅游整合，做好越王城旅游开发、中国黄酒城旅游开发、环城水上旅游开发、镜湖湿地公园建设、会稽山旅游度假区建设等重点项目，促进核心景区联动发展，提升旅游城市功能，进一步改善绍兴作为国内外重要旅游目的地的整体形象。

2. 提高绍兴与杭州的合作互动

要提高政府间合作水平，规划设计杭州与绍兴一体化的旅游目的地形象和宣传促销方案。采用政府牵线、企业运作方式建立两地旅游企业间的合作关系。

（六）台州市

1. 提高中心城市对周边旅游景区辐射能力

一要加快绿心旅游开发，提高景区与城市的融合水平，促进城市品位的提升。二要加快与长屿硐天、雁荡山、桃渚、江南长城等周边景区的交通建设,缩短时间距离。三是利用大陈岛海岛资源优势,提高海洋旅游景区档次,开发海洋旅游特色。

2. 发挥海滨区位优势

要在浙江旅游发展格局中起到贯通南北、联结东西旅游的枢纽作用,把台州建设成具有鲜明山海风光特色、在全国和国际有影响的综合性人文山水旅游区。

3. 合理选择区域旅游依托城市

根据景区空间分布及城市分布情况、行政中心城市与旅游中心城市错位发展战略,选择临海作为区域旅游依托城市,区域加快旅游中心城市建设。

(七) 金华市

1. 提升景区与城市互动能力

根据浙中城市群的特色城市旅游资源,实施差异化发展策略,充分利用"浙中三城"(义乌国际商贸城、东阳影视城、武义温泉城)的知名度和影响力,进一步发挥金华浙中中心城市优势,提高城市与周边景区互动能力。

2. 加快区域旅游合作

以金华城市对浙江中西部区域辐射能力的优势,提高城市对衢州、丽水景区的辐射能力。

(八) 衢州市

1. 进一步提升衢州城市旅游服务功能

加快城市与江郎山、丹霞地貌、仙霞古道、廿八都等景区互动能力,促进景区与城市互动发展。

2. 加快城市与周边区域旅游合作

充分利用四省通衢的区位优势,加快与周边旅游区合作,扩大城市知名度和影响力。

(九) 丽水市

1. 推进全境旅游化建设

充分利用丽水全域生态环境优势,做好生态度假、生态休闲、生态观光旅游产品设计,打造城市生态形象,提高城市旅游竞争力。

2. 完善城市旅游服务功能,提高城市对周边区域辐射能力

(十)温州市

1. 进一步提升现代商业文化旅游城市形象

挖掘历史文化和现代商业文化的旅游元素,以中央商务区、城市游憩区、城市景点、城市风情街等为依托,建设具有温州地方特色的城市休闲空间和休闲设施,构建重点突出、设施配套的城市休闲空间体系,提升温州城市内涵和旅游形象,促进城市与文化景区融合发展。

2. 加快温州大城市旅游圈建设

改善温州大城市主中心硬环境和软环境,推进城市的经济辐射带动作用,推进城市对周边区域景区带动能力,加速以温州为全省旅游副中心的辐射型旅游网络建设。

(十一)舟山市

1. 实现群岛旅游化建设

以舟山群岛为基地,开发海洋度假、海上活动体验等项目,使群岛成为我国重要的海洋旅游目的地,实现群岛景区化。

2. 积极加入上海及长江流域旅游网络

发挥海岛、海洋旅游资源优势,借助海洋区位优势,加快与上海、宁波等地区域旅游合作,使舟山尽快成为中国重要的国际滨海旅游胜地。

本章小结

本章针对浙江省城市与景区发展关系进行了实证研究。在实施资料收集、现场调研和问卷调查的基础上,分析了浙江省旅游景区发展态势,针对地级城市和AAAAA级景区的匹配性情况进行了评价,诊断景区与城市空间匹配关系的问题,提出了浙江省景区与城市空间关系优化措施。通过分析得到,浙江省11个地级市拥有的景区资源匹配值顺序依次为:舟山、嘉兴、杭州、宁波、衢州、绍兴、温州、湖州、金华、台州、丽水,资源本底值与城市空间配置值总量在全省排序基本上呈现出一致性。AAAAA级景区区位优势顺序依次为:杭州市西湖风景名胜区、杭州西溪湿地旅游区、嘉兴南湖旅游区、嘉兴市桐乡乌镇古镇旅游区、宁波市奉化溪口-滕头旅游景区、温州市雁荡山风景名胜区、金华市东阳横店影视城景区、杭州市千岛湖风景名胜区、舟山市普陀山风景名胜区。

主要参考文献

[1]杨万钟.经济地理学导论[M].上海:华东师范大学出版社,2000.

[2]卞显红.城市旅游核心-边缘空间结构形成机制—基于协同发展视角[J].地域研究与开发,2009,28(4):67-71.

[3]Chr1tallerw,常正文,王兴中等(译).德国南部中心地原理[M].北京:商务印书馆,1998.

[4]郭来喜,吴必虎,刘峰等.中国旅游资源分类系统与类型评价[J].地理学报,2000,55(3):294-301.

[5]吴必虎,唐子颖.旅游吸引物空间结构分析——以中国首批国家AAAA级旅游为例.人文地理学,2003,18(1):1-5,28.

[6]吴晋峰,包浩生.旅游系统的空间结构模式研究.地理科学,2002,22(1):96.

[7]王恒,李悦铮.大连市旅游景区空间结构分析与优化.地域研究与开发,2010,29(1):84-89.

[8]李旭,陈德广.郑汴一体化地区旅游景区的空间结构分析.河南大学学报(自然科学版),2011,41(5):494-499.

[9]崔大树,孙杨.基于分形维数的湖州旅游景区系统空间结构优化研究.地理科学,2011,31(3):337-343.

[10]张永平,吴健生,黄秀兰,等.海峡西岸经济区旅游景区(点)空间结构分析.资源科学,2011,33(9):1799-1805.

[11]毛小岗,宋金平,于伟.北京市A级旅游景区空间结构及其演化.经济地理,2011,31(8):1381-1386.

[12]于慰杰.山东半岛城市旅游空间结构及区域合作研究[D].北京:中国地质大学,2010.

[13]葛立成,聂献忠,李文峰.长三角区域旅游一体化研究.浙江社会科

学,2006,3.

[14] 卞显红. 城市旅游空间结构研究[J]. 地理与地理信息科学,2003,19(1):105-108.

[15] 黄金火,吴必虎. 区域旅游系统空间的模式与优化——以西安地区为例[J]. 地理科学进展,2005,24(1):116-126.

[16] 牛亚菲. 旅游供给与需求的空间关系研究[J]. 地理学报,1996,51(1):80-87.

[17] 吴必虎. 上海城市游憩者流动行为研究[J]. 地理学报 1994,(2):117-127.

[18] 吴必虎. 大城市环城游憩带(ReBAM)研究:以上海市为例[J]. 地理科学,2001,21(4):354-359.

[19] 陆林,鲍捷,凌善金等. 桂林—漓江—阳朔旅游地系统空间演化模式及机制研究. 地理研究,2012,32(9):1066-1073.

[20] 杨新军,马晓龙. 大西安旅游圈:国内旅游客源空间分析与构建[J]. 地理研究,2004,23(5):695-704.

[21] 戴学军,庄大昌,林敬英. 基于GIS的旅游以惠州龙门县为例. 热带地理,2011,31(5):502-506.

[22] 陈健昌,保继刚. 旅游者行为研究及其实际意义[J]. 地理研究,1988,7(3):44-51.

[23] 谢红彬,孙作玉,陈兆燕. 福建省沿海旅游地客源市场空间结构分析. 福建师范大学学报(自然科学版),2011,27(5):96-102.

[24] 王舒展. 城市近代历史景区的空间结构整合[D]. 北京:清华大学,2003.

[25] 李跃军. 区域旅游中城市与景区空间匹配关系及其优化[J]. 地理与地理信息科学,2006.

[26] 谢志华,党宁,张歆梅. 中国资源型景区与城市空间关系研究[J]. 旅游学刊,2007:29-33.

[27] 贾建中,邓武功. 城市风景区研究(一)——发展历程与特点[J]. 中国园林,2007,1:10-15.

[28] 邓武功,贾建中. 城市风景区研究(二)——与城市协调发展的途径[J]. 中国园林,2008,1:12-17.

[29]何燕.游客感知下的城市—景区旅游流空间响应研究——以西安国内游客为例[D].西安:西北大学,2007.

[30]吴国清.基于"景区—城市"二维视角的省域旅游空间差异研究——以安徽省为例[J].地域研究与开发,2013,32(6):84-88.

[31]符全胜.城乡交错带旅游开发研究[J].地理学与国土研究,1998,(3):57-59.

[32]肖胜和.浅论郊野旅游开发[J].桂林旅游高等专科学校学报[J].1999,10(3):43-45.

[33]吴国清.市场导向与上海郊区旅游开发初探[J].人文地理,1996,11(3):65-67.

[34]汪德根,陈田,王昊.旅游业提升开发区城市化质量的路径及机理分析——以苏州工业园区为例.人文地理,2011,01.

[35]阎友兵,李辉恒.关于旅游圈的理论探讨.湘潭大学社会科学学报,1999,23(6):135-137.

[36]张振国,贾铁飞.长江三角洲地区旅游圈的构建[J].人文地理,2005,82(2):72-76.

[37]叶岱夫.对我国城郊旅游功能及相关问题的探讨[J].城市问题,2000,6:22-24.

[38]王旭科,宋健.城市景区的孤岛现象及其治理.城市问题,2010,176(3):33-36.

[39]刘少湃.城市旅游景区的空间优化[J].城市问题,2007,1:40-44.

[40]杨其元.旅游城市发展研究[D].天津大学.2008,7.

[41]潘建民.中国创建与发展优秀旅游城市研究.北京:中国旅游出版社,2004.

[42]杨其元.旅游城市发展研究[D].天津大学.2008,7.

[43]李峥嵘,柴彦威.大连市民通勤特征研究[J].人文地理,2000,15(6):67-72,5.

[44]杜忠潮,陈书卿.关中地区旅游中心城市空间结构系统优化研究[J].西北师范大学学报,2009,45(2):93-98.

[45]张亚林.旅游地域系统及其构成初探[J].地理学与国土研究,1989,5(2):39-43.

[46] 马勇,李玺. 旅游规划与开发. 北京:高等教育出版社,2012.

[47] 薛领,翁瑾. 我国区域旅游空间结构演化的围观机理与动态模拟研究. 旅游学刊,2010,25(8):26-33.

[48] 陈志军. 区域旅游空间结构演化模式分析——以江西省为例[J]. 旅游学刊,2008,23(1):35-41.

[49] 刘大均,谢双玉,陈君子等. 基于分形理论的区域旅游景区系统空间结构演化模式研究——以武汉市为例经济地理,2013,33(4):155-160.

[50] 牛亚菲,宋涛,刘春凤等. 基于要素叠加的旅游景区经济影响域空间分异研究——以八达岭长城景区为例. 地理科学进展,2010,29(2):225-231.

[51] 刘少湃. 大城市近郊风景旅游区空间优化研究[D]. 上海师范大学,2005.

[52] 保继刚. 旅游地理学[M]. 北京:高等教育出版社,1999.

[53] 柴彦威,林涛,刘志林等. 旅游中心地研究及其规划应用[J]. 地理科学,2003,23(5):547-553.

[54] 楼嘉军. 试论资源配置对上海都市旅游发展的影响. 旅游学刊,2001,16(4):56-59.

[55] 顾朝林. 中国大城市边缘区研究[M]. 北京:科学出版社,1995.

[56] 吴殿廷,葛全胜,等. 西部旅游开发战略模式的探讨[J]. 旅游学刊,2003,(1).

[57] 张谷. 旅游发展模式比较研究——兼论西部旅游跨越式发展思路.

[58] 李强,陈宇琳,刘精明. 中国城镇化"推进模式"研究. 中国社会科学,2012,7.

[59] 潘海生."就地城镇化":一条新型的城镇化道路——关于浙江省小城镇建设的调查与思考[J]. 中国乡镇企业,2010,9.

[60] 顾朝林. 中国城市体系[M]. 北京:中国商务出版社,1992,148-274.

[61] 许锋,周一星. 我国城市职能结构变化的动态特征及趋势[J]. 城市发展研究,2008,15(8):49-55.

[62] 王凯. 中国主要旅游资源赋存的省际差异分析[J]. 国土学与国土研究,1999,(03):69-74.

[63] 黄成林. 中国主要旅游资源的省际比较研究[J]. 安徽师范大学学报(人文社会科学版),2001,(1):135-137.

[64]孙根年.西部入境旅游市场竞争态与资源区位的关系[J].西北大学学报(自然科学版),2003,(4):459-464.

[65]卞显红.长江三角洲城市旅游资源城际差异与丰度分析[J].江苏商论,2006,(2):109-111.

[66]傅文伟.旅游资源评估与开发[M].杭州:杭州大学出版社,1994.

[67]程乾,付俊.基于游客感知的古村落旅游资源评价研究[J].经济地理,2010,30(2):329-333.

[68]郭剑英,王乃昂.旅游资源的旅游价值评估——以敦煌为例[J].自然资源学报,2004,19(6):811-817.

[69]章锦河,张捷,刘泽华.基于旅游场理论的区域旅游空间竞争研究[J].地理科学,2005,25(2):248-255.

[70]王铮,蒋轶红,王瑛等.旅游域模型及其结合GIS的应用[J].旅游学刊,2002,17(2):57-62.

[71]吴大明,薛献伟,张明珠.基于引力模型的皖江城市带旅游经济联系测度分析[J].安徽师范大学,2013,36(1):69-72.

[72]曹芳东,黄震方,吴丽敏.基于时间距离视域下城市旅游经济联系测度与空间整合——以长江三角洲地区为例[J].经济地理,2012,32(12):157-162.

[73]黄耀丽,李凡,郑坚强,等.珠江三角洲城市旅游竞争力空间结构体系初探[J].地理研究,2006,25(4):730-740.

[74]梁明珠,易婷婷.广东省城市旅游效率评价与区域差异研究[J].经济地理,2012,32(10):158-164.

[75]肖光明.珠江三角洲九城市旅游空间相互作用分析[J].地理与地理信息科学,2008,24(5):108-112.

[76]马晓龙,保继刚.中国主要城市旅游效率影响因素的演化[J].经济地理,2009,29(7):1203-1208.

[77]吴茵,李满春,毛亮.GIS支持的县域城镇体系空间结构定量分析——以浙江省临安市为例[J].地理与地理信息科学,2006,22(2):73-77.

[78]卞显红,沙润.长江三角洲城市旅游空间相互作用研究[J].地域研究与开发,2006,26(4):62-67.

[79]肖光明.珠江三角洲九城市旅游空间相互作用分析.地理与地理信息

科学,2008,24(5):108-111.

[80]金世胜,汪宇明.大都市旅游功能及其规模影响的测度[J].旅游学刊,2008,23(4):72-76.

[81]杨传开,汪宇明,杨牡丹.中国主要城市旅游功能强度的变化[J].地域研究与开发,2012,31(2):106-110.

[82]王凯.中国主要旅游资源赋存的省际差异分析[J].国土学与国土研究,1999,(03):69-74.

[83]孙根年.西部入境旅游市场竞争态与资源区位的关系[J].西北大学学报(自然科学版),2003,(4):459-464.

[84]卞显红.长江三角洲城市旅游资源城际差异与丰度分析[J].江苏商论,2006,(2):109-111.

[85]保继刚.大型主题公园布局初步研究[J].地理研究,1994,13(3).

[86]黄秀琳.大型主题公园布局研究[J].莆田岛等专科学校学报,1999,6(4):19-22.

[87]张凌云,何丽.世界大型主题乐园的区位指数研究.世界地理研究,2011,20(2):119-129.

[88]游灏,伍进,黄燕玲.基于区位因素分析的旅游开发评价模型构建[J].商业研究,2008,379(03):22-25.

[89]杨效忠,刘国明,冯立新等.基于网络分析法的跨界旅游区空间经济联系——以壶口瀑布风景名胜区为例[J].地理研究,2011,(7):1319-1330.

[90]于慰杰,李建卫.基于资源与区位条件的城市旅游增长极形成机制分析——以山东半岛为例[J].北京第二外国语学院学报,2009,167(3):39-43.

[91]曾月娥,伍世代,李永实等.基于潜能模型的城市同城化透视.

[92]姚治君,王建华,江东等.区域水资源承载力的研究进展及其理论探析[J].水科学进展,2002,13(1):111-115.

[93]卞显红,王苏洁.珠江三角洲地区旅游空间一体化分析及其联合发展战略研究[M].北京:经济出版社,2006:18.

[94]吴泓,吴晓梅.长江三角洲旅游一体化格局和机制研究[J].东华大学学报,2008,8(4):308-310.

[95]肖光明.珠三角地区旅游空间一体化发展水平量化评价[J].地域研究与开发,2010,29(4):88-92.

[96]杨世河,章锦河,王浩.城乡旅游一体化研究[J].经济地理,2008,28(1):142-147.

[97]张建庆,李晓光.长三角旅游城市化发展背景分析[J].上饶师范学院学报,2005,25(6):98-100.

[98]马勇,董观志.武汉大旅游圈的构建与发展模式研究[J].经济地理,1996,16(2):99-104.

[99]阎友兵,李辉恒.关于旅游圈的理论探讨[J].湘潭大学社会科学学报,1999,23(6):135-137.

[100]吴清,龚胜生,邓京津.基于场强模型的湖北省城市旅游经济腹地格局研究[J].统计与决策,2013,389(17):129-132.

[101]吴国清.都市旅游圈空间结构的生成与网络化发展[J].中国软科学,2009,3:100-107.

[102]侯兵,黄震方,周永博.区域一体化进程中城市旅游规模差异的演变及启示——以南京都市圈为例[J].地域研究与开发.2013,32(2):139-144.

[103]王德忠,庄仁兴.区域经济联系定量分析初探——以上海与苏锡常地区经济联系为例[J].地理科学,1996,16(1):51-57.

[104]朱俊成.基于多中心与区域共生的长三角地区协调发展研究[J].中国人口·资源与环境,2011,21(3):150-158.

[105]吴国清.试析都市旅游圈空间结构网络化发展[J].商业经济与管理2009,208(2):86-91.

[106]曾月娥,伍世代,李永实,陈志强.基于潜能模型的城市同城化透视——以厦门漳州两市为例[J].重庆师范大学学报(自然科学版),2012,29(5):78-82.

[107]焦张义,孙久文.我国城市同城化发展的模式研究与制度设计[J].现代城市研究,2011(6):7-10.

[108]闫卫阳,王发曾,秦耀辰.城市空间相互作用理论模型的演进与机理[J].地理科学进展,2009,28(4):511-518.

[109]刘法建,章锦河,张捷等.旅游同城化的概念、策略及案例分析[J].经济问题探索,2010,3:168-172.

[110]裴启云.宁镇扬旅游同城化研究[D].扬州大学,2012.

[111]杨锋梅,曹明明,邢兰芹.旅游同城化的动力机制与合作模式研

究——以太榆同城化为例[J].经济问题,2013,(10):120-124.

[112]肖光明.珠三角地区旅游空间一体化发展水平量化评价[J].地域研究与开发,2010,29(4):88-92.

[113]李王鸣,叶信岳,孙于.城市人居环境评价——以杭州城市为例[J].经济地理,1999(2):38-43.

[114]张顺,祁丽.城市休闲产业组成体系研究[J].吉林师范大学学报,2006(1):29-31.

[115]郑胜华,刘嘉龙.城市休闲发展评估指标体系研究[J].自然辩证法研究,2006(3):96-101.

[116]杨国良.成都市民消费结构与休闲活动关系研究[J].地域研究与开发,2002(2):76-80.

[117]颜晓强,曹震宇,徐雷.构建休闲城市——从资源角度分析杭州的城市空间环境[J].城市问题,2006(3):33-38.

[118]阎友兵,李辉恒.关于旅游圈的理论探讨[J].湘潭大学社会科学学报,1999,23(6):135-137.

[119]孙樱,陈田,韩英.北京市区老年人口休闲行为的时空特征初探[J]地理研究,2001(5):537-546.

[120]吴必虎.区域旅游规划原理[M].北京:中国旅游出版社,2001,346.

[121]柴彦威,林涛,刘志林等.旅游中心地研究及其规划应用.地理科学,2003,23(5):547-553.

[122]卞显红,章家清."点—轴"渐进扩散理论及其在长江三角洲区域旅游空间结构研究中的应用[J].江南大学学报(人文社会科学版),2007(4):59-65.

策　　划：李荣强
责任编辑：张　毅

图书在版编目(CIP)数据

旅游城市与景区资源匹配性研究／李跃军著． －－北京：旅游教育出版社，2016.1
ISBN 978-7-5637-3342-2

Ⅰ．①旅… Ⅱ．①李… Ⅲ．①旅游城市—旅游区—旅游资源—资源配置—研究 Ⅳ．①F590.3

中国版本图书馆 CIP 数据核字（2016）第 037461 号

旅游城市与景区资源匹配性研究

李跃军　著

出版单位	旅游教育出版社
地　　址	北京市朝阳区定福庄南里 1 号
邮　　编	100024
发行电话	(010)65778403 65728372 65767462(传真)
本社网址	www.tepcb.com
E - mail	tepfx@163.com
排版单位	北京旅教文化传播有限公司
印刷单位	北京京华虎彩印刷有限公司
经销单位	新华书店
开　　本	710 毫米×1000 毫米　1/16
印　　张	16
字　　数	213 千字
版　　次	2016 年 1 月第 1 版
印　　次	2016 年 1 月第 1 次印刷
定　　价	36.00 元

（图书如有装订差错请与发行部联系）